Hahmann | Aristoteles' Nikomachische Ethik

AF630308

Andree Hahmann

Aristoteles' Nikomachische Ethik

Ein systematischer Kommentar

Reclam

RECLAMS UNIVERSAL-BIBLIOTHEK Nr. 14301
2022 Philipp Reclam jun. Verlag GmbH,
Siemensstraße 32, 71254 Ditzingen
Gestaltung: Cornelia Feyll, Friedrich Forssman
Druck und Bindung: EsserDruck Solutions GmbH,
Untere Sonnenstraße 5, 84030 Ergolding
Printed in Germany 2022
RECLAM, UNIVERSAL-BIBLIOTHEK und
RECLAMS UNIVERSAL-BIBLIOTHEK sind eingetragene Marken
der Philipp Reclam jun. GmbH & Co. KG, Stuttgart
ISBN 978-3-15-014301-8

Auch als E-Book erhältlich

www.reclam.de

Inhalt

Einleitung
Warum ein systematischer Kommentar? 7

Kapitel 1
Das Gut des Menschen (Buch I.1–13) 23

Kapitel 2
Der Begriff der Tugend (Buch II.1–9) 61

Kapitel 3
Handlung und Charakter (Buch III.1–8) 84

Kapitel 4
Die Ethischen Tugenden (Buch III.9–15 und IV. 1–15) 108

Kapitel 5
Die Tugend der Gerechtigkeit (Buch V. 1–14) 133

Kapitel 6
Die Verstandestugenden (Buch VI.1–13) 157

Kapitel 7
Unbeherrschtheit und die Ursachen der Lust (Buch VII.1–15) 184

Kapitel 8
Freundschaft (Bücher VIII.1–16 und IX.1–12) 223

Kapitel 9
Die höchste Lust des Menschen (Buch X.1–10) 269

Verzeichnis der verwendeten Siglen 307
Ausgewählte Literatur 308
Danksagung 323

Einleitung

Warum ein systematischer Kommentar?

Aristoteles beginnt seine Untersuchungen oft mit dem Hinweis auf die Bedeutung der behandelten Thematik. Solches dürfte sich im Fall der *Nikomachischen Ethik* erübrigen. Nur wenige philosophische Werke nehmen eine so herausragende Stellung unter den Klassikern der Philosophie ein (was nicht zuletzt auch durch den festen Platz belegt wird, den die *Nikomachische Ethik* in den Vorlesungsverzeichnissen der philosophischen Seminare dieser Welt einnimmt).

Das Interesse an der *Nikomachischen Ethik* ist dabei nicht nur historischer Natur. So gehört die Schrift zu den aktuellsten Büchern der Antike, und liefert auch heute noch mehr als nur bedenkenswerte Anregungen für moderne Debatten. Vor allem in den letzten Jahren hat es eine Konjunktur neoaristotelischer Ansätze in der Ethik gegeben. Diese Entwicklung ist zugleich erstaunlich, bestehen doch signifikante sachliche Unterschiede zwischen antiker und moderner Moralphilosophie (ein eher oberflächliches Problem besteht hingegen darin, dass zahlreiche Begrifflichkeiten anders verwendet werden, etwa »Liebe«, »Freundschaft« oder »Lust«. Dieses Problem sollte jedoch nicht dadurch behoben werden, indem man andere Übersetzungen für die Begriffe wählt. Auf diese Weise stellen sich nur neue Schwierigkeiten ein und wird die Arbeit mit den Texten zusätzlich erschwert).

Klassisch ist jedenfalls die zentrale Frage des Buches zu nennen: Worin besteht das menschliche Glück und wie lässt es sich realisieren? Allerdings fällt die Beantwortung anders aus als bei modernen Philosophinnen und Philosophen, die bereitwillig das Glück der Moralität untergeordnet oder streng zwischen der Moral im eigentlichen Sinn und dem menschlichen Glück unterschieden haben.

Exemplarisch für einen solchen Ansatz steht natürlich Kant, der zwar die Notwendigkeit des menschlichen Strebens nach Glück anerkennt, die Erfüllung des Wunsches aber in eine jenseitige Welt verlegt, in der Gott dem Menschen das Glück proportional zum sittlichen Verdienst zuteilen wird. Natürlich ist das Spektrum möglicher Ansätze breit und weicht ihrerseits teils erheblich von der kantischen Position ab. Doch sind zwei Punkte wichtig:

1. Kant hat einen fundamentalen Einfluss auf fast alle nachfolgenden moralphilosophischen Ansätze ausgeübt. Entsprechend hat sich die kantische Trennung zwischen Moral und Glück durchgesetzt.
2. Die meisten Moralphilosophinnen und -philosophen der Gegenwart sind davon überzeugt, dass moralische Überlegungen einen besonderen Stellenwert verdienen.

Aristoteles' Ethik ist anders (und man spricht im Fall der *Nikomachischen Ethik* gar nicht erst von Moralphilosophie, sondern bleibt näher am griechischen *êthos*, also dem Charakter oder der Sinnesart des Menschen). Die heute weit verbreitete Vorstellung, dass Moral genauso wie Recht egalitär sein müsse, d. h. dass moralische Ansprüche unterschiedslos auf alle Menschen angewandt werden, findet sich nicht nur bei Aristoteles nicht, sondern er behauptet geradewegs das Gegenteil: Seiner Ansicht nach sind wir in erster Linie unseren Freunden und unserer Familie verbunden. Eine moralische Pflicht allen Menschen gegenüber bleibt ihm hingegen genauso fremd wie die Idee einer unveräußerlichen Würde des Menschen. Für Aristoteles geht Würde mit Verdienst einher. Deshalb fordert er die Menschen auch dazu auf, sich der Liebe und Anerkennung würdig zu machen. Wo andere von Sollen und Müssen reden, da spricht Aristoteles von Lust und Freude. Werte, die heute unhinterfragt oder a priori und apodiktisch mit universaler Geltung versehen werden, müssen sich bei Aristoteles erst einmal bewähren und letztlich auch genau das leisten, was gesucht wird, nämlich zum Glück des Menschen beizutragen.

Hier deutet sich bereits an: Aristoteles' Antwort ist wunderbar erfrischend und mit Blick auf viele liebgewonnene moralische Überzeugungen im höchsten Maße kritisch. Für freie Geister gibt es somit viel zu entdecken in diesem Text, vorausgesetzt man nimmt die Mühe auf sich, das Buch mit Offenheit zu studieren.

An sich betrachtet handelt es sich bei der *Nikomachischen Ethik* um keinen sonderlich schwierigen Text. Im Gegensatz zu anderen aristotelischen Schriften, wie etwa *De anima* oder der *Metaphysik*, werden die Leserinnen und Leser nur selten mit komplizierten und ohne weitere Kenntnisse kaum nachvollziehbaren Argumenten konfrontiert.

Das soll natürlich nicht bedeuten, dass die Lektüre dieses kanonischen Werkes nicht besondere, eigene Schwierigkeiten aufwirft, vor allem dann, wenn man zum ersten Mal eine aristotelische Schrift studiert. Die meisten Probleme lassen sich in zwei Gruppen einteilen:

1. Aristoteles' philosophische Methode unterscheidet sich erheblich von modernen Ansätzen. Dem ersten Anschein nach handelt es sich oft um eine Anreihung nur lose miteinander verbundener Beobachtungen, wobei der Autor scheinbar willkürlich vor- und zurückspringt, Probleme bezeichnet, die dann aber nicht behandelt werden, Definitionen aufstellt, die nicht verwandt werden, Schlüsse zieht aus Prämissen, die nicht eigens genannt werden, und immer wieder von vorne anzufangen scheint. Das alles macht es den Leserinnen und Lesern nicht sehr leicht, diesen verschlungenen Pfaden zu folgen und das Ziel der Abhandlung im Blick zu behalten.

2. Genau hier liegt die zweite Hauptschwierigkeit, die viele

mit dem Text haben. Immer wieder entsteht der Eindruck, Aristoteles hätte das, was besonders wichtig ist, gerade nicht gesagt. Anders formuliert: Die Erwartung, die man an den Text hat, weicht am Ende erheblich von dem ab, was Aristoteles tatsächlich liefert. Um nur einige Punkte zu nennen, deren Diskussion die umfangreiche Sekundärliteratur zur *Nikomachischen Ethik* beschäftigt und mit immer neuen Abhandlungen anfüllt:

Wieso gibt Aristoteles keine konkreten Handlungsvorgaben und Inhalte der praktischen Vernunft?

Warum behandelt er nicht moralische Konflikte?

Welchen konkreten Beitrag liefern die unterschiedlichen Güter zum Glück?

Warum geht Aristoteles so ausführlich auf die sozialen Praktiken und Tugenden ein, wenn das Glück des Menschen letztlich in einer philosophischen Kontemplation bestehen soll?

Als eine Konsequenz dieser offenen Fragen besteht in der modernen Forschung die von vielen geteilte Vermutung, dass es sich bei der *Nikomachischen Ethik* um kein einheitliches Werk handeln kann, sondern bestenfalls um ein unfertiges Buchfragment oder aber eine Kompilation verschiedener Abhandlungen oder Aufsätze zu unterschiedlichen Themen, die vielleicht sogar von einem späteren Herausgeber zusammengestellt wurde.

Befeuert wird diese Debatte durch den Umstand, dass uns aus der Antike drei unterschiedliche Schriften mit ethischen Inhalten unter dem Namen des Aristoteles überliefert wurden.

Das wirft natürlich zahlreiche Fragen über die Autorschaft und das Verhältnis der Schriften auf. Cicero hat in *De finibus* die Vermutung geäußert, dass nicht Aristoteles, sondern dessen Sohn Nikomachos die *Nikomachische Ethik* verfasst habe.[1]

1 Vgl. Cicero, *De finibus* V.5, siehe auch Diogenes Laërtius VIII.88.

Diese Ansicht hat nicht viele Anhänger gefunden und wurde in der Neuzeit an prominenter Stelle lediglich von Friedrich Schleiermacher aufgegriffen. Aspasios vermutet hingegen, dass die *Eudemische Ethik* nicht authentisch sei. Und seit der Renaissance wurde immer wieder betont, dass die *Magna Moralia* kein Werk des Aristoteles sein könne.

Die Mehrzahl der Interpretinnen und Interpreten geht heute davon aus, dass die *Nikomachische* und die *Eudemische Ethik* von Aristoteles verfasst wurden. Unklar ist jedoch, in welchem Verhältnis die beiden Schriften zueinander stehen. Es liegt nahe, eine Entwicklung zwischen den Texten anzunehmen. Man betrachtet entweder die *Nikomachische Ethik* als zeitlich früher entstanden oder man nimmt an, dass die *Eudemische Ethik* das Frühwerk und die *Nikomachische* das reifere Spätwerk ist. Fest steht jedenfalls, dass beide Schriften einen gemeinsamen Teil haben: Den Büchern IV bis VI der *Eudemischen Ethik* entsprechen die Bücher V bis VII der *Nikomachischen Ethik*.

Ich werde diese Fragen im vorliegenden systematischen Kommentar nicht einfach nur ausblenden, sondern in gewisser Hinsicht unterlaufen. Die Beantwortung dieser Fragen fällt nicht in den Aufgabenbereich eines systematischen Kommentars, der eine besondere Haltung zu seinem Bezugstext einnimmt. Diese Eigenschaft zeichnet den systematischen Kommentar gegenüber anderen Arten von Kommentaren aus. Was bedeutet das für den Umgang mit diesem Buch?

Der richtige Umgang mit dem vorliegenden Kommentar erfordert, kurz auf die Eigenarten eines systematischen Kommentars aufmerksam zu machen und diese Form von anderen Kommentarformen zu unterscheiden. Als Kommentar bezeichnet man allgemein solche Texte, die zwischen einem Bezugstext und der Leserin bzw. dem Leser vermitteln. Sie liefern eine Hilfestellung für die Auslegung des Originaltextes. Dabei bleibt der Bezugstext nicht nur inhaltlich, sondern auch in formal-struktureller Hinsicht entscheidend für den Aufbau des Kommentars. Das zeigt sich beispielsweise daran, dass Kommentare in Form von Anmerkungen zum Haupttext oder aber als Anhang auftreten. Der Kommentar stellt in dieser Form zusätzliche Informationen bereit, beleuchtet Hintergründe der Entstehung, erschließt den Kontext und weist auf Hauptschwierigkeiten der Auslegung hin.

Diese spezifische Form weisen vor allem Stellenkommentare oder historisch-philologische Kommentare auf. Zur *Nikomachischen Ethik* sei besonders auf den umfangreichen Kommentar von Dorothea Frede verwiesen, der den älteren Kommentar von Franz Dirlmeier ersetzt. Für eine tiefergehende Auseinandersetzung mit den antiken Texten ist die Benutzung eines Stellenkommentars oft unerlässlich, da die Erschließung des argumentativen Kontextes erhebliche Ressourcen erfordert. In dieser Hinsicht liefern Stellenkommentare die notwendige Grundlage für die Beschäftigung mit dem Text in Forschung und Lehre.

Einen ganz anderen Ansatz verfolgen hingegen kooperative Kommentare sowie Kommentare in der Form von Werkinterpretationen. Der Form nach sind diese beiden Ansätze einander ähnlich, insofern ein eher der Interpretation zugeneigter Weg gewählt wird, sich dem Text zu nähern. Eine Interpretation ist sachlich eng verwandt mit dem Kommentar. Die genaue begriffliche Abgrenzung zwischen beiden Zugangsweisen ist zum Teil schwierig und abhängig von dem vorausgesetzten Verständnis von Interpretation. Ohne auf die Details der in vielen Punkten bislang nicht genauer erforschten Beziehungen einzugehen,[2] sollte jedoch klar sein, dass diese

2 Siehe dazu Hans Ulrich Gumbrecht, »Fill up Your Margins. About Commentary and Copia«, in: *Commentaries – Kommentare*, hrsg.

Kommentarformen erheblich von einem Stellenkommentar abweichen: Werkinterpretationen und kooperative Kommentare zeichnen sich dadurch aus, dass oft eine eher problematisierende Perspektive auf den Text gewählt wird, kritisch Stellung zum Inhalt bezogen wird und Schwerpunkte in der Behandlung des Textes abhängig von den Interessen der aktuellen Forschung oder den subjektiven Vorlieben der Kommentatorin gesetzt werden. In gewisser Hinsicht verfahren diese Kommentare auch systematisch, denn sie orientieren sich an solchen Fragestellungen, die unter sog. systematischen Aspekten als relevant eingeschätzt werden und/oder sie wurden selbst im Gegensatz zu den Stellenkommentaren systematisch verfasst. Ihre formale Gliederung folgt zwar meistens dem Originaltext, sie treten aber getrennt vom Text und nicht als Anmerkungen oder Anhang auf. Kooperative Kommentare und Werkinterpretationen sind nun ihrerseits so aufgebaut, dass sie auch unabhängig vom Bezugstext gelesen werden können.

Beispiele für kooperative Kommentare und Werkinterpretationen zur *Nikomachischen Ethik* sind in deutscher Sprache der von Otfried Höffe herausgegebene Band *Aristoteles: Die Nikomachische Ethik* in der Reihe *Klassiker Auslegen* oder die Werkinterpretation von Ursula Wolf *Aristoteles' ›Nikomachische Ethik‹*. Vor allem kooperative Kommentare erfreuen sich im englischen Sprachraum großer Beliebtheit, und entsprechend bieten alle größeren Verlage eigene Handbücher und Anthologien zur *Nikomachischen Ethik* an.

von Glenn W. Most, Göttingen 1999, S. 443–453, hier S. 441, sowie Christopher Rowe, »Handling a Philosophical Text«, in: *The Classical Commentary. Histories, Practices, Theory*, hrsg. von R. K. Gibson, C. Shuttleworth Kraus, Leiden/Boston/Köln 2002, S. 295–318, hier S. 296.

Der vorliegende systematische Kommentar unterscheidet sich der Art nach sowohl vom Stellenkommentar als auch von den eher interpretativen Ansätzen. Wesentlich für einen systematischen Kommentar ist eine dezidiert nicht problematisierende systematische Unterstellung an den Bezugstext, die weiter reicht als der Anspruch nach argumentativer Kohärenz. Unterstellt wird im konkreten Fall, dass es sich bei der *Nikomachischen Ethik* um ein argumentativ geschlossenes Werk handelt, das in einem kohärenten philosophischen System verortet ist.

Mit dieser Unterstellung sucht der systematische Kommentar den größtmöglichen Abstand zu einer genetischen Herangehensweise an den Text (genetisch meint, dass die einzelnen Schriften sowie das ganze Werk unter dem Aspekt ihrer zeitlichen Entstehung betrachtet werden; entscheidend für genetische Ansätze sind daher Fragen der zeitlichen Reihenfolge der Schriften bzw. die Umstände ihrer Entstehung).

Diese eigentümliche Vorgehensweise des systematischen Kommentars hat zahlreiche Konsequenzen für die Gestalt des Kommentars. Im Folgenden soll kurz auf die negativen Konsequenzen hingewiesen werden, d. h. also auf all das, was ein systematischer Kommentar nicht leistet und folglich von den Leserinnen und Lesern von ihm auch nicht erwartet werden sollte:

So werden keine oder nur eingeschränkt Informationen gegeben, die nicht unbedingt zum Verständnis der Argumentation erforderlich sind. Das betrifft gleichermaßen den historischen Kontext wie Sachanmerkungen zu Personen, die Aristoteles nennt, oder Gegebenheiten, auf die er verweist.

Außerdem wird nicht auf vermeintliche Versäumnisse des Autors eingegangen. Es wird also nicht spekuliert, dass Aristoteles einen bestimmten Sachverhalt oder eine gewisse Theorie nicht beachtet oder übergangen habe.

Auch werden keine oder nur in einem sehr begrenzten Umfang alternative Lesarten oder Interpretationen vorgestellt.

Es findet auch keine ausführliche Diskussion der in der Sekundärliteratur vorgestellten Probleme statt, wie überhaupt keine oder kaum Problematisierungen des Textes vorgenommen werden (es wird allerdings zu Beginn jedes Kapitels ein kurzer Überblick über einige der Hauptschwierigkeiten gegeben, die in der Forschung gesehen werden, und zwar nicht aus dem Grund, um sich explizit mit diesen Problemen auseinanderzusetzen, sondern als sachliche Orientierung der Leserinnen und Leser).

Das persönliche Urteil über den Text wird so weit wie möglich zurückgenommen. Daraus folgt, dass man auch Vermutungen über den Textzustand, Schlüsse über die vermeintliche Vollständigkeit, den Überarbeitungsstatus der Texte oder die Reihenfolge der Bearbeitung in einem systematischen Kommentar vergeblich suchen wird.

Positiv ergibt sich aus der systematischen Unterstellung an den Text, dass alle Teile des Buches gleichermaßen Beachtung finden:

Es wird also keine Auswahl getroffen zwischen solchen Passagen, die aus heutiger Perspektive eher wichtig für die übergeordnete Intention erscheinen, und anderen, die vernachlässigt werden können, weil es sich etwa um nicht ausgearbeitete Textfragmente handeln könnte.

Vielmehr wird der Versuch unternommen, den systematischen Ort auch solcher Kapitel zu bestimmen, die für gewöhnlich kaum Beachtung finden. Exemplarisch sei hier etwa auf Aristoteles' Kritik an Platon im ersten Buch (1.4) verwiesen, die als integraler Bestandteil der übergeordneten Argumentation aufgefasst wird, oder die zweite Hälfte des fünften Buches zur Gerechtigkeit, die oft bloß als lose Sammlung von Fragestellungen behandelt wird.

Gegebenenfalls werden weitere aristotelische Schriften als gleichrangige Textzeugnisse zur Erläuterung der *Ethik* herangezogen, um eine systematische Rekonstruktion des philosophischen Argumentes zu gewährleisten.

Wie gesagt, handelt es sich hierbei um eine bewusste Unterstellung: Der Text wird also so behandelt, *als ob* es sich um ein einheitliches Werk handelt. Diese exegetische Unterstellung wird ihrerseits als solche nicht philologisch abgesichert. Es wird also nicht mit dem Anspruch aufgetreten, den Nachweis zu erbringen, dass es sich tatsächlich um ein abgeschlossenes Buch handelt. Der systematische Kommentar folgt damit den klassischen antiken sowie mittelalterlichen Kommentierungen der aristotelischen Schriften.[3]

Was für Vorteile verspricht ein systematischer Kommentar gegenüber anderen Kommentaren bzw. interpretativen Ansätzen? Es wurde bereits angedeutet, dass der systematische Kommentar einen ausführlichen Stellenkommentar nicht ersetzen kann. Das Verhältnis zum Stellenkommentar sollte eher komplementär aufgefasst werden. Die Beziehung des systematischen Kommentars zu problematisierenden oder interpretativen Kommentarformen ist hingegen propädeutischer Natur: Der systematische Kommentar richtet sich in erster Linie an Leserinnen und Leser, die sich den Text erstmalig erschließen. Das bedeutet natürlich nicht, dass nicht auch fortgeschrittene Studierende der aristotelischen Philosophie oder sogar Expertinnen und Experten Gewinn aus der Lektüre eines systematischen Kommentars ziehen können, da der spezifische Blickwinkel zu teils originellen Perspektiven auf den Text führt, die

3 Diese Vorgehensweise bringt die unterstellte Systematik erst in das zu kommentierende Werk nachträglich hinein. In diesem Sinne wurde vermutet, dass erst Alexander von Aphrodisias für die Systematik in Aristoteles' überlieferten Schriften verantwortlich ist.

unter Umständen in der bisherigen Forschung nichtbeachtete Interpretationsmöglichkeiten freilegen.

Doch ist der systematische Kommentar in erster Linie auf die philosophische Lehre ausgelegt und schließt auch in dieser Hinsicht an die antike Tradition der Kommentierung an. So ist das Verhältnis zwischen philosophischem Kommentar und philosophischer Lehre traditionell sehr eng. In der Forschung wurde bemerkt, dass die Existenz eines Kommentars bereits Grund zur Annahme liefert, dass der Bezugstext zum Unterricht genutzt worden ist.[4] Kommentare spielen seit der Antike eine besondere Rolle in der philosophischen Ausbildung. Die heute vorliegenden spätantiken Kommentare zu Platon und Aristoteles sind vor allem das Ergebnis des philosophischen Unterrichts oder wurden in diesem Kontext an den antiken Schulen verfasst. Anders ausgedrückt: Die antiken Kommentatoren hatten häufig *Studenten* (weniger Studentinnen) als Publikum ihrer Kommentare im Sinn.[5] Bereits im dritten Jahrhundert n. Chr. gab es in der platonischen Schule in Athen und an anderen Orten, an denen damals Philosophie gelehrt wurde, einen strukturierten Lehrplan, der eine festgelegte Reihenfolge von Texten enthielt, die von den Schülern in ihrer Ausbildung bewältigt werden mussten.

Der Vorlesungsplan gliederte sich nach einer didaktischen

4 Siehe Ineke Sluiter, »Commentaries and the Didactic Tradition«, in: Glenn W. Most (Hrsg.), *Commentaries*, S. 173–205, hier S. 173, und Barbara Graziosi, »Commentaries«, in: *The Oxford Handbook of Hellenic Studies*, hrsg. von B. Graziosi, P. Vasunia und G. Boys-Stones, Oxford 2009, S. 788–802, hier S. 788.

5 Siehe Gyburg Uhlmann, »Were Platonic Dialogues Read in Late Antique School Lessons on Aristotelian Logic? On Ancient Commentators on Aristotle and Their Teaching Practices«, in: *Working Paper des SFB 980 Episteme in Bewegung* 20 (2019), Freie Universität Berlin, S. 1–22, hier S. 4.

Ordnung, die eine Hierarchie zwischen bestimmten aristotelischen und platonischen Schriften widerspiegelte. Die Systematisierung der einzelnen Texte wurde von den Kommentatoren mit Blick auf die Aufnahmefähigkeit der Studenten konzipiert. Die Eignung des Lesers wird von den antiken Philosophen häufig in den Vorworten ihrer Kommentare thematisiert. Diese reflektieren damit eine aus den aristotelischen Schriften selbst bekannte Vorgehensweise. Auch in der *Nikomachischen Ethik* spricht Aristoteles die Qualitäten des anvisierten Publikums an, ein Aspekt, der in der Auslegung der Schrift oft nicht zureichend berücksichtigt wird.

Die Vorteile der systematischen Herangehensweise an den Text werden vor allem in der philosophischen Lehre deutlich. So soll die systematische Rekonstruktion der aristotelischen Argumentation es den Studierenden ermöglichen, die Schwierigkeiten der Lektüre dieses klassischen Textes besser zu meistern und sich den Text durch den argumentativen Nachvollzug zu erschließen. Die Leserinnen und Leser werden nicht durch zusätzliche Problematisierungen und die Vorstellung unterschiedlicher Lesarten verwirrt, sondern erhalten eine konzentrierte Anleitung zum Verständnis des Textes. Damit soll auch eine Grundlage geschaffen werden für die selbstständig fortgeführte Beschäftigung mit der Schrift. Zu diesem Zweck weist das ausführliche Literaturverzeichnis auf weitergehende problematisierende Interpretationen hin. Der systematische Kommentar erfüllt auf diese Weise, wie gesagt, eine propädeutische Funktion für die interpretative Auseinandersetzung mit der Schrift.

Somit wären das allgemeine Ziel, die besonderen Eigenschaften und die intendierte Leserschaft eines systematischen Kommentars zur *Nikomachischen Ethik* benannt.

Der Kommentar hat einen bestimmten Aufbau und sollte auf eine bestimmte Weise benutzt werden: Dieser Kommentar ist so aufgebaut, dass sich das Buch ohne parallele Lektüre des Originaltextes lesen lässt. Der Kommentar soll eine Hilfe für den Einstieg in den Originaltext liefern. Dabei wurde zwar auch an den interessierten Laien gedacht, doch der Erstkontakt mit der aristotelischen Philosophie geschieht vor allem im Rahmen einer Lehrveranstaltung. Die Gliederung des Kommentars orientiert sich deshalb insbesondere an den Erfordernissen, die ein philosophisches Seminar stellt. Zunächst wurde weitgehend auf die Verwendung von Fachtermini und Fremdworten verzichtet. Griechische Begriffe werden, wenn nötig, in lateinischer Umschrift angeführt. Die Terminologie ist insgesamt möglichst einfach gehalten. Vorkenntnisse in der Antiken Philosophie werden nicht erwartet. Die Kapitel des Kommentars folgen mit zwei Ausnahmen der Bucheinteilung der *Nikomachischen Ethik*. Dabei muss man wissen, dass genauso wie die Einteilung der *Nikomachischen Ethik* in zehn Bücher auch die Kapitelgliederung nicht auf Aristoteles selbst zurückgeht, sondern von späteren Herausgebern vorgenommen wurde. Im Gegensatz zur Bucheinteilung, die vermutlich durch den ersten antiken Herausgeber Andronikos von Rhodos erledigt wurde, erfolgte die Kapiteleinteilung sehr viel später im 15. und 16. Jahrhundert. Die in Deutschland gebräuchliche Ordnung geht ihrerseits auf Theodor Zwinger zurück. In den meisten Übersetzungen wird diese Ordnung mit arabischen Ziffern wiedergegeben. Im englischsprachigen Raum hat sich hingegen die ältere Einteilung erhalten, die durch römische Ziffern angezeigt wird. Das ist oft verwirrend, wenn man gleichzeitig mit einer deutschen und englischen Übersetzung bzw. englischen Kommentaren arbeitet. Die Verwirrung lässt sich am besten vermeiden, indem man sich in erster Linie an der Seitenzählung nach Becker (in zwei Spalten a und b) orientiert, die beide Ausgaben übernommen haben. Die Einteilung und Verweise des Kommentars verwenden die Kapiteleinteilung nach Zwinger und zusätzlich die Seiten und Zeilenangaben nach Becker. Das soll es ermöglichen, den Text auch in anderen Ausgaben und Übersetzungen zu überprüfen.

Den einzelnen Kapiteln des Kommentars wird jeweils eine kurze Einleitung vorangestellt, die auch einige der Hauptschwierigkeiten benennt, die in der Forschung gesehen werden. Hierbei handelt es sich um nicht mehr als eine erste thematische Verortung der Diskussion, die die Leserinnen und Leser auf den Text vorbereitet und ihre Aufmerksamkeit vorab auf einige Fragen lenkt, die nach allgemeiner Ansicht eine besondere Beachtung verdienen oder zumindest eine vorsichtige Lektüre erfordern.

Im Anschluss wird ein knapper Überblick über die von Aristoteles behandelten Fragestellungen gegeben.

Den Großteil des Kapitels nimmt die detaillierte systematische Rekonstruktion der aristotelischen Argumentation ein.

Weiterführende Literaturangaben, eingeteilt nach den Kapiteln des Kommentars, finden sich am Ende des Buches und orientieren sich dabei vor allem an der Verwendung in philosophischen Seminaren (aus diesem Grunde wird auch nach Möglichkeit eher deutschsprachige Literatur aufgeführt). Daneben werden nur englische Titel berücksichtigt (die Annahme, dass Studierende auch französische oder italienische Literatur verwenden, ignoriert die Realität an deutschen Universitäten).

Textgrundlage des Kommentars ist der griechische Text in der Ausgabe von Ingram Bywater. Die beiden Übersetzungen, von denen zum großen Teil Gebrauch gemacht wurde, sind die ebenfalls bei Reclam erschienene Übersetzung von Gernot Krapinger sowie die Neuübersetzung von Dorothea Frede. Die Zitate sind fast ausschließlich aus Krapinger entnommen, Abweichungen werden explizit als solche vermerkt. Wichtige Terminologie wird zusätzlich in lateinischer Umschrift des griechischen Originals angegeben. Leider weichen die meisten deutschen Übersetzungen gerade bei den zentralen Begrifflichkeiten oft erheblich voneinander ab.[6]

6 Ursula Wolf hat in ihrem Kommentar eine Liste von griechischen Begriffen mit den verschiedenen Übersetzungen zusammengestellt, vgl. Ursula Wolf, *Aristoteles' ›Nikomachische Ethik‹*, Darmstadt 2002, S. 257–268.

Kapitel 1

Das Gut des Menschen (Buch I.1–13)

Wie bei anderen aristotelischen Abhandlungen übernimmt auch das erste Buch der *Nikomachischen Ethik* sowohl eine grundlegende als auch eine einführende Funktion. Aristoteles stellt die die Untersuchung leitende Fragestellung vor, betont die Bedeutung der Untersuchung, führt methodische Überlegungen an, diskutiert allgemein angenommene Meinungen und Positionen seiner Vorgänger, entwickelt die Probleme, mit denen sich die nachfolgende Untersuchung beschäftigen wird, und stellt erste Definitionen der gesuchten Sache heraus. Hinzu kommt die ebenfalls für die Einführung typische Beschreibung des Publikums.

Das erste Buch wird in der Forschung besonders kontrovers diskutiert. Sehr viel Aufmerksamkeit hat das umfangreiche erste Kapitel auf sich gezogen, das mit der axiomatischen Feststellung beginnt, dass alle menschlichen Handlungen auf ein bestimmtes Gut abzwecken. Im Anschluss erklärt Aristoteles die Natur des Guten abhängig vom menschlichen Streben.

Vor allem diese Gleichsetzung hat viele Leserinnen und Leser irritiert. Es wurde vermutet, Aristoteles sei einem logischen (wahlweise auch einem naturalistischen) Fehlschluss aufgesessen und habe die Existenz des Guten aus dem Vorliegen des menschlichen Strebens geschlossen. Als problematisch werden auch Aristoteles' Überlegungen zur Bestimmung des menschlichen Glücks eingeschätzt. Insbesondere seine Argumentation zur Bestimmung des spezifischen Werkes des Menschen (das sog. Ergon-Argument) wird kontrovers diskutiert. In Frage gestellt wird sowohl die Möglichkeit, das Wesen des Menschen ausgehend von dessen Werk zu ermitteln, als auch die Notwendigkeit dieses Vorgehens, um die Frage nach dem menschlichen Glück zu beantworten.

Das erste Buch gliedert sich (nach Zwinger) in 13 Kapitel, die im Folgenden zuerst im Überblick dargestellt und im Anschluss argumentativ rekonstruiert und systematisch aufeinander bezogen werden.

(1094a1–1095a13) An den Anfang der Untersuchung stellt Aristoteles die bei jeder Handlung vorausgesetzte Feststellung, dass alle menschlichen Aktivitäten auf ein bestimmtes Gut abzwecken. Auf dieser Grundlage errichtet Aristoteles eine Hierarchie der Güter, abhängig vom Grad ihrer Vollendung, und hebt die Bedeutung eines abschließenden höchsten Gutes hervor.

(1095a14–1095b13) Aus dem zweiten Kapitel wird deutlich, dass es sich bei diesem höchsten Gut um das Glück handeln muss. Die erste Bestimmung des Glücks, entsprechend der es sich um ein gutes Leben und Wohlbefinden handeln muss, wird von allen gleichermaßen anerkannt. Wie genau das gute Leben allerdings beschaffen ist, wird von den Menschen abhängig von ihrer Bildung und ihrem sozialen Stand beschrieben. Im Gegensatz zu den meisten Menschen sind die Gebildeten der Ansicht, dass es neben den vielen Gütern noch ein Gut an sich gibt, das ursächlich für die anderen Güter ist.

(1095b14–1096a10) Die philosophische Untersuchung fängt entweder bei dem uns Bekannten oder dem der Sache nach Wesentlichen an. Im ersten Buch der *Nikomachischen Ethik* beginnt Aristoteles mit dem uns Bekannten und führt daher im dritten Kapitel drei verschiedene Leben ein, die die Frage nach dem höchsten Gut unterschiedlich beantworten. In der dialektischen Auseinandersetzung mit ihnen (also in der Aufnahme und im kritisch prüfenden Durchgang ihrer Positionen) entwickelt Aristoteles die Kriterien zur inhaltlichen Bestimmung des höchsten Gutes. So soll das Gute frei, vollendet, den Menschen eigentümlich und relativ sicher gegenüber Unglücksfällen sein. Diesen Kriterien genügen weder das Leben der Lust noch das politische Leben der Ehre.

(1096a11–1097a14) In methodischer Umkehrung des bisherigen Vorgehens geht Aristoteles im vierten Kapitel nicht von dem uns eher Bekannten aus, sondern thematisiert das der Sache nach Wesentliche und fragt, ob es ein Gut gibt, das als innere Form für die einzelnen Güter ursächlich ist.

(1097a15–1097b21) Nachdem die vorausgehenden Kapitel die Frage des höchsten Gutes eher dialektisch beantwortet haben, beginnt das fünfte Kapitel eine am Wesen der Sache orientierte Untersuchung. Aristoteles stellt als Kriterien des höchsten Gutes Vollkommenheit und Selbstgenügsamkeit heraus. Beide Kriterien erfüllt nur das Glück.

(1097b22–1098a20) Das sechste Kapitel gibt eine erste inhaltliche Bestimmung des Guten auf Grundlage des eigentümlichen Werkes des Menschen, das laut Aristoteles in der Tätigkeit der Vernunft besteht. Es zeichnet folglich den guten oder glücklichen Menschen aus, gut und nach bestem Vermögen gemäß der Vernunft zu handeln.

(1098a20–1098b8) Im siebten Kapitel ordnet Aristoteles die Ergebnisse des sechsten Kapitels in den übergeordneten Zusammenhang der Untersuchung ein.

(1098b9–1098b22) In den folgenden Kapiteln bestätigt er diesen Befund. Im achten Kapitel zeigt er, dass das Gesagte mit den allgemein angenommenen Ansichten über das Gute übereinstimmt.

(1098b22–1099b8) Das neunte Kapitel präzisiert die Perspektive auf die Vorgänger mit Blick auf die vorgeschlagenen Leben der Tugend und der Lust als glückliche Lebensformen.

(1099b9–1100a9) Das zehnte Kapitel diskutiert die möglichen Quellen des menschlichen Glücks. Neben den äußeren Gütern scheint auch der Zufall nicht unerheblich zu sein. Dagegen betont Aristoteles noch einmal die Tugend als Grundlage des Glücks.

(1100a10–1101b9) Das elfte Kapitel geht tiefer auf die Frage der Abhängigkeit des Glücks von den äußeren Umständen ein und hebt in Übereinstimmung mit dem Vorhergehenden hervor, dass das Glück vor allem in der Ausführung der tugendhaften Handlungen besteht.

(1101b10–1102a4) Im zwölften Kapitel betont Aristoteles, dass das Glück zu den verehrungswürdigen Dingen gerechnet werden muss, wohingegen die Tugend lobenswert ist.

(1102a51–1103a10) Das dreizehnte Kapitel schließt die Diskussion der Frage, was Glück ausmacht, ab und bereitet die Diskussion dessen, was Tugend ist, vor. Auf der Grundlage der vorgeschlagenen Definition des Glücks leitet Aristoteles die entscheidende Einteilung zwischen rationalen und ethischen Tugenden aus der Natur der Seele ab.

1.1 Das höchste Gut (1094a1–1095a13)

Aristoteles beginnt seine Untersuchung mit der axiomatischen (hier: nicht weiter begründbaren) Feststellung, dass alle menschlichen Tätigkeiten um eines zu erstrebenden Guten willen geschehen (*agathou tinos*, I.1, 1094a2). Daraus folgt, dass das Gute dasjenige ist, »worauf alles abzielt« (I.1, 1094a3; siehe auch *Top.* III.1, 116a19–20, *Rhet.* I.6, 1362a21–23; *Ph.* II.3, 195a23–26).

Damit ist freilich weder ein Beweis für die Existenz des Guten geliefert, noch wird gesagt, dass es nur ein einziges Gut gibt. Vielmehr ermittelt Aristoteles wenig später in Anwendung dieser Bestimmung zahlreiche Güter, die von den Menschen erstrebt werden. Hierbei handelt es sich nicht unbedingt um objektive Güter. Oft sind damit Güter gemeint, die den Handelnden jeweils als wertvoll erscheinen (III.6, 1113a16–17;

III.7, 1114a31–b25; VIII.2, 1155b24–26). Axiomatisch ist die Feststellung, dass alle nach dem Guten streben, deshalb, weil sie nicht widerlegt, aber auch nicht weiter bewiesen werden kann. Jede einzelne Handlungsentscheidung setzt dieses Axiom voraus, weshalb Aristoteles die Erklärung zum Ausgangspunkt seiner Ethik macht.

Das lenkt die Aufmerksamkeit auf die jeweils verfolgten Ziele, die sich teils erheblich voneinander unterscheiden. Wichtig ist Aristoteles hierbei der Unterschied zwischen »Tätigkeiten« (*energeiai*) und »Werken« (*erga*, I.1, 1094a4–5). Beide können in gewisser Hinsicht Ziele abgeben.[1] Immer dann, wenn die Wirkung bzw. das Produkt von der Aktivität abweicht, steht das Produkt als bezwecktes Gut über der Aktivität, da die Aktivität wegen dem Gut ausgeführt wird. Mit anderen Worten: Die Ziele sind jeweils besser als die zur Verwirklichung verwandten Mittel (*Top.* III.1, 116b22.). Hieraus ergibt sich ein erstes Kriterium zur Anordnung der Güter: Je vollkommener das Ziel ist, umso besser wird es sein. Da es aber viele unterschiedliche Tätigkeiten, Künste und Wissenschaften gibt, die alle jeweils eigentümliche Ziele verfolgen, erhält man unzählige Güter (I.1, 1094a6–7). Auch wenn sich für einzelne Güter nach dem Kriterium der Vollkommenheit übergeordnete Ziele feststellen lassen, auf die die jeweiligen Tätigkeiten abzielen (so ist die Sattlerei der Reitkunst unterstellt), ist fraglich, ob es auch ein bestes oder vollkommenstes Gut gibt. Von diesem Gut müsste gelten, dass es um seiner selbst willen erstrebt und keinem weiteren Ziel untergeordnet wird. Außerdem müsste alles Übrige seinetwegen erstrebt werden. Hierbei

1 Zu den wichtigen Unterschieden zwischen Erkennen, Handeln und Machen siehe *Met.* 1025b19–1026a23, 1064a17–b5; dazu Schmitt, *Aristoteles Poetik. Aristoteles Werke in Deutscher Übersetzung*, Berlin 2008, S. 94–97.

hätte man es folglich mit dem besten oder höchsten Gut zu tun (1.1, 1094a18–22).

Anzunehmen, dass es kein letztes Ziel des menschlichen Strebens gibt, so dass das Streben insgesamt leer oder vergeblich wäre, würde einer grundsätzlichen aristotelischen Annahme widersprechen (so soll die Natur nichts umsonst tun, *Pol.* 1.2, 1253a9). Diese Tatsache unterstreicht die besondere Bedeutung der Untersuchung ähnlich wie der anschließende Hinweis auf den immensen praktischen Nutzen, den diese Erkenntnis für die Einrichtung des menschlichen Lebens hätte. Denn auf diese Weise wäre ein übergeordneter Zielpunkt für das Handeln der Menschen gegeben, was Aristoteles mit dem Beispiel des Bogenschützen verdeutlicht (1.1, 1094a23–24). In der *Eudemischen Ethik* ergänzt Aristoteles, dass ein »Leben ohne Hinordnung auf ein bestimmtes Ziel großen Unverstand verrät« (*EE*, 1.2, 1214b10–11). Damit ist freilich noch nichts über die genaue Beschaffenheit dieser Hierarchie der Güter gesagt. Ob und wie einzelne Güter zu diesem Ziel beitragen, wird von Aristoteles an dieser Stelle offen gelassen.

Er leitet aus diesen Überlegungen die Aufgabe der nachfolgenden Untersuchung ab, so »muss man versuchen, wenigstens im Umriss zu erfassen, was es [das letzte Ziel, A. H.] denn ist und zu welcher Wissenschaft […] es gehört« (1.1, 1094a25–26). Bei dieser Wissenschaft handelt es sich, »wie es scheint« (*phainetai* 1.1, 1094a28), um die *politische Wissenschaft.* Dabei ist mit dem Begriff freilich mehr als Politikwissenschaft im modernen Verständnis gemeint, da sie sowohl eine ordnende als auch eine architektonische Funktion für die menschliche Gemeinschaft und innerhalb der Wissenschaften einnimmt: Ihr unterstehen die anderen Wissenschaften des Staates, da sie darüber bestimmt, was studiert oder ausgeführt werden soll. Wenn der politischen Wissenschaft aber alle anderen Tätigkeiten untergeordnet sind (der Grund dafür, dass ihr Ziel auch die

Ziele dieser Tätigkeiten umfasst), dann hat sie es auch mit dem höchsten Gut als letztem Ziel der Menschen (in der staatlichen Gemeinschaft) zu tun. Setzt man zugleich voraus, dass das Gut der Gemeinschaft nicht nur besser als das Gut des Einzelnen ist, sondern auch das Gut des Einzelnen beinhaltet, dann erklärt sich, warum es sich bei der nachfolgenden Untersuchung um eine politische Untersuchung handeln muss (I.1, 1094b11).

Fest steht somit der gesuchte Gegenstand der Untersuchung (nämlich die inhaltliche Bestimmung des höchsten Gutes) sowie die zugehörige Wissenschaft. Daraus leitet sich nun auch die angesetzte Methode und der besondere Kreis der Zuhörer ab. Beides bestimmt sich für Aristoteles abhängig vom gesuchten Gegenstand ebenso wie die zu erwartende Genauigkeit der Ergebnisse. Die politische Wissenschaft hat es mit menschlichen Angelegenheiten zu tun. Da das menschliche Handeln prinzipiell dem Bereich des Zufälligen angehört, können auch die Ergebnisse der Untersuchung nicht notwendig im strengen Sinn sein. Es verhält sich nur meistens so (*epi to polu* I.1, 1094b21), aber nicht immer auf dieselbe Weise. Dieselben Handlungen können – abhängig vom Zeitpunkt, den ausführenden Charakteren und anderen Faktoren – sowohl edel als auch beschämend sein. Ein Depositum, also eine hinterlegte Sache, zurückzugeben, ist eben nicht immer und unter allen Umständen geboten, sondern nur dann, wenn es die Verfassung des Eigentümers sowie die zeitlichen und örtlichen Gegebenheiten zulassen.

Das ist vielleicht ein Grund dafür, dass die meisten Menschen glauben, das Gerechte beruhe ausschließlich »auf Konvention und nicht auf der Natur« (I.1, 1094b16). Dieser Schluss ist jedoch nicht zwingend. Offensichtlich sind auch die menschlichen Güter nicht immer oder unter allen Umständen gut. Daraus folgt aber nicht, dass nicht auch einige Güter an sich gut sind.

Aristoteles mahnt daher zur Vorsicht in den Urteilen: Es ist der Sache angemessen und ausreichend, zu erfassen, was meistens zutrifft. Die Abhängigkeit der Untersuchung von ihrem Gegenstand sieht nur derjenige ein, der selbst über eine gewisse Vorbildung verfügt. Hierbei handelt es sich um eine wichtige aristotelische (ursprünglich platonische) Bedingung, die oft nicht hinreichend beachtet wird: Die jeweilige philosophische Untersuchung richtet sich nämlich auch nach dem Kenntnisstand des angesprochenen Publikums. Nicht alle sind gleichermaßen für jede Erörterung geeignet. Aristoteles greift diese Grundthese Platons mit der kurzen Bemerkung auf, dass jeder ein guter Richter nur in solchen Angelegenheiten ist, in denen er selbst Experte ist (I.1, 1094b27–28). An anderer Stelle erinnert Aristoteles daran, dass es ein Zeichen von Bildung sei, zu erkennen, wo Beweise gefordert werden müssen und wo nicht (*Met.* IV. 4, 1006a6–8). Deshalb sind Kinder und Jugendliche in politischen Fragen keine guten Richter. Ungeeignet für eine solche Aufgabe sind aber auch alle anderen, die sich so unreif wie Kinder verhalten.

I.2 Glück als höchstes Gut (1095a14–1095b13)

Der Anfang des zweiten Kapitels ist bemerkenswert: Aristoteles greift nicht nur die Ausgangsfrage des höchsten Gutes erneut auf, sondern er liefert auch die Antwort auf die Frage: So sind sich die meisten Menschen einig darin, dass es so etwas wie ein höchstes Gut gibt und dass es sich hierbei um das Glück (*eudaimonia*[2]) handelt (I.2, 1095a18).[3] Einigkeit besteht sogar in der ersten inhaltlichen Bestimmung des Glücks: »gut leben

2 Alternativ übersetzt mit Glückseligkeit.

3 Weshalb es, wie gesagt, auch ein Zeichen für Unverstand sein muss, einen Beweis für die Existenz eines solchen Gutes zu verlangen.

und sich wohl befinden« (1.2, 1095a19). Was genau damit gemeint sein könnte, ist jedoch unklar und wird von den Menschen jeweils abhängig von ihrer Vorbildung und ihrem sozialen Stand unterschiedlich beantwortet.

Nach Aristoteles lassen sich zwei prinzipiell verschiedene Ansätze voneinander unterscheiden: Für die breite Masse ist das Glück »etwas Handgreifliches und Offenkundiges, wie Lust, Reichtum oder Ehre« (1.2, 1195a22–23). Diese Ansicht führt zu widersprüchlichen Einschätzungen: Der Kranke wählt die Gesundheit, der Arme den Reichtum, usw. Die Gebildeten bevorzugen daher eine andere Antwort: Ihrer Ansicht nach gibt es »neben diesen vielen Gütern noch ein anderes Gut an sich« (1.2, 1095a26–28). Dieses Gut an sich soll auch für die anderen Güter *ursächlich für deren Güte* sein.

Bevor Aristoteles die Vorschläge inhaltlich weiter diskutiert (siehe unten 1.3 und 4), erinnert er an das methodisch richtige Vorgehen. Man sollte nicht alle Vorschläge gleichermaßen beachten, sondern nur solche, die »einigermaßen vernünftig« (1.2, 1095a30) sind. Wichtig ist, im Blick zu behalten, wie für diese Positionen argumentiert wird. So kann die Beweisführung entweder von Prinzipien ausgehen, d. h., von gegebenen Ursachen auf die Wirkungen schließen. Oder die Prinzipien werden von den Wirkungen abgeleitet.

An dieser Stelle wird eine grundlegende aristotelische Unterscheidung relevant: Denn Dinge können auf zwei Arten besser bekannt sein, und zwar für uns oder an sich (*An. post.* 1.2, 71b33–72a5). Dem Menschen besser bekannt ist das sinnlich Erfassbare und Zusammengesetzte. An sich besser erkennbar ist jedoch die Sache selbst, die einfach und ohne sachfremde Zusätze erfasst wird.[4]

4 Siehe dazu die wichtigen Überlegungen von Schmitt in: *Moderne und Platon*, S. 315–321 und S. 333 f.

In der vorliegenden ethischen bzw. politischen Untersuchung ist es angemessen bei dem anzufangen, was bereits bekannt ist. Man muss also von den Wirkungen auf die Prinzipien schließen und nicht anders herum (1.2, 1095b3–4). Eine wichtige Konsequenz hieraus besteht darin, dass man in der Untersuchung des Guten bereits über eine richtige Meinung bezüglich des Guten verfügen muss.

Damit kommen wir auf andere Weise zurück zur obigen Bemerkung über die richtige Beschaffenheit des Publikums, denn dieses muss schon auf eine bestimmte Weise beschaffen oder ausgebildet sein, um die Untersuchung zuallererst in Gang bekommen zu können.

1.3 Drei glückliche Leben (1095b14–1096a10)

Das dritte Kapitel nimmt die Überlegungen zur inhaltlichen Bestimmung des Glücks wieder auf und geht in Übereinstimmung mit der zuvor erklärten Absicht dazu über, die »einigermaßen vernünftigen« (1.2, 1095a30) Vorschläge zu behandeln.

Wir haben gesehen, dass eine Beweisführung entweder von Prinzipien ausgehen kann oder aber versucht, auf diese Prinzipien zu schließen, und zwar im Ausgang von dem, was durch die Erfahrung bekannt ist. Entsprechend leiten die meisten Menschen das Glück aus ihrer Lebensführung ab (1.3, 1095b15–16). Aristoteles identifiziert drei Arten der Lebensführung, die unterschiedliche Güter im Blick haben, und zwar 1. Lust, 2. Ehre und 3. Erkenntnis. Auffallend ist, dass die zuvor diskutierte breite Liste möglicher Güter hier bereits auf drei Güter reduziert wird, die entscheidend für die jeweilige Lebensweise sind. Im Leben der gewöhnlichen Menschen soll die Lust das höchste Gut sein (1.3, 1095b16–17). Mit Lust meint Aristoteles *an dieser Stelle* solche Lüste, die aus den erhaltenden Aktivitäten des Körpers hervorgehen, d. h. die Lust am Essen und Trinken (notwendig zur Erhaltung des Individuums) sowie die Lust am Sex (notwendig zur Erhaltung der Gattung). Das sind zwar alles natürliche Lüste, doch diese sind an den Körper gebunden und können auch von Tieren erfahren werden. Das lässt diese Lebensweise als tierisch und, aufgrund ihrer Bindung an äußere Bedingungen, irgendwie als sklavisch erscheinen (1.3, 1095b19–20).

Als zweites führt Aristoteles das von kultivierten Menschen bevorzugte politische Leben an – eine Lebensweise, die ein scheinbar doppeltes Ziel verfolgt:

An erster Stelle steht die Ehre. Doch ist dies problematisch, da es sich beim Glück um etwas dem Menschen *Eigentümliches* handeln soll und sich deshalb nur schwer von ihnen trennen lässt (1.3, 1095b25). Das trifft aber nicht zu, wenn die Ehre in den Handlungen der Ehrenden liegt und deshalb auch in ihrer Macht.

Außerdem wird man »wegen der eigenen Tugend« geehrt (*aretê*[5] 1.3, 1095b29).

Das letzte Ziel des politischen Lebens ist also nicht die Ehre, sondern die Tugend. Beim höchsten Gut soll es sich aber um etwas handeln, was nicht um eines anderen willen gesucht wird. Die Ehre wird aber nur deshalb erstrebt, weil man die eigene positive Meinung durch das Urteil anderer bestätigt haben möchte. In Wirklichkeit will man für die eigene Tugendhaftigkeit geehrt werden.

Die Tugend wäre somit das eigentlich in der politischen Lebensweise erstrebte Gut (1.3, 1095b26–27). Das wirft für Aristoteles zwei weitere Probleme auf:

5 *aretê* kann auch mit Tüchtigkeit, Vortrefflichkeit oder eben Bestform übersetzt werden. Geehrt werden will man also für seine Tüchtigkeit.

1. Unter der Voraussetzung, dass das Glück eine Art Vollkommenheit ist, kann Glück nicht im bloßen Besitz von Tugend bestehen. Manchmal liegt die Tugend in einer unvollendeten Form vor, sobald sie nämlich nicht aktiv ausgeführt wird. Wer schläft, kann zwar im Besitz der Tugend sein, er handelt aber nicht tugendhaft. Denkbar ist auch, dass Menschen zwar im Besitz einer Tugend sind, aber aus Mangel an Gelegenheit nicht aktiv werden können, wie etwa ein verarmter großzügiger Mensch aus Mangel an materiellen Gütern nicht wohltätig sein kann.

2. Auch tugendhafte Menschen können »Übel und Unglück erleiden« (I.3, 1096a1). Das macht wiederum deutlich, dass die Tugend etwas anderes als das Glück sein muss.

Die dritte Lebensführung besteht in der theoretischen Betrachtung (*theôrêtikos*, I.3, 1096a4). Aristoteles verweist an dieser Stelle auf eine spätere Behandlung (s. X.7–9) und beschließt an Stelle dieser Diskussion das Kapitel mit einem kurzen Blick auf die Natur des Geldes:

Geld kommt zwar nicht als wirklicher Kandidat für das höchste Gut in Frage, doch sehen einige in ihm das höchste Gut. Zweifellos handelt es sich um ein nützliches Gut. Doch gerade wegen seines Charakters als Mittel zur Erlangung anderer Güter kann das Geld selbst nicht Endzweck sein. Außerdem geschieht der Gelderwerb laut Aristoteles unter Zwang, und das widerspricht ebenfalls der Natur des Glücks, denn das Glück ist Ziel freiwilliger Tätigkeiten.

Als Ergebnis erhalten wir somit eine erste inhaltliche Annäherung an die Bestimmung des menschlichen Glücks. Denn Lust, Tugend und theoretische Betrachtung werden im Gegensatz zum Reichtum »um ihrer selbst willen geschätzt« (I.3, 1096a8–9). Es handelt sich also um *Güter an sich*, die damit ein zuvor geliefertes Kriterium für den gesuchten Endzweck erfüllen, weil sie *um ihrer selbst willen* gesucht werden.

Trotzdem ist das gesuchte letzte Ziel keines dieser Güter, weil sie den weiteren Kriterien nicht genügen: Das Glück sollte nicht tierisch oder sklavisch sein, in der Macht der Handelnden stehen (es zu erreichen und zu erhalten), den Menschen eigentümlich sein und in einer (freiwilligen) Aktivität liegen. Außerdem wird eine gewisse Sicherheit gegen »Übel und Unglück« erwartet.

1.4 Die Form des Guten als innere Ursache des Guten (1096a11–1097a14)

Zur Erinnerung: Bisher hat Aristoteles zwei Strategien in der Beantwortung der Frage des Glücks skizziert:

1. Die eine Seite geht in ihrer Suche nach dem Prinzip von dem uns eher Bekannten aus, woraus sich drei Lebensweisen ergeben haben.

2. Möglich ist aber auch der entgegengesetzte Weg, also den Ausgang beim Prinzip selbst zu nehmen. Aristoteles deutet an, dass dieses Vorgehen von den Gebildeten bevorzugt wird. Sie sind der Ansicht, es gebe so etwas wie »ein [...] Gut an sich, das auch für alle diese [Güter] die Ursache dafür sei, dass sie gut sind« (1.2, 1095a27–28). Wir erfahren nun, dass es sich bei diesen gebildeten Zeitgenossen um »befreundete Männer« handelt, »die die Ideen eingeführt haben« (1.4, 1096a13).

Ob Aristoteles damit seinen Lehrer Platon meint oder andere Mitglieder der Platonischen Akademie, ist ungewiss, wenig später wird jedenfalls Speusippos (der Neffe und Nachfolger Platons als Schuloberhaupt) genannt. Für uns ist das jedoch unerheblich. Wir müssen sehen, was genau Aristoteles kritisiert: Man sollte ihn besser nicht so verstehen, als argumentiere er gegen die Existenz eines abgetrennten Gutes. An anderer Stelle behauptet Aristoteles selbst genau das (*Met.* XII.10, 1075a11–15).

Ihm scheint es im vierten Kapitel vielmehr um Schwierigkeiten bei der Anwendung der gewählten Methode zu gehen. Zuvor hatte er mit Zustimmung auf Platon verwiesen, der die Bedeutung dieser Fragestellung erkannt hatte (1.2, 1095a32). Aristoteles bestreitet auch nicht, dass beide Methoden (also bei dem Bekannten an sich oder bei dem Bekannten für uns anzufangen) zum Ziel führen können. Problematisch ist hingegen die Annahme, die Idee des Guten als innere Form ursächlich für die einzelnen Güter anzusehen.[6] Er weist diese Vorstellung mit einer Reihe von Argumenten zurück:

1. Zunächst erinnert er an eine platonische Voraussetzung. So soll es keine gemeinsame Idee von Dingen geben, die gegeneinander in ein Prioritätsverhältnis gesetzt, die also der Sache nach in ein »Vorher und Nachher« (1.4, 1096a18) unterschieden werden. Da das Gute aber in den unterschiedlichen Kategorien ausgesagt wird (also in den Kategorien von Substanz, Qualität, Quantität, Relation), die Substanz jedoch der Sache nach vor den Akzidenzen liegt, kann es keine gemeinsame Form geben, die sowohl für die Güte der Substanz als auch für die Güte der Akzidenzen verantwortlich ist. Als Beispiel für das Gute in der Kategorie der Substanz nennt Aristoteles die Güte Gottes oder die *Vernunft* (*nous*).[7] Dies bestätigt zugleich, dass es für Aristoteles auch ein substantielles Gut gibt. Für die gute Qualität steht die Tugend, die ihren Besitzer gut macht. In der Quantität ist das Gute der Mittelwert, der in allem herrscht, das dem Maß unterliegt, usw. (1.4, 1096a17–23).

6 Noch einmal: Aristoteles argumentiert gegen die Ansicht, dass das Gute »die *Ursache dafür sei*, dass sie [die Güter] gut sind« (1.2, 1095a28, meine Hervorhebung).

7 Aristoteles verwendet *nous* oft synonym mit *logos* im Sinn von Vernunft.

2. Der zweite Einwand variiert den ersten Einwand und zielt darauf ab, dass es von solchen Dingen keine Idee als innere Form bzw. Natur geben kann, die unterschiedliche Naturen haben. Was aber nicht eindeutig (Aristoteles spricht von »auf vielfache Weise«, so etwa *Met.* VII.1, 1028a10 oder *Phys.* VIII.4, 255a31) ausgesagt wird, hat auch nicht eine einzige Natur (I.4, 1096a23–29).

3. Derselbe Punkt wird dann ausgehend von einem erkenntniskritischen Einwand untersucht: Wenn das Gutsein der einzelnen Güter von einer inneren Form bzw. Idee abhängen würde, gäbe es auch eine Wissenschaft, die sich mit dieser spezifischen Form als Prinzip beschäftigen würde. De facto gibt es jedoch viele verschiedene Wissenschaften (und nicht nur eine einzige Wissenschaft), die sich mit unterschiedlichen Objekten und den entsprechenden Gütern befassen (I.4, 1096a29–34).

4. Der letzte Einwand ist etwas spezieller. Da nämlich das abgetrennte Gut nicht nur als »Idee« oder »Form« des Guten bezeichnet wird, sondern durch den Zusatz »an sich« (I.4, 1096a35) qualifiziert wird, was den absoluten oder unbedingten Charakter anzeigt, fragt Aristoteles, ob es auch wirklich richtig ist, das Gute mit diesem Namen zu bezeichnen. Die Definition sollte sowohl *den* Menschen als auch *jeden einzelnen* Menschen umfassen. Folglich kann auch das Gute an sich nicht besser sein als das Gute. Beide sind einfach gut (I.4, 1096a34–b3).

Auch die Erwiderung, dass das Gute »an sich« als unbedingtes bzw. absolutes Gut aus dem Grund besser ist, weil es keinen zeitlichen Bedingungen unterstellt und mithin ewig sein soll,[8] lässt Aristoteles nicht gelten. Denn das Ewige unterscheidet

8 Den Zusammenhang zwischen An-sich-sein und Ewigkeit verdeutlicht Aristoteles in der *Eudemischen Ethik*, I.8, 1218a13–4.

sich vom Vergänglichen in erster Linie durch die Dauer, und der Unterschied in der Dauer einer Sache liegt außerhalb der Form, da sich das Leben, das nur einen Tag dauert, und das dauerhafte Leben nicht durch das Leben, sondern nur durch die Dauer voneinander unterscheiden. Wenn also das Gute als innere Form verstanden wird, dann liegt seine Dauer außerhalb der Natur des Guten. Die längere Dauer einer Sache macht sie somit nicht besser (1.4, 1096b3–5).

Es folgt ein rätselhafter Einschub, der einen Vergleich zur pythagoreischen Position liefert. Vermutlich handelt es sich hierbei um ein Argument *ad hominem* und ist auf Differenzen innerhalb der frühen Akademie in dieser Frage zurückzuführen. Für einige Platoniker soll jedenfalls das Wesen des Einen und des Guten dasselbe sein. Aus diesem Grund mussten sie auch ein erstes Gut postulieren. Die Pythagoreer haben hingegen elementare Paare zusammengestellt, die sich aus einem guten und schlechten Begriff zusammensetzen (*Met.* 1.5, 986a22–b8). Deshalb waren sie auch nicht dazu gezwungen, die Natur des Einen für formal identisch mit dem Guten zu halten (1.4, 1096b5–7).

Man könnte jedoch die Idee des Guten ausschließlich für solche Dinge ursächlich halten, die an sich gut sind, und nicht für solche Dinge, die nur wegen eines anderen Gutes erstrebt werden, dessen Güte also von diesem anderen Gut abhängt. Daraus würden sich zwei Klassen von Gütern ergeben: zum einen das an sich Gute und zum anderen relative Güter.

Von welcher Beschaffenheit ist das an sich Gute? Möglich wäre, dass es sich hierbei um etwas handelt, »was man auch als für sich allein bestehend anstrebt, wie das Denken, Sehen, gewisse Freuden und Ehren« (1.4, 1096b16–18). Aus dem Vorausgehenden wissen wir (1.3, 1096a8–9), dass es sich hierbei um solche Güter handelt, die aufgrund ihrer selbstzweckhaften Natur für letzte Güter gehalten werden.

Bemerkenswert ist nun, dass Aristoteles zugibt, dass diese Dinge manchmal auch wegen etwas anderem gesucht werden: Sie können also durchaus nützlich sein. Doch selbst dann, wenn sie keinen weiteren Nutzen haben, verstehen wir sie als an sich gut und wünschenswert.

Die zweite Alternative besteht darin, dass nur die Idee des Guten an sich gut wäre. In diesem Fall dient sie zwar noch immer den anderen Dingen als Vorbild, indem diese sich nach der Idee richten oder versuchen, ihr ähnlich zu werden. Gänzlich ohne Nutzen wäre die Idee jedoch, wenn sie keinerlei Ähnlichkeit mit anderen Dingen hätte. Ohne Güter an sich wäre folglich auch die Idee nutzlos. Wenn die Güter an sich jedoch ihre Güte durch Teilhabe an der Idee des Guten gewinnen, wird sich in ihnen allen dieselbe Natur des Guten zeigen, so wie sich das Weiße im Schnee und anderen weißen Dingen als immer ein und dasselbe findet, weil sie der Form nach übereinstimmen.

Das trifft aber nicht auf die von Aristoteles angeführten Beispiele zu: Ehre, Klugheit und Lust sind in ihrer Güte nicht dasselbe. Folglich kann das an sich Gute als Idee auch nicht die gemeinsame Form aller Güter sein und wird das Wort ›gut‹ bei diesen Dingen homonym (ein gleichlautender Begriff für verschiedene Dinge) verwendet.

Daraus folgt aber nicht, dass die verschiedenen Dinge zufällig gut genannt werden. Dreierlei ist möglich:

1. Sie könnten der Analogie nach gut genannt werden,
2., weil sie von einem Gut abgeleitet sind oder
3., weil sie auf ein Gut bezogen werden. Aristoteles will an dieser Stelle keine Antwort auf die Frage geben (wir befinden uns, wie gesagt, am Anfang der Untersuchung). Es wird jedoch deutlich, dass die Antwort auf eine oder vielleicht alle drei Möglichkeiten Bezug nehmen muss.

Aristoteles beendet das Kapitel mit Überlegungen zur praktischen Natur des in Frage stehenden Guten. Denn das gesuchte Gut ist das Ziel des menschlichen Handelns. Nun ist aber klar, dass die Idee des Guten im menschlichen Handeln (als innere Form) nicht verwirklicht oder erworben werden kann (1.4, 1096b34). Gleichwohl könnte die Kenntnis des Guten als Anweisung dienen. Die einzelnen Güter wären also mit Blick hierauf zu bestimmen. Doch das *widerspricht den Phänomenen.* De facto haben die Künste bzw. Wissenschaften ihre jeweils eigenen Güter, und der Arzt wird nicht deshalb ein besserer Mediziner, weil er sich neben der Medizin auch noch um die Form des Guten bemühen würde.

1.5 Zwei weitere Kriterien zur Bestimmung des höchsten Gutes (1097a15–1097b21)

Vor diesem Hintergrund stellt sich mit größerer Dringlichkeit die Frage nach dem Wesen oder der Natur des gesuchten Gutes. Wir sehen nun, dass das Gute nicht in allen Dingen der Form nach dasselbe ist. Das eröffnet die Möglichkeit einer Vielzahl an Gütern. Das wirft schließlich die Frage auf, was als das Gute in den verschiedenen Aktivitäten anzusehen ist. Sie alle verfolgen verschiedene Güter. Die Gesundheit ist das Ziel der Medizin, in der Kriegskunst wird der Sieg erstrebt, usw.

Bereits jetzt dürfte klar geworden sein, dass die Ziele über den Mitteln stehen, die zur Realisierung des Ziels eingesetzt werden. Das Gute wurde daher zunächst als dasjenige definiert, um dessentwillen alles andere getan wird. Sollten alle menschlichen Handlungen letztlich auf ein Ziel abzwecken, wäre das das Gute des menschlichen Handelns. Gibt es jedoch mehrere Ziele, dann könnte es sich auch nicht um ein einziges

Gut handeln. Dem ersten Anschein nach streben die Menschen tatsächlich nach vielen verschiedenen Zielen und somit auch Gütern. Diese wurden von Aristoteles im vorausgehenden Kapitel in solche Güter eingeteilt, die an sich gut, sowie solche, die nützlich mit Blick auf ein anderes Gut sind. Was an sich gut ist, kann manchmal auch nützlich für ein anderes Gut sein. Beispiele hierfür sind Denken, Sehen, einige Lüste und Ehre (I.4, 1096b17–18).

Aus diesem Kriterium ergibt sich nun eine erste Ordnung unter den Gütern, die sich nach ihrer Vollkommenheit bzw. Vollendung in eine Hierarchie ordnen lassen: Das an sich Gute ist vollkommener als das für ein anderes Gut Nützliche. Das gesuchte letzte Gut wäre folglich ein solches Gut, das ohne Einschränkung vollkommen, d. h. etwas an sich Wünschenswertes ist (I.5, 1097a30–35).

Dieses Kriterium erfüllt scheinbar das Glück, das niemals wegen etwas anderem erstrebt wird, sondern immer um seiner selbst willen (I.5, 1097a35–1097b2). Zwar gibt es auch andere Güter mit intrinsischem Wert (die also an sich gut sind), doch wir wählen diese zugleich um des Glücks willen, weil wir davon ausgehen, dass uns ihr Besitz glücklich macht. Hieraus folgt, dass das Glück das vollkommenste und folglich auch höchste Gut sein muss.

Zu demselben Ergebnis kommt man, wenn man von der Selbstgenügsamkeit (oder *autarkeia*, Autarkie I.5,1097a7) ausgeht: Diesem Kriterium zufolge wäre das höchste Gut so beschaffen, dass es sich selbst genügt.

Aristoteles erläutert, dass es nicht deshalb selbstgenügsam ist, weil es auch einem einzelnen, einsamen und auf sich selbst gestellten Menschen ausreicht. Ein solches Leben ist vielmehr widernatürlich, da der Mensch »seiner Natur nach für die politische Gemeinschaft bestimmt ist« (I.5, 1097b11, siehe auch IX.9, 1169b18).

Selbstgenügsamkeit bedarf also einer weitergehenden Erläuterung. In wenigen Worten stellt die Selbstgenügsamkeit für Aristoteles dasjenige dar, das das Leben selbst dann, wenn es für sich allein genommen vorhanden ist, wünschenswert und frei von Mangel macht (1.5, 1097b14–16). Dass das Glück das leistet, wird daraus deutlich, dass ansonsten das Begehren nicht gestillt werden würde. Etwas ist also genau dann in diesem Sinne selbstgenügsam, wenn es für sich betrachtet ausreichend ist. Das vollkommene Gut (das selbstgenügsam sein soll) kann keinen Zuwachs an Güte erfahren. Ähnlich wie ein zusätzlicher Teil nicht größer als das Ganze ist, da der Teil selbst in das Ganze einbezogen wird, erhöht auch jedes hinzugefügte Gut nicht dessen Güte. Folglich wäre das Glück (als letztes Gut) vollkommen, autark und letztes Ziel der menschlichen Handlungen.

Am Ende des fünften Kapitels haben wir somit die erste inhaltliche Bestimmung des höchsten Gutes durch eine formale Präzisierung als vollkommenes und autarkes Ziel abgesichert. Denn nur das Glück erfüllt diese beiden Kriterien. Aus diesem Grunde werden die zuvor genannten Güter, die ebenfalls an sich erstrebt werden (Ehre, Lust, Vernunft (*nous*) und Tugend, 1.5, 1097b2), für sich genommen nicht den Anspruch erheben können, dieses höchste Gut zu sein.

Im Gegensatz zu diesen anderen Gütern bleibt unsere Kenntnis des Glücks aber merkwürdig inhaltsleer. Klar geworden ist lediglich, dass es als letztes Gut mannigfaltiger menschlicher Tätigkeiten und Künste nicht die innere Ursache des jeweils erstrebten Guten ist (aus diesem Grunde erscheint es ihnen auch immer wieder anders, *allo en allê praxei*, 1.5, 1097a16), sondern formal den Charakter des Endziels hat.

1.6 Das eigentümliche Werk der Menschen (1097b22–1098a20)

Damit wendet sich Aristoteles der inhaltlichen Bestimmung des Glücks zu, die auch eine erste Antwort auf die Frage nach dem Wesen (*ti estin*, 1.6, 1097b23) des Glücks als dem höchsten oder besten menschlichen Gut liefern soll.

Sein Argument setzt sich aus drei Überlegungen zusammen:

1. Zuerst legt Aristoteles dar, dass sich aus der Bestimmung des Werkes (*ergon*) einer Sache, dessen eigentümliches Gut erkennen lässt.

2. Im Anschluss argumentiert er dafür, dass der Mensch ein solches Werk hat.

3. Schließlich wird das Werk inhaltlich bestimmt, woraus sich auch die erste Definition des menschlichen Glücks ergibt.

In der *Metaphysik* führt Aristoteles aus, dass die Aktivität in einem höheren Maße zweckhaft und vollendet ist als das bloße Vermögen. Das folgt bereits daraus, dass ein Vermögen als solches nicht unbedingt realisiert werden muss: Das bloße Vermögen, Fremdsprachen zu lernen, führt nicht unbedingt dazu, tatsächlich die Mühe auf sich zu nehmen, fremde Sprachen zu erlernen. Aus demselben Grund ist bei Tätigkeiten, die auf einen äußeren Zweck abzielen, wie etwa die Baukunst auf die Errichtung des Hauses, das vollendete Werk besser und hat eher den Charakter eines Zieles als das Vermögen, Häuser zu bauen (*Met.* IX.8, 1050a27–28).

Daran erinnert Aristoteles hier nun, wenn er betont, dass »›gut‹ und ›auf gute Weise‹ im Werk (*ergon*) zu liegen scheint« (1.6, 1097b27). Das letzte Ziel oder *letzte Gut* jeder Sache besteht folglich in der jeweiligen Vollkommenheit bzw. in der vollständigen Realisierung eines zugrundeliegenden Vermögens.

In der *Metaphysik* und in der *Nikomachischen Ethik* illustriert Aristoteles den Gedanken anhand von menschlichen

Künsten oder Wissenschaften. In *De anima* unterscheidet er zwischen menschlichen Vermögen bzw. bereits qualifizierten Fähigkeiten und deren Realisierungen, die ebenfalls unterschiedliche Grade der Vollkommenheit haben (*An.* II.5, 417a22–29; *Phys.* VII.4, 255b2–3; *Met.* IX.8, 1050a21–23)[9]. In beiden Fällen wird das letzte Ziel oder Gut in der vollendeten eigentümlichen Tätigkeit bzw. dem Werk gesehen. Dasselbe würde nun auch für den Menschen als solches gelten, vorausgesetzt er hat wirklich ein Werk (I.6, 1097b28). Folglich ließe sich auch das Glück als höchstes Gut des Menschen anhand der wesentlichen oder spezifischen Aktivität des Menschen bestimmen (*Met.* IX.8, 1050a21–23; *Pol.* I.2, 1253a24).

Es stellt sich nun die Frage, ob es eine dem Menschen wesentliche Tätigkeit gibt oder ob der Mensch »von Natur aus ohne Werk« ist (*argon* I.6, 1097b30; Übersetzung modifiziert).

Dass der Mensch tatsächlich ein eigentümliches Werk hat, wird durch zwei Punkte nahegelegt:

1. Es zeigt sich, dass der Mensch als Mensch bestimmte Werke erfüllen kann: Er kann beispielsweise als Zimmermann oder Schuster (mit jeweils speziellen Werken) tätig werden. Doch auch wenn beide Tätigkeiten Realisierungen von eigentümlichen Möglichkeiten des Menschen sind, scheinen sie als solches nicht das eigentümliche Werk des Menschen im Ganzen zu bezeichnen. Es handelt sich vielmehr in einem gewissen Sinn um akzidentelle Tätigkeiten des Menschen.

2. Aristoteles verweist auf die organhafte Einrichtung des menschlichen Körpers: So sind die einzelnen Glieder des Menschen durchaus zweckhaft eingerichtet (I.6, 1097b30–32). Wie Aristoteles in *De anima* gezeigt hat, ist dies der Grund dafür, dass es sich um Organe, d. h. also um Werkzeuge, handelt.[10]

9 Siehe Hahmann 2016, S. 113–122.
10 Siehe Hahmann 2016, S. 77.

Dort sehen wir auch, dass die Glieder durch die Seele belebt werden, die als solche die Vollendung des organhaften Körpers darstellt (*An.* II.1, 412a27–29; Hahmann 2016, S. 78–87). Wie die Seele aber die Vollendung des ganzen Körpers ist, so sind bestimmte Seelenvermögen für die Tätigkeiten einzelner Körperteile verantwortlich: Die Aktivität des Sehens ist die Vollkommenheit des Auges, oder die Verdauung ist die Vollkommenheit des Darms (wir werden später sehen, dass Aristoteles auch qualitative Unterschiede bei den Aktivitäten selbst sieht: So soll die durch wohlgestaltete Objekte veranlasste Wahrnehmung in einem höheren Maße vollendet und lustvoll für den Menschen sein. Doch an dieser Stelle kommt es nicht auf Unterschiede bei den Aktivitäten, sondern auf das Verhältnis zwischen Organ und seelischer Aktivität an).

Sowohl die Anordnung der Körperteile als auch die akzidentellen Tätigkeiten des Menschen belegen scheinbar, dass der ganze Mensch ebenfalls eine eigentümliche Aktivität hat (I.6, 1097b32–33).

Zur Bestimmung dieser Aktivität führt Aristoteles den Gedanken der funktionalen Einteilung der Seele weiter: Es zeigt sich nämlich, dass die einzelnen Tätigkeiten selbst wiederum hierarchisch angeordnet sind. Die Minimalvoraussetzung für Leben ist Ernährung und Fortpflanzung. Erfüllt werden diese Aktivitäten von Pflanzen und Tieren gleichermaßen. Es ist die spezifische Eigentümlichkeit der Pflanzen, ausschließlich über diese beiden seelischen Aktivitäten zu verfügen. Folglich kann es sich hierbei nicht um das eigentümliche Werk des Menschen handeln, weshalb sein Gut auch nicht in irgendeiner vitalen Operation besteht. Das bedeutet, dass auch sein Glück nicht in Gesundheit, Schönheit oder Kraft bestehen kann, denn all diese Dinge resultieren aus den Aktivitäten des vegetativen Lebens. Für Tiere ist es charakteristisch, dass sie zusätzlich das Vermögen und somit auch die Vollkommenheit der Wahrnehmung haben. Folglich kann auch ein ausschließlich der Sinneserfahrung gewidmetes Leben nicht die eigentümliche Leistung des Menschen sein, sondern gehört gleichermaßen Pferden, Rindern und anderen Tieren an (I.6, 1097b33–1098a3).

Daraus schließen wir, dass das eigentümliche Gut des Menschen nicht in irgendeiner Form von Sinneswahrnehmung oder dem sinnlichen Vergnügen zu finden ist. Über der Sinnlichkeit steht die Vernunft (*logos* I.6, 1098a3), und in ihrer Vollendung sieht Aristoteles die spezifische Leistung des Menschen und somit auch sein eigentümliches Gut.

Aristoteles geht ferner davon aus, dass die Vernunft im Menschen zweigeteilt vorliegt (I.6, 1098a5–6):

Der eine Teil ist vernünftig aufgrund einer Art von Teilhabe an der Vernunft. Aristoteles meint damit, dass dieser Teil der Vernunft gehorcht und von ihr reguliert wird.

Der andere Teil ist von Natur aus vernünftig und einsehend. Nur dieser Teil kann im strengen Sinn vernünftig heißen (I.6, 1098a6–7).

Setzt man voraus, dass das Glück das eigentümliche Gut des Menschen ist, sollte es wohl eher in dem von Natur aus und an sich Vernünftigen verortet werden als in dem durch Teilhabe vernünftigen Teil der Seele. Folglich wird das Glück eher in einem Leben, das dem Einsehen bzw. Denken gewidmet ist, als in einem Leben liegen, das der vernunftgemäßen Aktivität der untergeordneten Seelenteile folgt. Das gesuchte Leben wäre also ein aktives Leben im Einklang mit der Vernunft (I.6, 1098a7–8). Dieser Punkt wird später wichtig werden (X.7–9).

Aus diesen Überlegungen ergibt sich nun, dass das eigentliche Werk des Menschen eine seelische Tätigkeit ist, die mit der Vernunft selbst übereinstimmt oder zumindest nicht unabhängig von der Vernunft ist, und zwar nicht unabhängig von der Vernunft deshalb, weil die Vernunft auch das Begehren lenken kann.

Stellt man außerdem in Rechnung, dass das Werk einer Sache und die aktuale Tätigkeit von gleicher Art sind, das Werk eines Harfenspieles also darin besteht, die Harfe zu spielen, dann wird das Werk dann gut erfüllt, wenn die Aktivität gelungen ist, die Harfe also gut gespielt wird.

Und setzt man ferner voraus, dass das eigentümliche Werk des Menschen darin besteht, eine bestimmte Art von Leben zu führen, und zwar ein Leben nach der Tätigkeit der Vernunft, so folgt daraus, dass es den guten Menschen auszeichnet, sich gut nach der Vernunft zu verhalten, und den sehr guten Menschen oder den glücklichen Menschen, dies in hervorragender Weise zu tun. Etwas in hervorragender Weise nach dem Gebot der Vernunft auszuführen, entspricht aber dem Wesen der Tugend als einer Bestform.[11] Besteht somit die Tätigkeit des sehr guten oder glücklichen Menschen darin, gut und nach bestem Vermögen gemäß der Vernunft zu handeln, so erhalten wir als Ergebnis, dass das Glück des Menschen eine Tätigkeit der Seele gemäß der Tugend sein muss.

Wichtig für die weitere Argumentation sind noch die beiden Zusätze:

1. Sollte es mehr als nur eine Tugend geben, wird das Glück in der Tätigkeit der besten und vollkommensten von ihnen liegen (*kata tên aristên kei teleiotatên* 1.6, 1098a17–18), also nicht in der Ausführung aller Tugenden.

2. Da auch die jeweilige Dauer nicht unerheblich für das Glück ist, fügt Aristoteles hinzu: »in einem vollen Menschenleben« (1.6, 1098a18).

11 Siehe oben Anm. 5., S. 17.

1.7 Die angemessene Vorgehensweise der Untersuchung (1098a20–1098b8)

Zu Beginn des siebten Kapitels blickt Aristoteles auf das Erreichte zurück und erklärt, eine erste umrisshafte Definition des menschlichen Guten geliefert zu haben, die im Folgenden weiter ausgefüllt und präzisiert werden soll (1.7, 1098a20–22). Die Überlegungen sind offensichtlich also noch nicht abgeschlossen.

Unter einem solchen Umriss versteht Aristoteles den Zugriff aufgrund einiger allgemeiner Prinzipien oder Anfangsgründe, die zwar ein Bild der Sache vermitteln, aber nicht derart, dass die Natur der Sache im Einzelnen deutlich wird. Grund hierfür ist, dass man eine Sache zunächst nach ihren allgemeinen Merkmalen untersuchen muss, d. h. durch eine allgemeine Beschreibung, die der Sache in gewisser Weise noch äußerlich bleibt. Sobald aber geklärt ist, was mit der Sache verbunden und was problematisch ist, kann man zu dem vorher nur umrisshaft Skizzierten zurückkehren und dies dann schärfer fassen. Deshalb kommt Aristoteles dann im letzten Buch auf die Frage des menschlichen Glücks noch einmal zurück.

1.8 Bestätigung der Position durch die Ansichten der Vorgänger (1098b9–1098b22)

In den nächsten Kapiteln bestätigt Aristoteles das erzielte Ergebnis, indem er allgemein angenommene Ansichten über das Glück anführt. Vorausgesetzt wird von ihm dabei, dass diese Annahmen zum Teil die Wahrheit bereits enthalten. Man darf also nicht davon ausgehen, dass falsch ist, was alle für richtig halten. Folglich sollten die anerkannten Meinungen und was von allen gleichermaßen angenommen wird, in gewisser

Aristoteles führt die Widersprüchlichkeit auf die disparaten menschlichen Begierden zurück, die nicht ohne Weiteres miteinander in Einklang gebracht werden können. Dass das aber geschafft werden kann und auch muss, werden wir später sehen. An dieser Stelle kann Aristoteles nur kurz andeuten, dass diese Lüste nicht an sich angenehm oder lustvoll sind, und dies im Gegensatz zur Lust am Schönen. Darum sind die tugendhaften Handlungen, die auf dieses Schöne oder Gute abzielen, auch an sich lustvoll (I.9, 1099a14–15). Bemerkenswert ist der umgekehrte Schluss, den Aristoteles daraus zieht:

> Dazu kommt noch, dass, wer sich an werthaften Handlungen nicht erfreut, auch nicht gut ist; denn niemand wird wohl den gerecht nennen, der am gerechten Handeln, oder den großzügig, der an großzügigen Handlungen keine Freude hätte (I.9, 1099a17–20)

Mit der Vorstellung, dass die Lust eine Art Verunreinigung der sittlichen Gesinnung darstellen könnte und deshalb auch die mit Widerwillen ausgeführte tugendhafte Handlung besonders hervorzuheben ist, kann Aristoteles nicht nur nichts anfangen, sondern diese Position scheint seiner Vorstellung geradewegs zu widersprechen. Lust, Tugend und Glück sind für Aristoteles eng miteinander verwoben (und diese Verbindung wird uns in den nächsten Kapiteln weiter beschäftigen).

Leichter lässt sich hingegen die Stellung der äußeren Güter in ihrem Beitrag zum Glück bestimmen. Wenig sinnvoll ist es für Aristoteles, die Notwendigkeit äußerer Güter für das menschliche Glück zu bestreiten. Offensichtlich bedingen selbst die tugendhaften Handlungen äußere Güter als Instrumente ihrer Verwirklichung (I.9, 1099a31–32): Ohne erforderliche Mittel kann niemand großzügig handeln.

Doch sollte man zu diesen äußeren Mitteln nicht nur Vermögen, sondern auch Freunde und politische Macht rechnen. Vor allem die Bedeutung der Freunde für das Glück wird Aristoteles ausführlich besprechen (siehe die Bücher VIII und IX, hier Kapitel 8). An dieser Stelle hebt er als eine Art Minimalbedingung für das Glück wohlgeratene Kinder und gutes Aussehen hervor (einen ausgesprochen hässlichen Menschen würde niemand glücklich preisen). Da es sich hierbei aber um Güter handelt, die man zufällig erlangt, erklärt diese Tatsache auch, warum Glück mit glücklichem Zufall gleichgesetzt wird (I.9, 1099b8).

I.10 Quelle des Glücks (1099b9–1100a9)

Diese Beobachtung wendet Aristoteles' Blick auf den Zugang zum Glück: Wird man glücklich durch Zufall bzw. göttliche Fügung, Lernen oder Erziehung? In Anbetracht der Bedeutung des Glücks könnte man zwar auf eine göttliche Ursache schließen, offenbar trägt das Glück auch göttliche Züge, trotzdem spricht viel dafür, dass sich das Glück durch Lernen und Gewöhnung einstellt. Denn das Glück ist für Aristoteles Lohn und Ziel der Tugend (I.10, 1099b16–18). Göttlich wäre es dann nicht deshalb, weil es von Gott kommt, sondern weil es den Menschen gottähnlich macht (auf diesen Punkt kommt Aristoteles später zurück, siehe X.7). Besser ist es jedenfalls, wenn das Glück nicht auf dem Zufall beruht, auch weil es sich um das vollkommenste aller menschlichen Güter handelt.

Aristoteles definiert das Glück als Aktivität der (vernünftigen) Seele in Übereinstimmung mit der Tugend (I.10, 1099b26). Alle anderen Güter sind hierfür entweder notwendig oder in einem gewissen Sinn hilfreich.

Dies wird auch durch die Bestimmung der politischen Wissenschaft unterstrichen. Ihr Ziel besteht nicht darin, Güter zu besorgen, sondern durch kluge Gesetzgebung die Bürger zu tugendhaften Handlungen zu befähigen (1.10, 1099b29–32).

Unter dieser Voraussetzung folgt zum einen, dass Tiere nicht glücklich genannt werden können, weil sie nicht an der Vernunft teilhaben, also auch keine Tätigkeit der vernünftigen Seele haben können. Zum anderen sollte man auch Kinder nicht glücklich nennen, weil ihre Vernunft noch nicht ausgebildet ist. Wenn man diese trotzdem manchmal als glücklich bezeichnet, dann nur deshalb, weil in ihnen so etwas wie ein Versprechen für künftige Tätigkeiten und damit auch Hoffnung auf künftiges Glück liegt (1.10, 1100a3–4). Außerdem ist die von ihnen verlebte Zeitspanne zu kurz für das Glück. Ein abruptes Ende ihres Lebens könnte verhindern, dass sie dauerhaft gemäß der Vernunft tätig werden können. Diese Überlegung richtet Aristoteles' Blick auf Unglücksfälle und damit die Frage der Abhängigkeit des Glücks von äußeren Faktoren.

1.11 Abhängigkeit des Glücks von äußeren Faktoren (1100a10–1101b9)

Sollte man überhaupt jemanden im Leben glücklich nennen oder erst an dessen Ende? Sind erst die Toten glücklich? Das wäre jedoch abwegig, denn erstens gilt der Tod als schlimmes Übel und zweitens soll das Glück in einer Aktivität bestehen. Vielleicht ist aber auch gemeint, dass man erst nach dem Tod wahrhaft über ein Schicksal urteilen kann. Denn nur wer tot ist, kann auch kein Unglück erfahren.

Dass es überhaupt sinnvoll sein könnte, die Toten glücklich oder unglücklich zu nennen, obwohl sie selbst hiervon nichts erfahren, versucht Aristoteles durch eine Analogie zu plausibilisieren: So ist denkbar, dass den Lebenden etwas Gutes oder Schlechtes (beispielsweise Rufmord, die Ermordung ihrer

Kinder oder der Verlust von Reichtümern) widerfährt, sie aber nichts davon spüren, weil sie es nicht erfahren (1.11, 1100a19–21). Das verhielte sich ähnlich zu solchen Fällen, in denen Menschen glücklich bis ins hohe Alter leben, doch erleiden die Kinder nach ihrem Tod ein furchtbares Schicksal oder entwickeln sich schlecht. Hat das einen Einfluss auf die Toten?

Die Sache ist für Aristoteles schwierig zu entscheiden. Einerseits ist die Annahme seltsam, dass Tote von einem glücklichen in einen unglücklichen Zustand wechseln könnten. Andererseits scheint es einer gewissen Intuition zu folgen, dass zumindest für kurze Zeit nach dem Tod das Los der Kinder das Glück der verstorbenen Eltern in irgendeiner Weise beeinflusst. Wer aber glücklich ist, sollte auch so bezeichnet werden. Daran ändert auch nichts, dass sich die Umstände geändert haben. Denn diese ändern sich oft, so dass eine konstante Einschätzung unmöglich sein wird, da dieselbe Person einmal gute, dann schlechte Zufälle treffen. Aristoteles spricht daher von einem Chamäleon, das seine Farbe abhängig von den Umständen wechselt (1.11, 1100b6).

Aristoteles' Definition gemäß besteht das Glück in der Ausführung tugendhafter Handlungen, so dass die äußeren Güter nur das Material der Handlungen liefern. Man sollte daher die glücklichen Umstände nicht zur Norm machen. Vielmehr bestätigen die wechselnden Zufälle, dass die Definition richtig ist. Denn setzt man voraus, dass das Glück dauerhaft sein muss, darf man nicht zu viel Gewicht auf den Zufall legen. Die tugendhaften Handlungen sind hingegen konstant. Die Disposition, aus der sie hervorgehen, ist sogar noch beständiger als das Wissen, das dem Vergessen ausgesetzt ist (1.11, 1100b17). Da man kontinuierlich der Tugend gemäß handelt, wird sie auf diese Weise weiter verfestigt. Liegt das Glück vor allem in der Ausführung der tugendhaften Handlungen, kann eine Person ihr ganzes Leben glücklich sein. Wer nämlich eine bestimmte

Gewohnheit angenommen hat, wird beständig nach dieser Gewohnheit handeln und auch mit Unglücksfällen der Disposition gemäß umgehen.

Aristoteles ist sehr darum bemüht, einen Mittelweg einzuschlagen, also den Zufall nicht als bedeutungslos abzutun, ihm aber zugleich nicht zu viel Gewicht beizulegen. Im Vordergrund steht dabei der Gedanke, dass die Tugend eine dauerhafte Disposition ist, die zu entwickeln und auszuüben in der Macht der Handelnden liegt und die sie dazu befähigt, auch mit schlechten Situationen bestmöglich umzugehen, ohne dabei jedoch das Maß des menschlich Erträglichen aus den Augen zu verlieren. Eine historische Gegenposition hierzu werden die Stoiker einnehmen, für die die äußeren Umstände überhaupt keinen Einfluss auf das Glück der Tugendhaften haben. Aristoteles will hingegen den allgemein angenommenen Meinungen gerecht werden, weshalb er sich zum Schluss noch zwei Sonderproblemen zuwendet, die, nach Ansicht seiner Zeitgenossen, keinen geringen Einfluss auf das Glück haben, nämlich 1. das Schicksal enger Freunde und 2. das Schicksal der eigenen Nachkommen.

1.12 Lobenswerte und verehrungswürdige Dinge (1101b10–1102a4)

Im zwölften Kapitel stellt sich Aristoteles die für moderne Leser seltsam anmutende Frage, ob das Glück zu den lobenswerten oder den verehrungswürdigen Dingen gerechnet werden sollte. Wenn man bedenkt, welche Rolle Lob und Tadel in der Argumentation der *Nikomachischen Ethik* spielen, wird klar, dass es sich bei den hier vorgebrachten Überlegungen um keinen bizarren Einschub handelt. Vorausgesetzt wird jedenfalls eine dreifache Einteilung der Güter in 1. verehrte und 2. gelobte

Güter sowie 3. in »bloße Vermögen« (I.12, 1101b12). Bei den Vermögen handelt es sich laut Alexander von Aphrodisias (einem berühmten antiken Kommentator der aristotelischen Philosophie) um solche Dinge, die man gut oder schlecht gebrauchen kann, wie etwa Reichtum und Gesundheit (*In Aristotelis topicorum libros octo commentaria*, 242.3–6). Das erklärt, warum es für Aristoteles offenkundig ist, dass das Glück nicht zu den Vermögen gerechnet werden kann (I.12, 1101b12). Übrig bleiben somit nur noch die lobenswerten oder verehrungswürdigen Güter.

Das Lobenswerte zeichnet sich durch zwei Punkte aus: Es hat 1. eine bestimmte Eigenschaft und 2. einen relativen Charakter. Was damit gemeint ist, wird klar, wenn man sich Aristoteles' Beispiele anschaut: So werden die Gerechten und Tapferen für eine bestimmte Eigenschaft (ihre gerechte und tapfere Disposition) sowie für die Handlungen, die auf einen guten Zweck abzielen, gelobt. Das gilt aber nicht für das Verehrungswürdige, dessen Vortrefflichkeit absolut sein soll, d. h., es ist weder eingeschränkt noch auf etwas anderes bezogen. So werden keine Lobreden auf die Götter verfasst, sondern diese werden gepriesen. Aristoteles zufolge wird auch das Glück nicht unter die gelobten Güter gerechnet, sondern muss zu den verehrungswürdigen gezählt werden, weil es, wie gesagt, vollkommen und am besten ist (I.12, 1101b25–27).

Bestätigt wird der Unterschied auch dadurch, dass Eudoxos (von Knidos, ein etwas älterer Zeitgenosse des Aristoteles und vermutlich auch Mitglied der Akademie Platons), für den die Lust das höchste Gut darstellt, auf den Unterschied in seiner Argumentation hingewiesen haben soll und sich dadurch in der Annahme bekräftigt sieht, dass die Lust das höchste Gut sein muss, weil sie nämlich nicht gelobt, sondern verehrt wird. Das verdeutlicht zugleich den Unterschied zwischen Glück und Tugend. Die Tugenden schaffen zwar die Grundlage für gute Handlungen und werden deshalb auch gelobt. Das Glück ist jedoch das letzte Ziel der Handlungen. Damit wäre das Glück Prinzip der menschlichen Güter, weil die Menschen alles, was sie tun, des Glücks wegen tun. Das macht das Glück wiederum verehrungswürdig und in gewisser Hinsicht göttlich.

I.13 Rationale und ethische Tugenden (1102a5–1103a10)

Die Bestimmung des Glücks lenkt somit die Untersuchung auf die Natur der Tugend. Das ergibt sich unmittelbar aus der Bestimmung des Glücks als »eine Art Tätigkeit der Seele im Sinne der vollkommenen Tugend« (I.13, 1102a5–6). Der Hervorbringung der Tugend gilt aber auch die Gesetzgebung. Folglich ist sie Gegenstand der politischen Wissenschaft. Aristoteles hebt hervor, dass es ihm um die menschliche Tugend (als Pendant zum menschlichen Glück) geht, weshalb es auch die Tugend der Seele und nicht des Körpers ist. Auch das Glück ist eine Tätigkeit der Seele. Folglich muss auch der Politiker über gewisse Kenntnisse der menschlichen Seele verfügen (I.13, 1102a18–19), allerdings begrenzt durch den verfolgten Zweck.

Hier sollte also keine vollständige Darstellung der aristotelischen Seelenlehre erwartet werden. Aristoteles verweist hingegen auf seine sogenannten exoterischen Schriften (I.13, 1102a26–27; er meint damit die heute verlorenen Texte bzw. Dialoge, die sich an ein größeres Publikum außerhalb der eigentlichen Schule richteten).

In diesen Texten wurden einige Unterscheidungen getroffen und Aspekte der Seele hervorgehoben, die für die nachfolgende Diskussion der Tugend relevant sind: So unterscheidet Aristoteles zwischen einem vernünftigen und einem vernunftlosen Seelenteil. Der vernunftlose Teil kann weiter differenziert werden, nämlich: 1. den vegetativen Seelenteil, der allen Lebewesen, insofern sie lebendig sind, gemeinsam sein muss, da dieser für Ernährung und Wachstum verantwortlich ist (I.13, 1102a33–1102b1). Prinzipiell hat auch dieser Teil eine Bestform, die als Tugend jedoch nicht menschlich ist, sondern eher den Körper betrifft und im Schlaf aktiv zu werden scheint. Wie gesagt, sollte man den ewig Schlafenden nicht glücklich nennen. Außerdem scheinen sich der gute und der schlechte Mensch im Schlaf nicht voneinander zu unterscheiden.

Wichtiger für die anstehende Diskussion der Tugend ist jedoch 2. der zweite vernunftlose Seelenteil. Etwas später wird dieser Teil als das »Begehren« oder »Strebevermögen« bezeichnet (*epithymêtikon kai* [...] *orektikon* I.13, 1102b30–31). Aristoteles konzentriert sich also nicht auf die Wahrnehmung (wie man vielleicht nach der Einführung des vegetativen Seelenteils vermuten könnte), sondern, wie bereits vorab angekündigt, auf das für das Handeln wichtige Element des vernunftlosen Seelenteils. An dieser Stelle schließt Aristoteles auf das Vorhandensein eines solchen Seelenteils (der zwar an sich vernunftlos ist, aber der Möglichkeit nach den Vorgaben der Vernunft folgen kann) mit dem Hinweis auf beherrschtes und unbeherrschtes Verhalten. Später greift er diese Thematik wieder auf (siehe Buch VII). Hier interessiert ihn an diesem Seelenteil ausschließlich, dass das Begehren in Übereinstimmung mit der Vernunft wirksam werden oder aber die Vorgaben der Vernunft übergehen kann. In beiden Fällen soll die Vernunft jedoch gelobt werden (I.13, 1102b14–15), und zwar in dem einen Fall für die vollbrachte Handlung und in dem anderen Fall vermutlich, um sie gegen die unvernünftigen Strebungen zu stärken. Jedenfalls lernen wir daraus, dass es ein widerstreitendes Element in der Seele geben muss, was sich entweder der Vernunft unterordnen oder ihren Empfehlungen widersetzen kann. Es ist dabei wichtig zu bemerken, dass es sich hierbei nicht um ein vollständig irrationales Element handelt. Aristoteles hebt ausdrücklich hervor, dass auch dieser Teil der Seele (obwohl er an sich nicht vernünftig ist) in gewisser Weise an der Vernunft Anteil hat (I.13, 1102b25–26). Die Partizipation geht jedenfalls so weit, dass dieser Teil dem besseren Teil gehorcht und den Anweisungen der Vernunft bereitwillig folgt (*euêkoôteron*, I.13, 1102b27). Dieser Punkt ist extrem wichtig, deutet sich mit ihm doch bereits die doppelte Struktur der Tugend an, die einerseits ein ethisches und zusätzlich ein dianoetisches oder Vernunftelement enthält.

Die Untersuchung des vernünftigen Seelenteils ist etwas verschachtelt. Dass dieser ebenfalls zweifach sein muss, folgt aus der Gegenüberstellung mit dem vernunftlosen Teil (»Es scheint also *auch* der vernunftlose Teil etwas Zweifaches zu sein«, I.13, 1102b29–30) und wird wenig später aufgrund der Zweiteilung des vernunftlosen Teils auch begründet. Denn neben der Vernunft an sich muss es auch eine mit dem vernunftlosen Seelenteil kooperierende Vernunft geben, die abhängig von der Vernunft in Übereinstimmung mit dem Begehrungsvermögen wirksam werden kann. Wie sich das im Einzelnen vollzieht, wird von Aristoteles dann später in der Behandlung der Beherrschtheit und Unbeherrschtheit aufgezeigt.

Was folgt nun aus dieser Einteilung der Seele für die Tugenden? Die Tugend soll entsprechend der Seelenteile gegliedert werden, so dass sich die unterschiedlichen Tugenden auf die jeweiligen Seelenteile beziehen. Zuerst ergibt sich daraus eine grundsätzliche Zweiteilung (der Einteilung in vernünftige und unvernünftige Seelenteile folgend) in rationale und ethische Tugenden (I.13, 1103a4–5). Die rationalen (oder Verstandestugenden) werden weiter differenziert in Weisheit (*sophia*), die den an sich vernünftigen Seelenteil betrifft, sowie Einsicht (*synesis*, auch Verständigkeit) und Klugheit (*phronêsis*), die den vernünftigen Seelenteil betreffen, der mit dem Begehren kooperiert (die Einsicht wird später der Klugheit untergeordnet). Ihnen gegenüber stellt Aristoteles als Auswahl aus den ethischen Tugenden die Freigiebigkeit und die Besonnenheit.

Mit der Schlussbemerkung zum Lob der Weisheit und Klugheit scheint Aristoteles noch einmal die im vorausgehenden Kapitel getroffene Unterscheidung zwischen Lob und Ehre aufzugreifen, diesmal jedoch um zu belegen, dass es sich bei Weisheit und Klugheit um Tugenden handelt, da Menschen für ihre weisen und verständigen Dispositionen gelobt werden.

Kapitel 2

Der Begriff der Tugend (Buch II.1–9)

Als Ergebnis des ersten Buches wurde die Bestimmung des menschlichen Glücks als »eine Art Tätigkeit der Seele im Sinne der vollkommenen Tugend« (I.13, 1102a5–6) herausgearbeitet. Die Definition bezieht sich auf zwei Dinge, nämlich zum einen auf die Seele und zum anderen auf die Tugend.

Im letzten Kapitel des ersten Buches hat Aristoteles aus der Einteilung der Seele die zwei grundsätzlichen Arten der Tugend, rationale und ethische Tugenden, gezogen. Er erklärt, dass man die Natur des Glücks besser verstehen wird, wenn man einen genaueren Begriff der Tugend gewinnt (I.13, 1102a6–7).

Das zweite Buch setzt hier an und liefert eine erste Definition der ethischen Tugend, die durch eine Klassifikation einzelner Tugenden und den entsprechenden Lastern ergänzt wird. Entscheidend ist dabei, dass die Tugend als eine Art Mitte zwischen zwei Lastern verstanden wird. Eine richtige Mitte ist sie auch deshalb, weil sie als bestmögliche Disposition des nichtrationalen Seelenteils (der allerdings der Vernunft gehorchen kann) die angemessene Reaktion in Handlungen und Gefühlen herbeiführt.

Mit Blick auf die Bedeutung, die Aristoteles der Definition der Tugend als Mitte beimisst, ist es nicht verwunderlich, dass die Konzeption der Mitte die Forschung zu Aristoteles' Begriff der Tugend besonders beschäftigt. Der erste oberflächliche Vorwurf lautet, Aristoteles würde mit dieser Vorstellung ein Ideal der Mittelmäßigkeit verfolgen, was freilich weder Aristoteles' Intention trifft, noch durch den Text gedeckt wird. Diskutiert wird auch, ob Mitte in einem qualitativen oder quantitativen Sinn gemeint ist. Kritisiert wird Aristoteles aber vor allem dafür, dass sich aus der Konzeption der Mitte keine eindeutigen Handlungsanweisungen bzw. Regeln für moralisch gebotene Handlungen ableiten lassen. Es ist jedoch fragwürdig, ob diese Erwartung überhaupt gerechtfertigt ist bzw. ob man damit dem aristotelischen Ansatz gerecht werden kann.

Das zweite Buch hat entsprechend den beiden üblichen Kapitelzählungen neun Kapitel:

(1103a14–1103b25) Das erste Kapitel diskutiert die Ausbildung der ethischen Tugenden als Mitte zwischen zwei Lastern. Aristoteles erklärt, dass die Tugenden aus Gewohnheit hervorgehen. Aus diesem Grunde müssen sich die Menschen kontinuierlich in der Ausübung tugendhafter Handlungen einüben und ist auch die Erziehung der Kinder, die vor allem auf den richtigen Umgang mit der Lust abzielt, von entscheidender Bedeutung für den ethischen Fortschritt.

(1103b26–1105a16) Das zweite Kapitel thematisiert die Ausbildung der tugendhaften Disposition, für die das rationale Urteil, das die richtige Mitte zwischen Übermaß und Mangel betrifft, wichtig ist. Aristoteles räumt der Lust die alles entscheidende Bedeutung für die Ausbildung der Tugend ein und betont, dass damit nicht gemeint sei, dass die Lust beseitigt werden sollte. Maßgeblich ist vielmehr der richtige Umgang mit der Lust.

(1105a17–1105b18) Das dritte Kapitel liefert eine Antwort auf die Frage, wie die tugendgemäße Handlung zur Tugend führt. Gleichzeitig wird damit die Kunst von der Tugend differenziert.

(1105b19–1106a13) Im vierten Kapitel wird die Gattung der Tugend als Disposition bestimmt, indem die anderen Handlungsprinzipien der Seele ausgeschlossen werden.

(1106a14–1106b35) Das fünfte Kapitel liefert die für die Definition erforderliche spezifische Differenz der Tugend. So soll es sich bei der Tugend um eine Art Mitte zwischen Übermaß und Mangel handeln, die auf das Richtige abzielt.

(1106b36–1107a27) Im sechsten Kapitel erhalten wir die vollständige Definition der ethischen Tugend als einer Disposition zu Entscheidungen, die das Richtige als Mitte relativ zum Handelnden trifft, und zwar so, wie es das rationale Urteil vorschreibt oder wie es durch das Beispiel des Weisen vorgeführt wird.

(1107a28–1108b10) Das siebte Kapitel wendet die Definition der Tugend als Mitte auf eine Liste von Affekten und Handlungen an und liefert auf diese Weise eine tabellarische Aufstellung verschiedener ethischer Tugenden und der entsprechenden Laster, die sich jeweils aus einem Übermaß und einem Mangel ergeben.

(1108b11–1109a19) Das achte Kapitel geht noch einmal eigens auf die Gegensätze zwischen den Extremen ein und diskutiert die Beobachtung, dass einige Extreme unterschiedlich weit von der Mitte entfernt zu liegen scheinen.

(1109a20–1109b26) Mit Blick auf die praktische Zielsetzung der Arbeit leitet das neunte Kapitel konkrete Anleitungen aus der Definition der Tugend ab: Die geforderte Mitte kann auch erreicht werden, indem man sich von den beiden Extremen entfernt.

II.1 Ausbildung der ethischen Tugend (1103a14–1103b25)

Zu Beginn des zweiten Buches greift Aristoteles die Unterscheidung zwischen rationaler und ethischer Tugend auf. Er merkt an, dass die rationale Tugend vor allem auf Belehrung beruht. Das unterscheidet sie von der ethischen Tugend, die sich durch Gewöhnung einstellt (II.1, 1103a15–18). Indem man daran gewöhnt wird, dasselbe jeweils als lustvoll oder unlustvoll zu erfahren (also eine konstante Lusterfahrung auszubilden), entsteht der Charakter des Menschen. Der Charakter ist somit das Ergebnis einer kontinuierlichen Entwicklung der dem Menschen eigentümlichen Möglichkeiten. Für den Charakter des Menschen ist somit nicht das bloße Vorhandensein der Vermögen, sondern deren formende Ausbildung entscheidend. Der Charakter stellt sich dabei durch Einübung, Belehrung und Gewöhnung ein.

Zuvor hat Aristoteles neben Lernen und Erziehung auch den Zufall als mögliche Quelle des Glücks thematisiert. Als Ergebnis hatte sich aber gezeigt, dass das Glück in einer Aktivität der rationalen Seele in Übereinstimmung mit der Tugend besteht und nicht durch göttliche Fügung als Natur zugeteilt wird. Analog zur vorhergehenden Beobachtung schließt Aristoteles auch für die ethische Tugend, dass sie nicht von Natur aus bestehen kann, da sich der tugendhafte Charakter, wie gesagt, durch Gewöhnung ergibt. Das Natürliche lässt sich hingegen nicht durch Gewohnheit verändern (II.1, 1103a18–20): Ein Stein, der von Natur aus zu Boden fällt, kann nicht daran gewöhnt werden, sich nach oben zu bewegen. Die ethischen Tugenden beruhen somit als ausgebildete charakterliche Dispositionen nicht auf der Natur, sie widerstreiten ihr aber nicht, insofern es sich um die Ausbildung natürlicher Anlagen handelt (II.1, 1103a23–25).

Aristoteles illustriert den Unterschied zwischen Tugenden und natürlichen Vermögen des Menschen anhand der Sinneswahrnehmung: Bei den natürlichen Eigenschaften des Menschen geht das Vermögen der Aktualisierung voraus. Sinnesvermögen hat der Mensch von Natur aus und verfügt über sie vollausgebildet (II.1, 1103a26–28). Die ethischen Tugenden werden hingegen durch wiederholte Tätigkeiten in Übereinstimmung mit ihnen erworben. Aristoteles vergleicht sie daher mit Künsten bzw. Fertigkeiten, die die Menschen ebenfalls durch Einübung erlernen müssen (II.1, 1103a31–32): Das Gitarrenspiel muss kontinuierlich praktiziert werden, wenn man professioneller Musiker werden will. Ebenso werden Menschen nur dann maßvoll oder mutig, wenn sie die entsprechenden Handlungen ausführen. Für Aristoteles beabsichtigen auch die Gesetzgeber, dass sich die Menschen daran gewöhnen, das Richtige und Gute zu wählen, und in Ansehung dieses Ziels kann man zwischen guten und schlechten Gesetzen unterscheiden (II.1, 1103b2–6; I.13, 1102a9–10).

Im Anschluss wendet sich Aristoteles den Handlungen zu, die die Tugend bewirken, und stellt fest, dass in den Handlungen nicht nur die Ursache zur Entwicklung der Tugend, sondern ebenso die Ursache für ihre Zerstörung liegt. Auch in diesem Punkt gleichen die Tugenden den Künsten (II.1, 1103b6–8). Um tapfer zu werden, muss man sich wiederholt der Gefahr aussetzen, sich an Furcht gewöhnen und Vertrauen auf die eigenen Kräfte entwickeln. Geschieht dies aber auf die falsche Weise, wird man feige oder tollkühn.

Aristoteles fasst zusammen und verallgemeinert zugleich: »Mit einem Wort, die *Dispositionen* erwachsen aus den entsprechenden Tätigkeiten« (II.2, 1103b21–22). Aus diesem Grund ist es auch so wichtig, von Kindheit an gut und richtig zu handeln.

II.2 Lust als Gegenstand der Ethischen Tugend (1103b26–1105a16)

Das lenkt die Aufmerksamkeit auf die Handlungen und die Frage ihrer Ausführung. Wichtig ist, dass die Handlungen auf einem rationalen Urteil (*orthos logos*[1], II.2, 1103b32) beruhen,

1 Das Spektrum der Übersetzungen ins Deutsche ist weit. Krapinger und Wolf übersetzen mit »richtige Überlegung«. Frede benutzt »richtige Begründung«, verwendet aber auch »Überlegung«. Gigon spricht

d. h. also der Vernunft gemäß geschehen. Was damit im Einzelnen gemeint ist, erläutert Aristoteles an dieser Stelle nicht, sondern verweist uns auf einen späteren Zeitpunkt (siehe unten Kapitel VI). Er erinnert daran, dass man nur ein wahrscheinliches Ergebnis erwarten darf, da sich die Genauigkeit einer Untersuchung nach ihrem Gegenstand richtet (II.2, 1104a2). Im Bereich des Handelns hat man es jedoch mit leicht veränderlichen Dingen in kontingenten Umständen zu tun. Wenn aber schon die allgemeinen Aspekte unsicher sind, dann gilt das noch mehr für die Erklärung des Einzelfalls, der für die Handlungen entscheidend ist. Entsprechend fällt die Untersuchung auch nicht in den Gegenstandsbereich einer Kunst (II.2, 1104a7), weil die Handlungsbedingungen mannigfaltig sind und daher der Umsicht des Handelnden überlassen werden müssen. Man muss aufmerksam überlegen, was zum jeweiligen Zeitpunkt unter den besonderen Umständen angemessen ist.

Im Anschluss wendet sich Aristoteles den seelischen Dispositionen zu, aus denen die Handlungen hervorgehen. Die Dispositionen sind so beschaffen, dass sie durch Übermaß und Mangel zerstört werden, ähnlich wie das bei körperlichen Dispositionen geschieht. Bei körperlicher Kraft und Gesundheit ist jedoch leichter nachvollziehbar, wie sie durch Übermaß oder Mangel zerstört werden: Zu viel Anstrengung schwächt den Körper, zu wenig Anstrengung lässt ihn erschlaffen. Es ist also wichtig, das richtige Maß zu treffen. Bei den Tugenden verhält es sich analog: Wer alles fürchtet, immer die Flucht ergreift und nichts Furchterregendes erlebt, wird zu einem Feig-

von einer »rechten Einsicht«. Dirlmeier übersetzt mit »richtige Planung«. Die lateinische Übersetzung lautet *recta ratio*. Im Anschluss an die lateinische Übersetzung soll hier »rationales Urteil« verwandt werden, denn Aristoteles zufolge soll es sich bei dem mit der Tugend verknüpften *orthos logos* letztlich um nichts anderes als die Klugheit (*phronêsis*) selbst handeln (VI.13, 1144b27–28).

ling. Gegenteilige Handlungen erzeugen die Disposition der Tollkühnheit. Übermaß und Mangel zerstören also die richtige Disposition, die Aristoteles in der Mitte zwischen den beiden Extremen ansetzt (II.2, 1104a25–27).

Zugleich gilt, dass man die Tugend an den Handlungen erkennt. Vorausgesetzt, die Tugend bewirkt Handlungen ähnlich zu denen, die zur Ausbildung der Disposition geführt haben, wird die Disposition auch einen Effekt auf die Ausführung der Handlungen haben. Wer tapfer geworden ist, führt mit Leichtigkeit tapfere Handlungen aus (II.2, 1104b1–3). Ein weiteres, sicheres Kennzeichen für die Ausbildung der Disposition sind Lustgefühle, die sich bei ihrer Ausübung einstellen. Solange man eine Handlung nur einübt, um die Disposition zu erwerben, erfährt man auch Unlust (II.2, 1104b3–8): Das Klavierspielen ist für Anfänger beschwerlich und deshalb oft auch mit einer gewissen Überwindung verbunden. Sobald man aber Fortschritte gemacht hat, überwiegt die Lust am Spiel. Auf die Ursachen der Lusterfahrung werden wir mit Aristoteles später etwas ausführlicher eingehen. Aus dem Gesagten folgt aber bereits, dass man die Lust als Hinweis auf eine ausgebildete Disposition verstehen kann. Paradox mutet das im Fall der Besonnenheit an: Ein Mensch, der Lust daran empfindet, körperliche Lüste gemieden zu haben, ist besonnen und handelt gemäß seiner tugendhaften Disposition.

Lust- und Schmerzerfahrungen sind für die ethischen Tugenden entscheidend. Hierbei handelt es sich um die eigentümlichen Gegenstände der ethischen Tugenden (II.2, 1104b8–10). Diese haben es nämlich mit Handlungen und Affekten zu tun (II.2, 1104b13–14), die eng mit Lust und Schmerz verbunden sind. Wie Aristoteles in der *Metaphysik* ausgeführt hat, sind Handeln und Entscheidung, d.h., etwas einem anderen vorzuziehen, dasselbe (*Met.* VI.1, 1025b24). Vorgezogen wird aber das Lustvolle (III.1, 1110b10–11). Die Gewöhnung am richtigen Umgang mit Lust und Schmerz ist daher von grundlegender Bedeutung. Aristoteles zitiert deshalb zustimmend Platon, wenn dieser fordert, dass man von frühester Jugend an dazu erzogen werden muss, »dass wir Lust und Unlust dort empfinden, wo wir es sollen« (II.2, 1104b12, vermutlich mit Bezug auf Platon *Leg.* II 653a–c). Denselben Gedanken illustriert Aristoteles im Folgenden mit einer ganzen Reihe von Überlegungen, die alle untermauern, dass die ethischen Tugenden auf Lust und Schmerz abzwecken. Entsprechend funktionieren auch Strafen, mit denen man zur Tugend erzogen wird und die darin bestehen, bestimmte Lüste wegzunehmen oder Schmerzen zuzufügen (II.2, 1104b16–18).

Gehen wir noch einmal zurück zum Aufbau der Dispositionen, aus denen die Handlungen hervorgehen. Wir haben gesehen, dass die Handlungen, die der Disposition gemäß oder ihr zuwider geschehen, einen Einfluss auf die Ausbildung bzw. auf die Zerstörung der Disposition haben. Außerdem soll gelten, dass die Lust als Indikator für die Ausbildung der Gewohnheit und damit indirekt als Verstärkung bzw. Schwächung beitragen kann (siehe auch X.5). Einige Philosophen nehmen vor allem deshalb, weil der falsche Umgang mit der Lust dazu beiträgt, Tugendhafte zu zerstören, an, dass die Tugend in der Befreiung von Affekten (bzw. Leidenschaften) bestehen müsse (II.2, 1104b24–25). Aristoteles kann zwar nicht die Stoiker meinen, da ihre Schule erst nach seinem Tod gegründet werden sollte, doch verbinden wir heute diese Ansicht insbesondere mit dieser antiken Philosophenschule, deren Position Aristoteles hier sozusagen vorwegnimmt und widerlegt. Aristoteles beabsichtigt nämlich keinesfalls, die Affekte an sich zu eliminieren. Seiner Ansicht nach zeichnen sich die tugendhaften Menschen durch den richtigen Umgang mit ihnen aus. Die Lust ist also nicht grundsätzlich verwerflich, sondern tadelnswert ist nur der falsche Umgang mit ihr.

Analog verhält es sich bei den Handlungen: Auch hier ist Lust und Schmerz eng mit den drei Handlungszielen und den entsprechend zu meidenden Dingen verbunden. So verfolgen die Menschen das Schöne, das Nützliche und das Angenehme. Sie meiden hingegen »das Schändliche, das Schädliche und das Unangenehme« (II.2, 1104b32). Aristoteles hebt dabei explizit hervor, dass die Realisierung des Schönen oder Guten und Nützlichen mit Lust verbunden ist (auf diesen Punkt werden wir später zurückkommen). Tugend und Schlechtigkeit folgen dem richtigen bzw. falschen Umgang mit Lust und Schmerz. Das ist zwar extrem schwierig für die Menschen, wie Aristoteles zum Schluss noch einmal herausstreicht, weil sie sozusagen mit der Lust groß geworden sind (II.2, 1105a1–2), doch zugleich ist es von fundamentaler Bedeutung sowohl für die Ethik als auch für die Politik. Denn Tugend gibt es nur dort, wo es auch Lust und Schmerz gibt.

II.3 Kunst und Tugend (1105a17–1106b18)

Aristoteles nimmt im dritten Kapitel einen Einwand gegen seine Ausführungen vorweg: Aus dem Vorausgehenden scheint zu folgen, dass man nur dann gerecht handeln kann, wenn man bereits gerecht ist. Wie soll man aber gerecht werden, wenn dazu gerechte Handlungen erforderlich sind (II.3, 1105a17–23)?[2] Aristoteles' Auflösung der Schwierigkeit liefert nicht nur eine Antwort auf diese Frage, sondern auch eine präzisere Abgrenzung zwischen Kunst und Tugend. Auf die Gemeinsamkeiten

2 Das Problem erinnert an das Wissensparadox aus Platons *Menon* (80d5–81a2). So soll es unmöglich sein, nach dem zu suchen, was man kennt, und ebenfalls unmöglich, das Unbekannte zu suchen.

zwischen beiden ist zuvor schon hingewiesen worden, wichtige Unterschiede dürfen dabei aber nicht aus den Augen verloren werden.

Schauen wir uns die kunstgemäßen Handlungen etwas genauer an: Man sieht schnell, dass nicht nur die Person schreibt, die die Schreibkunst vollständig beherrscht. Kinder tasten sich langsam und unter Anleitung des Lehrers zum fehlerfreien Schreiben vor. Zuerst schreiben sie lautgetreu. Erst später, nachdem sie mit den Rechtschreibregeln vertraut gemacht worden sind, fangen sie an, fehlerfrei und somit »in schreibkundiger Weise« (*grammatikós*, II.3, 1105a25) ihre Aufsätze zu verfassen, zumindest sollte dieser Zustand ab einem bestimmten Zeitpunkt erreicht werden.

Ein wichtiger Unterschied zwischen den Künsten und der Tugend besteht nun darin, dass sich die Güte der Kunstwerke (als Produkte der jeweiligen Kunst und nicht als Zufallsprodukte) aus den Werken selbst ablesen lässt (II.3, 1105a27–28). So entscheidet die Tauglichkeit der Schuhe über die Güte der Leistung des Schuhmachers. Das gilt jedoch nicht für die Tugend. Denn hier liegt die Güte nicht vollständig in der ausgeführten Handlung, wie man vielleicht vermuten könnte. Damit nämlich eine Handlung »besonnen« oder »gerecht« genannt zu werden verdient, reicht es nicht aus, dass die Handlung selbst der Besonnenheit und Gerechtigkeit entspricht. Zusätzlich müssen drei Bedingungen erfüllt sein:

1. Die Handelnde muss die Handlung wissentlich ausführen. Diese darf also nicht zufällig oder in Unkenntnis der Handelnden geschehen.
2. Die Handlung muss absichtlich und um ihrer selbst willen getan werden. Damit will Aristoteles ausschließen, dass sie aus Zwang geschieht oder weil ein anderes Ziel, etwa Bezahlung, verfolgt wird.

3. Die Handlung soll aus einer festen und unerschütterlichen Disposition heraus ausgeführt werden (II.3, 1105a28–33).

Handlungen werden also genau dann »gerecht« oder »besonnen« genannt, wenn sie so erledigt werden, wie es die Gerechten oder Besonnenen tun (II.3, 1105b5–7). An sich betrachtet belegt die Handlung als solche jedoch nicht, dass die Handelnden selbst gerecht und besonnen sind, sondern die Handlung muss den drei genannten Bedingungen gemäß geschehen. Daraus ergibt sich auch die Antwort auf die zu Beginn angeführte Schwierigkeit: Denn zuerst wird gehandelt, dann stellt sich die richtige Disposition ein. Die Trennung zwischen dem Handeln gemäß der Tugend und dem Handeln aus Tugend liefert zusammen mit der im Vorausgehenden ausgeführten Bedingung der Tugend, die sich als Disposition durch wiederholtes Handeln einstellen soll, auch die Antwort auf die Ausgangsfrage: Denn wiederholtes Handeln gemäß der Tugend erzeugt die Disposition, die es dann erlaubt, aus Tugend zu handeln. Mit diesem Ergebnis stimmt die allgemein angenommene Ansicht überein (II.3, 1105b9–12).

II.4 Die Gattung der Tugend (1105b19–1106a13)

Nachdem Aristoteles die Ursache für das Entstehen der Tugend diskutiert hat, thematisiert er ihre Definition. Dieses Vorgehen ist nicht ungewöhnlich, da man, wie Aristoteles in der *Politik* (*Pol.* I.2, 1152a24–26) bemerkt, ein besseres Verständnis einer Sache gewinnen kann, wenn man sich anschaut, wie genau sie entsteht. Aus ihrer Entstehung scheint jedenfalls zu folgen, dass es sich bei der Tugend um eine Disposition handelt. Aristoteles will dies weiter begründen. Damit wäre auch die Gattung der Tugend bestimmt, was für die erste Definition nötig ist. Das nächste Kapitel wird im Anschluss den artspezifischen Unterschied herausstellen. Auf diese Weise erhalten wir die beiden für die Definition benötigten Teile.

Aristoteles untersucht zunächst die in der menschlichen Seele vorhandenen Handlungsprinzipien, also Affekte, Fähigkeiten und Dispositionen (II.4, 1105b20). Vorausgesetzt die Tugend ist ein Handlungsprinzip der Seele, dann fällt sie unter eines dieser drei Prinzipien. Als erstes diskutiert Aristoteles die Affekte, also Begierden wie Zorn, Furcht etc. Als Affekte folgen sie der Vorstellung von Lust und Schmerz. Unter »Fähigkeiten« versteht Aristoteles die natürliche Empfänglichkeit für Affekte. Damit ist freilich nur eine spezifische Klasse von angeborenen Fähigkeiten gemeint, die relevant für menschliches Handeln sind. Für die Dispositionen soll gelten, dass sie unser Verhalten gegenüber den Affekten bestimmen.

Mittels Ausschlussverfahren stellt Aristoteles nun fest, dass es sich bei den Tugenden um Dispositionen handeln muss:

1. Dazu wird die Möglichkeit ausgeschlossen, dass es sich um Affekte handeln könnte. Aufgrund seiner Affekte wird niemand als gut oder schlecht bezeichnet und auch nicht gelobt oder getadelt. Lob und Tadel verdient hingegen der Umgang mit den Affekten. Es ist also nicht tadelnswert, dass man zürnt. Getadelt wird man hingegen, wenn man zornig wird über Dinge, die keinen Zorn verdienen. Ferner gerät man unabsichtlich (*aprohairetôs* ,II.4, 1106a2) in bestimmte affektive Zustände.

Diese Gefühle widerfahren uns also. Das bedeutet freilich nicht, dass man keinen Einfluss auf die Gefühle nehmen kann, wie wir gesehen haben. Nur lassen sie sich nicht bewusst steuern. Richtige oder angemessene Gefühle stellen sich als Ergebnis einer charakterlichen Entwicklung ein.

2. Tugenden sind keine natürlichen Fähigkeiten. Hier gilt Ähnliches wie für die Affekte: Man wird nicht als gut oder schlecht wegen einer natürlichen Fähigkeit bezeichnet. Genau-

so wenig werden die Menschen für ihre natürlichen Fähigkeiten gelobt oder getadelt. Die Tugenden hat man hingegen nicht von Natur aus, sondern sie stellen sich aufgrund wiederholter Handlungen ein (II.1, 1103a23–26). Werden Affekte und Fähigkeiten ausgeschlossen, so bleiben nur Dispositionen übrig (II.4, 1106a10–13).

II.5 Tugend als eine Art Mitte (1106a14–1106b35)

Die Angabe der Gattung reicht für die Definition nicht aus. Zusätzlich muss der artspezifische Unterschied ermittelt werden (II.5, 1106a14–15).

Um was für eine Disposition handelt es sich bei der Tugend? Eine allgemeine Qualität der Tugend besteht offensichtlich darin, dass sie ihren Träger in eine gute Verfassung bringt und ihn sein Werk gut erfüllen lässt.

Zur Erläuterung wählt Aristoteles das irritierende Beispiel der Tugend des Auges (II.5, 1106a18). Dass das Auge überhaupt eine Tugend hat, mag vielleicht überraschen. Das Beispiel verdeutlicht aber, dass der Begriff der Tugend als Tüchtigkeit oder Bestform an dieser Stelle denkbar weit gefasst wird. Wendet man die erste Bestimmung auf das Auge an, folgt daraus, dass die Tugend den Gegenstand, also das Auge, gut werden lässt. Das bedeutet, dass das Auge sein Werk oder seine Aktivität, das Sehen, gut erfüllt. Analog verfährt Aristoteles mit dem Beispiel des Pferdes. Dabei kommt es ihm jeweils darauf an, dass sich die Tugend einer Sache von der vollständigen Realisierung einer der Sache inhärierenden Möglichkeit her bestimmt. Folglich wird auch die Tugend des Menschen dasjenige sein, was den Menschen und sein eigentümliches Werk bestmöglich realisiert und somit gut werden lässt (II.5, 1106a22–24).

Worin genau besteht aber dieser Bestzustand? Aristoteles nähert sich der Bestimmung begrifflich, indem er davon ausgeht, dass das Beste formal im Ebenmaß besteht. Das Beste ist also weder zu viel noch zu wenig. So gesehen hat man es mit einem Mittleren zu tun. Dieses Mittlere unterscheidet Aristoteles in ein Mittleres der Sache nach und ein Mittleres für uns. Das Mittlere der Sache nach ist klar bestimmt durch den Abstand von den beiden Extremen oder Endpunkten. Das lässt sich am leichtesten anhand eines arithmetischen Verhältnisses zeigen, da hier das Mittlere zwischen 10 und 2 die 6 wäre, weil der Abstand zu 10 und 2 jeweils 4 beträgt.

Schwieriger ist jedoch, das Mittlere in Bezug auf uns zu lokalisieren. Hierbei ist nämlich die jeweils eigentümliche Konstitution des betreffenden Zielobjektes in die Bestimmung des richtigen Abstandes einzubeziehen: Die angemessene Ernährung eines Profisportlers erfordert eine andere Menge Nahrung als die eines Anfängers.

Die Auswahl der Beispiele sollte uns jedoch nicht dazu verführen, das Mittlere in einem rein quantitativen Sinn zu verstehen. In erster Linie handelt es sich um einen begrifflichen Punkt, da sowohl ein Zuviel als auch ein Zuwenig das richtige Maß gleichermaßen verfehlen, wohingegen das Mittlere verstanden wird als das »Richtige zu treffen« (*kathorthoutai*, II.5, 1106b26–27). Man sollte die Lehre von der Mitte also nicht überstrapazieren. Detaillierte Handlungsanweisungen oder eine allgemeine Richtschnur für ethisch geforderte Handlungen sind in diesem Zusammenhang nicht zu erwarten.[3]

3 Wie Christof Rapp (2006, S. 100) zeigt, basieren die meisten der in der Sekundärliteratur diskutierten Probleme auf einer falschen Erwartung der Interpreten an den Text. Diese Einschätzung gilt auch für viele andere Schwierigkeiten, die in der *Nikomachischen Ethik* gesehen werden.

Aristoteles überträgt den Gedanken auf alle möglichen Disziplinen, einschließlich der Künste. Auch sie erfüllen ihr Werk jeweils gut, indem sie sich am rechten Maß oder der Mitte orientieren und das Zuviel und das Zuwenig vermeiden. Dasselbe gilt für die ethische Tugend (II.5, 1106b14–16).

Wir haben bereits gesehen, dass die Dispositionen durch Übermaß und Mangel zerstört werden können (II.2). Das lässt sich leicht anhand der ethischen Tugenden, die es mit den Affekten zu tun haben, bestätigen und entspricht unserem Umgang mit den behandelten Phänomenen: Wir sprechen davon, dass man sich zu viel oder zu wenig vor der Abschlussprüfung fürchtet und zu sehr oder auch zu wenig über ein vermeintliches Unrecht in Wut gerät. In diesen Fällen erfordert, die richtige Mitte oder das Rechte zu treffen, mehr als nur ein mittleres Maß zu bestimmen, sondern es ist abhängig von den zeitlichen, gesellschaftlichen und örtlichen Umständen sowie der richtigen Art und Weise der Ausführung. Worin genau die Mitte besteht, so ergänzt Aristoteles im nächsten Kapitel (II.6, 1107a12–2), muss durch die Vernunft bestimmt werden bzw. zeigt sich daran, wie der vernünftige Mensch oder Weise sich verhält.

Setzt man voraus, dass die Tugend als Disposition den Bestzustand in der Handlung realisiert, dieser aber in einer Art von Mitte zwischen Übermaß und Mangel besteht, dann zielt auch die Tugend auf diesen mittleren Zustand ab. Wenn die Aktualisierung des Ziels zugleich Auskunft über das Wesen des zugrundeliegenden Vermögens oder in diesem Fall der Disposition als eines entwickelten Vermögens liefert, folgt daraus, dass auch die Tugend eine Art Mitte ist, die auf ein Mittleres abzielt (II.5, 1106b27–28). Auf Pythagoras führt Aristoteles den entsprechenden Gedanken zurück, dass das Gute begrenzt oder genau bestimmt ist, wohingegen das Schlechte unbegrenzt sein soll, da man auf unzählige Weise im Zuviel und Zuwenig von dem Richtigen, also der Mitte, abweichen kann.

Daraus ergibt sich auch die vollständige Definition der Tugend als »Disposition zu Entscheidungen, die in einer Mitte in Bezug auf uns liegt, was durch die Vernunft (*logô*) bestimmt wird, so wie es auch der Kluge bestimmen würde« (II.6, 1106b36–1107a1[4]). Vorausgesetzt wird offenbar, dass Entscheidungen wesentlich für Handlungen sind (siehe *Met.* VI.1, 1026b24). Die Entscheidungen werden aber erst in der Folge besprochen (III.4). Aristoteles greift hier also der nachfolgenden Diskussion voraus.

Außerdem wird die zuvor erfolgte Bestimmung der artspezifischen Differenz, als einer Mitte in Bezug auf uns, durch den Zusatz der Vernunft erklärt. Dies war aber der Sache nach, wie wir gesehen haben, bereits in der Begründung der Mitte, als das Richtige zu treffen, enthalten.

In der anschließenden Erläuterung präzisiert Aristoteles sein Verständnis von Mitte, indem er die zuvor gemachte Beobachtung aufgreift, dass es sich um eine Mitte zwischen zwei Extremen handelt, nämlich um die Mitte zwischen Übermaß und Mangel. Für die Handlungen bzw. Affekte, die aus den verfehlten Dispositionen hervorgehen, bedeutet das konkret, dass sie über das Ziel hinausgehen oder es an dem fehlen lassen, was gefordert wird. Im Ergebnis treffen aber sowohl Übermaß als auch Mangel nicht das Richtige oder die anvisierte Mitte.

Die Rede von Mitte provoziert natürlich eine Reihe von Einwänden. Einen Einwand nimmt Aristoteles an dieser Stelle vorweg und hebt hervor, dass man aus der Bestimmung der Tugend als Mitte nicht den falschen Schluss ziehen sollte, dass

4 Übersetzung von Dorothea Frede, hier angepasst, vgl. zur Übersetzung dieser Stelle den Kommentar von Frede 2020, S. 433.

es sich um eine Art von Mittelmäßigkeit handeln könnte. Ganz im Gegenteil ist sie »hinsichtlich des Besten aber und des guten Handelns [...] ein Extrem« (II.6, 1107a8).

Wie steht es um solche Handlungen bzw. Affekte, die keine richtige Mitte zulassen? Bei einigen ist klar, dass es sich um Schlechtigkeiten handelt, die ebenso kein richtiges Maß erlauben. Aristoteles nennt als Beispiele die Schadenfreude, die Schamlosigkeit und den Neid. Bei den Handlungen wären das beispielsweise Ehebruch, Diebstahl oder Mord. Diese Handlungen sind *an sich* und nicht wegen eines Übermaßes oder Mangels *schlecht* (II.6, 1107a8–14).

Das Gleiche gilt für ungerechte, feige und zügellose Handlungen. Bei diesen handelt es sich um Verfehlungen der Mitte, und man kann im Falschen nicht wieder das Richtige treffen. Andernfalls hätte man ein Übermaß des Übermaßes ad infinitum.

Dass eine entsprechende Überlegung auch für die guten Handlungen gilt, deutet Aristoteles im letzten Satz des Kapitels an: So soll es auch kein Übermaß und Mangel der Mitte geben (II.6, 1107a25–26).

II.7 Tafel der Tugenden

Im Anschluss an die allgemeine Definition der ethischen Tugend wendet Aristoteles die Bestimmung als Mitte zwischen Übermaß und Mangel auf die für die Gemeinschaft relevanten Affekte und Handlungen an und leitet auf diese Weise ein Schema von Tugenden und Lastern ab. In dieser Ableitung kann eine wichtige Funktion der zuvor nur begrifflich gefassten Bestimmung der Tugend als Mitte gesehen werden, da auf diese Weise auch solche Dispositionen in den Blick kommen, die man gewöhnlich unter dem Eindruck einer oder beider Extreme übersieht. Das zeigt sich etwa daran, dass Aristoteles keine Namen zur Bezeichnung der angenommenen Tugenden zur Verfügung stehen.

Aristoteles führt an dieser Stelle zehn Tugenden an, die jeweils als Mitte zwischen Übermaß und Mangel gekennzeichnet werden. Er orientiert sich dabei, wie gesagt, sowohl an den Affekten als auch an den Handlungen und deren Gegenständen. Die erste Gruppe richtet sich auf die Affekte, die das körperliche Wohlbefinden betreffen, die zweite Gruppe richtet sich auf den Umgang mit äußeren Gütern und drittens betrachtet Aristoteles solche Handlungen, die den Umgang mit anderen Menschen berühren. Er selbst verweist auf eine Tabelle, die die Tugenden dem Schema folgend aufzeigt (II.7, 1107a32–33). In der *Nikomachischen Ethik* ist eine solche Tabelle nicht erhalten geblieben. In der *Eudemischen Ethik* (EE II.3, 1220b37–1221a12) gibt es allerdings eine Tabelle, die jedoch von der unten ausgeführten (die aus dem Text erschlossen ist) leicht abweicht.

Affekt/ Handlung	Übermaß	Mitte	Mangel
Furcht (*phobos*) Mut (oder Zuversicht/ *tharros*)	Feigheit Tollkühnheit	Tapferkeit (*andreia*) Tapferkeit	Ohne Namen Feigheit
Lust/ Schmerz	Zügellosigkeit	Besonnenheit (oder Mäßigung)	Ohne Namen (Stumpfsinnigkeit)
Geben und Nehmen (kleiner Beträge)	Verschwendungssucht	Freigiebigkeit	Geiz

Geben und Nehmen (großer Beträge)	Protzerei (Extravaganz)	Großzügigkeit	Kleinlichkeit (Knauserigkeit)
Streben nach großer Ehre	Eitelkeit (Aufgeblasenheit)	Hochgesinntheit	Kleinmütigkeit
Streben nach wenig Ehre	Ehrgeiz (Ehrsucht)	Ohne Namen	Ehrgeizlosigkeit
Zorn (*orgê*)	Jähzornigkeit (Zornmütigkeit)	(Ausgeglichenheit) (Milde)	Zornlosigkeit (Unerzürnbarkeit)
Wahrheit (im gegenseitigen Umgang in Reden und Handlungen)	Angeberei	Wahrhaftigkeit	Heuchelei (Falsche Bescheidenheit)
Das Angenehme im Bereich des Vergnügens	Possenreißerei	Unterhaltsamkeit	Tölpelhaftigkeit (Steifheit)
Das Angenehme in sämtlichen Lebensumständen	Gefallsucht aus Eigennutz: Schmeichelei	Freundlichkeit	Streitsucht/ Griesgrämigkeit

Neben den Dispositionen gibt es auch affektive Zustände, die ein Mittleres zulassen. Als Tugenden kommen sie jedoch nicht in Frage, wie Aristoteles im vierten Buch weiter begründet (siehe IV.15).

Scham	Schüchternheit (Verschämtheit)	Schamhaftigkeit	Schamlosigkeit
Schmerz und Lust in Bezug auf das Schicksal anderer	Neid (Missgunst)	Entrüstung	Schadenfreude

Die Behandlung der Gerechtigkeit und der intellektuellen Tugenden wird auf später verschoben (siehe die Bücher V und VI).

II.8 Tugend und Laster

Schaut man sich die formale Struktur des dreigliedrigen Verhältnisses zwischen Tugenden und Lastern (also Übermaß, Mitte und Mangel) genauer an, zeigt sich, dass alle drei Glieder jeweils zueinander in einem Gegensatzverhältnis stehen (II.8, 1108b13). Die Tugend steht also nicht nur im Gegensatz zu den jeweiligen Lastern, verstanden als Übermaß und Mangel, sondern auch die beiden Laster stehen einander gegenüber. Tatsächlich ist der Gegensatz zwischen den Lastern sogar noch größer als der zwischen Tugend und Lastern.

Wie gesagt lässt sich die Mitte zwischen den Gegensätzen nicht arithmetisch ermitteln. Aristoteles greift diese Beobachtung hier nun erneut auf und untermauert den Punkt durch phänomenale Aspekte. So scheint bei einigen Tugenden der Mangel, bei anderen das Übermaß in einem größeren Gegensatz zur Tugend zu stehen. Ein Beispiel bietet die Tapferkeit, die in einem größeren Gegensatz zur Feigheit und nicht zur Tollkühnheit steht (II.8, 1108b19–20).

Aristoteles führt diese Beobachtung auf zwei Gründe zurück:

1. Der erste liegt in der Sache selbst: Denn bei einigen Tugenden stellt er eine gewisse Nähe zu einem der Extreme fest, wie etwa bei der Tapferkeit, die tatsächlich näher an der Tollkühnheit als an der Feigheit liegt (II.8, 1109a11–12).

2. Der andere Grund ist in unseren natürlichen Neigungen zu sehen, die den jeweiligen einzelnen Menschen eher zu der einen als zur anderen Seite tendieren lassen (II.8, 1109a12–14). Der Ort, an den einen die Neigung führt, scheint weiter von der Mitte entfernt zu liegen. So treibt uns die natürliche Neigung zur Lust eher zur Zügellosigkeit und erhöht somit den Abstand zur Mäßigung bzw. Besonnenheit. In solchen Fällen liegt die Mitte also nicht wirklich näher an einem der Extreme, sondern es erscheint den Menschen nur so.

II.9 Praktische Anleitung zum Erreichen der Mitte

Im letzten Kapitel betont Aristoteles mit Blick auf den praktischen Charakter der Abhandlung die Schwierigkeiten, die Mitte und damit das Richtige zu treffen. Solches erfordert genaue Überlegungen: So müssen etwa die Umstände, die Art und Weise der Ausführung oder der betreffende Gegenstand mitbedacht werden. Da man es mit Einzelfällen zu tun hat (und dies betont Aristoteles mit dem wiederholten Verweis auf die Wahrnehmung), sollte man keine absolute Sicherheit erwarten. Im vorausgehenden Kapitel hatte Aristoteles herausgestellt, dass die Extreme der Sache nach weiter von der Mitte entfernt liegen können. Folglich ist es mehr oder weniger schwierig, sich von ihnen abzuwenden und die Mitte zu treffen. Mit diesem Problem vor Augen schlägt er nun vor, die »zweitbeste Fahrt« (II.9, 1109as34–5) zu wählen. So sollte man von zweien das geringere Übel wählen, und dies wäre einfacher, als die Mitte zu treffen.

Bis jetzt war Aristoteles eher an allgemeinen natürlichen Tendenzen interessiert. Man muss aber auch individuelle Eigenschaften in Rechnung stellen. Einige Menschen sind von Natur aus freigiebig, andere eher geizig. Wie wir gesehen haben, dient die Lust als guter Indikator für diese Eigenschaften. Das, was der eigenen Natur entspricht, wird als lustvoll erfahren, das Gegenteil ist mit Unlust oder Schmerzen verbunden. Indem man also den eigenen Lustgefühlen zuwiderhandelt, würde man sich, wie Aristoteles hier ausführt, selbst zum entgegengesetzten Extrem hinwenden (II.9, 1109b4–5). Man kommt jedoch dann ungefähr in der Mitte an, wenn man sich von beiden Extremen entfernt.

Das führt Aristoteles zu einer Art pragmatischen Bewertung der Lust. Keinesfalls sollte man sich von der scheinbaren Zurückweisung der Lust an dieser Stelle irritieren lassen und Aristoteles eine generelle Feindschaft gegenüber der Lust unterstellen. Wie gesagt geht es hier vielmehr um die »zweitbeste Fahrt«. Aristoteles spricht also eine Empfehlung aus, die anvisierte Mitte trotz der herausgestellten Schwierigkeiten zu treffen. Dazu macht er sich die natürliche Neigung der Menschen zur Lust nutzbar, so dass man in Umkehrung dieser Tendenz eher zum Mittleren kommt.

Diese Empfehlung richtet sich natürlich nicht an diejenigen, die bereits über eine tugendhafte Disposition verfügen und folglich auch Lust an den richtigen Handlungen verspüren. Den meisten Menschen fällt es aber nicht leicht, sich richtig zu verhalten oder zumindest nichts Falsches zu tun. Weil die richtige Handlung eine ganze Reihe von Punkten beachten muss, stellt uns das im Einzelfall vor erhebliche Probleme. Hinzu kommt, dass man nicht immer dem Urteil anderer trauen kann, die sich ebenso leicht von einer der beiden Extreme blenden lassen. Weniger anfällig gegen Irrtum als das Lob scheint jedoch der Tadel zu sein, so dass man davon ausgehen kann, dass man die Mitte nicht allzu weit verfehlt hat, wenn man nicht getadelt wird (II.9, 1109b18–20). Eine philosophische Begründung für alle Einzelfälle zu verlangen, ist jedoch nicht möglich, wie Aristoteles hier mit dem Verweis auf die Wahrnehmung und damit auch den prinzipiell kontingenten Charakter der Erfahrung festhält. Wer das trotzdem verlangt, der hat etwas grundsätzlich nicht richtig verstanden und fordert Genauigkeit in Fragen, die das der Sache nach nicht zulassen.

Kapitel 3

Handlung und Charakter (Buch III.1–8)

Im zweiten Buch hatte Aristoteles die ethische Tugend als eine Disposition zu Entscheidungen charakterisiert. Ungeklärt blieb an dieser Stelle, wie genau Entscheidung zu verstehen ist. Im dritten Buch wird die Bestimmung der Entscheidung im Kontext einer umfassenden Diskussion des Verhältnisses von Handlung und Charakter nachgeliefert.

Den Ausgang bildet dabei die aus dem ersten Buch bekannte Feststellung, dass die Tugend im Unterschied zum Glück gelobt wird (I.12). Handlungen werden aber nur dann gelobt und auch getadelt, wenn sie freiwillig geschehen. Das lenkt die Aufmerksamkeit auf die Freiwilligkeit, die zunächst in Abgrenzung zur Unfreiwilligkeit diskutiert und dann als Oberbegriff von Wunsch, Überlegung und Entscheidung genauer bestimmt wird.

Mit der Beantwortung der Frage, ob auch der Charakter freiwillig erworben und damit die Tugend freiwillig ist, kommt Aristoteles im siebten Kapitel in gewisser Hinsicht zum Ausgangspunkt zurück und liefert einen sachlichen Abschluss der Diskussion.

Das wird im achten Kapitel dadurch unterstrichen, dass er noch einmal die gewonnenen Ergebnisse zusammenfasst.

Im neunten Kapitel beginnt Aristoteles die detaillierte Analyse der ethischen Tugenden, die dann im vierten Buch fortgesetzt werden wird.

Das dritte Buch hat vor allem wegen Aristoteles' Diskussion der Freiwilligkeit und der Ähnlichkeit zur modernen Debatte moralischer Zurechnung sowie der Frage des freien Willens sehr viel Aufmerksamkeit in der Forschung erfahren. Die Unterschiede zur modernen Behandlung sind allerdings auffallend:

So wird Freiwilligkeit in erster Linie negativ bestimmt. Dies hat eine sehr weite Auffassung des Freiwilligen zur Folge, die sich nicht mit modernen Vorstellungen deckt.

Problematisch ist für viele, dass in der Frage der Freiwilligkeit die Gefühle des Handelnden entscheidend sein sollen. Diese stellen sich jedoch nachträglich ein. Aristoteles verweist auch immer wieder auf Lob und Tadel in der Bewertung der Handlungen. Beides scheint aber wenig mit dem Problem der Verantwortlichkeit zu tun zu haben.

Die Frage, ob Aristoteles überhaupt eine Theorie moralischer Verantwortung präsentiert hat, wird daher ganz unterschiedlich beantwortet. Zu beachten ist jedenfalls, dass Aristoteles keine isolierte Behandlung der Freiwilligkeit als Voraussetzung moralischer Zurechnung liefert, sondern die zuvor gelieferte Definition der Tugend inhaltlich weiter ausführt und gegen verwandte oder allgemein angenommene Ansichten dialektisch absichert.

Das Buch ist, wie gesagt, gewissermaßen in zwei sachlich getrennte Abhandlungen geteilt. Im folgenden Kapitel wird es deshalb nur um den ersten Teil des dritten Buches, also die Kapitel eins bis acht, gehen. Aristoteles' Analyse der Tapferkeit und der Besonnenheit wird dann im nächsten Kapitel zusammen mit der Behandlung der anderen ethischen Tugenden thematisiert.

(1109b30–1110b17) Die Frage, was Freiwilligkeit ausmacht, lässt sich am leichtesten über ihr Gegenteil, die Unfreiwilligkeit, beantworten. Im ersten Kapitel werden Handlungen unter Gewaltanwendung oder Zwang behandelt, die offensichtlich unfreiwillig geschehen. Gezwungen werden Menschen dann, wenn das Prinzip der Handlungen außerhalb der Handelnden liegt, wie es etwa bei Naturgewalten oder den Drohungen eines Tyrannen der Fall ist. Reaktionen auf Gewaltanwendung beinhalten aber auch freiwillige Momente, die in die Bewertung der Handlung einfließen müssen.

(1110b18–1111a21) Das Wissen stellt ebenfalls einen entscheidenden Faktor für die Bewertung einer Handlung dar. Im zweiten Kapitel unterscheidet Aristoteles Handeln aufgrund von Unwissenheit und Handeln in Unwissenheit: Lediglich Verfehlungen, die aufgrund von Unwissenheit der relevanten Umstände geschehen, sind entschuldbar, wohingegen das Handeln in Unwissenheit des wirklich Zuträglichen den eigentlichen Grund der Schlechtigkeit darstellt.

(1111a22–1111b3) Aus der vorangegangenen Diskussion folgt im dritten Kapitel die positive Bestimmung des Freiwilligen: Freiwillig ist die Handlung, dessen Prinzip oder Anfangsgrund in den Handelnden liegt und dessen Umstände bekannt sind.

(1111b4–1112a17) Mit dem Freiwilligen ist die Gattung bestimmt. Deshalb kann auf die verschiedenen Arten des Freiwilligen eingegangen werden. Im vierten Kapitel wird zuerst die Entscheidung thematisiert, die aufs engste mit der Tugend verbunden ist, da sie zentral für die Handlung ist. Die Entscheidung bezieht sich auf ein vorgegebenes Ziel und bildet den Endpunkt einer vorhergehenden vernünftigen Überlegung (der Ursprung des Ziels und die Überlegung werden in den nächsten beiden Kapiteln diskutiert).

(1112a18–1113a14) Im fünften Kapitel wendet sich Aristoteles zuerst der Überlegung zu. Überlegt werden die Mittel zur Realisierung eines gegebenen Ziels, indem der Ausgang beim Ziel genommen und der Weg zurück zur handelnden Person herausgestellt wird.

(1113a15–1113b2) Das sechste Kapitel behandelt den Wunsch, der den Zweck der Überlegung vorgibt. Ob es sich hierbei um ein scheinbares oder wahrhaftiges Gut handelt, ist abhängig von der Disposition der Handelnden. Das wahrhaft Wünschenswerte empfinden die Guten, deren Empfindung somit zum Maßstab des richtigen Wunsches wird.

(1113b3–1114b25) Im siebten Kapitel wird die Freiwilligkeit der Tugend und des Lasters anhand der Diskussion der Abhängigkeit der Handlung von der zugrundeliegenden charakterlichen Disposition herausgestellt. Das genaue Verhältnis zwischen Handlung und Charakter beleuchtet Aristoteles aus unterschiedlichen Perspektiven und zieht am Ende das Fazit, dass die Menschen für die Ausbildung ihres guten und schlechten Charakters zumindest mit verantwortlich sind.

(1114b26–1115a3) Das achte Kapitel fasst die erarbeiteten Ergebnisse zusammen und leitet zur detaillierten Analyse der einzelnen Tugenden über.

III.1 Kriterien für unfreiwilliges Handeln: 1. Gewaltanwendung und Zwang (1109b30–1110b17)

Aristoteles führt zwei Punkte aus der vorhergehenden Diskussion zusammen:

1. Die Tugenden beziehen sich auf Affekte und Handlungen.

2. Die Tugenden sollen gelobt werden. Lob und Tadel setzen aber Freiwilligkeit voraus. Daraus ergibt sich die Aufgabe, die Natur des Freiwilligen genauer zu fassen. Fraglich ist nämlich, inwieweit die tugendhaften oder lasterhaften Handlungen und somit auch der Erwerb der Tugend freiwillig (*hekôn/hekousion*) oder unfreiwillig (*akôn/akousion*) geschehen.[1] Von den Affekten ist zwar anfänglich auch die Rede, doch werden diese aus der Untersuchung ausgespart, vermutlich deshalb, weil feststeht, dass sie als *Leidenschaften* (*pathê*) in einem wesentlichen Sinn nicht freiwillig sein können. Außerdem spie-

1 Andere Übersetzungen des Paares wären: »absichtlich« – »unabsichtlich«, »bereitwillig« – »widerwillig« oder »willentlich« – »unwillentlich«.

len sie für die aktive Ausbildung des Charakters, wie wir später sehen werden, keine vergleichbare Rolle.

Aristoteles' Untersuchung beginnt mit dem Unfreiwilligen, denn dies lässt sich phänomenal leichter fassen als das Freiwillige. Unfreiwillig ist, was durch Gewalt (*bia*) oder aus Unwissenheit geschieht (III.1, 1109b35–1110a1).

Beides wird von Aristoteles im Folgenden weiter differenziert: Im ersten Kapitel diskutiert er das Phänomen der gewaltsam herbeigeführten Handlungen. Im folgenden Kapitel wendet er sich der Unwissenheit zu.

Gewaltsam im engeren Sinn ist eine Handlung offenbar dann, wenn ihr Prinzip oder Anfangsgrund außerhalb der Handelnden liegt (III.1, 1110a1). Die Handlung erfolgt somit durch eine äußere Kraftanwendung unabhängig davon, ob es sich hierbei um natürliche Ereignisse oder Gewaltanwendung anderer Personen handelt. Aristoteles' Beispiele verweisen auf Menschen, die durch Windböen vom Weg abgebracht oder gekidnappt worden sind (III.1, 1110a2–3). Ebenfalls gewaltsam in diesem Sinn wären Handlungen, die durch körperliche Reize ausgelöst werden: Wer durch seinen Hustenreiz eine wichtige Konzertprobe unterbricht, verdient keinen Tadel, da das Handlungsprinzip im relevanten Sinn nicht innerlich ist.[2] Fraglich ist, ob man in solchen Fällen überhaupt noch von Handlungen sprechen sollte. Aristoteles fügt jedenfalls hinzu,

2 Fraglich ist, ob Aristoteles einen begrifflichen Unterschied macht zwischen Handlungen, die aufgrund einer externen physischen Gewaltanwendung (*bia*) ausgeführt werden, und solchen, die unter Zwang (*anankê*) geschehen, oder ob Letzteres als ein Oberbegriff für Ersteres angesehen werden sollte. In der *Nikomachischen Ethik* können diese Differenzierungen jedenfalls nur mit interpretatorischem Aufwand erschlossen werden. Mit Blick auf die mögliche Differenzierung übersetze ich *bia* im Gegensatz zu Krapinger mit Gewalt und nicht mit Zwang.

»wo der Handelnde oder *Erleidende* nichts dazu beiträgt« (III.1, 1110a1–3).

Sicher ist: Erfolgt eine Handlung in diesem Sinn unfreiwillig, so lässt sich das im Normalfall leicht herausfinden und wird dann auch bei der Beurteilung der Handlung in Rechnung gestellt.

Schwieriger zu bestimmen sind hingegen die im Anschluss diskutierten Fälle, bei denen sich der Ursprung der Handlung nicht so leicht feststellen lässt: Angenommen eine Tyrannin befiehlt eine schändliche Tat und droht damit, den Kindern des Befehlsempfängers Leid zuzufügen, wenn er dem Befehl nicht gehorcht (II.1, 1110a5–6). Wird die befohlene Handlung ausgeführt, läge der Ursprung der Handlung zwar immer noch in dem Handelnden selbst, es ist jedoch fragwürdig, ob die Handlung freiwillig erfolgt ist oder nicht. Denn an sich betrachtet wäre die Tat nicht ausgeführt worden. Man hat sich aber hierzu *entschieden* wegen dem drohenden Unheil, vergleichbar dem Löschen der Ladung eines Schiffes, das in Seenot geraten ist und andernfalls untergehen würde. Man wählt also ein Übel, um einem größeren Übel zu entgehen. Wichtig ist, dass eine *rationale Entscheidung* (*prohairesis*)[3] vorliegt.

Aristoteles bezeichnet diese Fälle als *gemischte Handlungen* (*miktai praxeis* III.1, 1110a11–12), vermutlich deshalb, weil es sich um eine Mischung zwischen freiwilligen und unfreiwilligen Aspekten handelt, auch wenn Aristoteles die Handlung aufgrund der erfolgten Wahl bzw. Entscheidung eher auf der Seite des Freiwilligen sieht (dies entspricht nicht unbedingt unseren heutigen Intuitionen).

Wie auch immer ›gemischt‹ in diesem Fall verstanden werden sollte: Offensichtlich spricht sich Aristoteles für eine gra-

3 Auf die Natur der Entscheidung (Krapinger übersetzt mit »Vorsatz«) geht Aristoteles in Kapitel vier ein.

duierbare Einschränkung aus, die am Begriff der Freiwilligkeit vorgenommen werden sollte, und zwar mit Blick auf die Beurteilung der erfolgten Handlung sowie der zugrundeliegenden charakterlichen Disposition. Unter gewissen Voraussetzungen werden auch tugendhafte Menschen Handlungen ausführen, die an sich betrachtet lasterhaft sind, ohne deshalb selbst lasterhaft zu sein.

Wichtig für die Beurteilung sind vor allem die Umstände und der Zeitpunkt einer Handlung. »Denn dann, wenn man sie ausführt, entscheidet man sich für sie, das Ziel der Handlung aber entspricht der jeweiligen Situation« (III.1, 1110a12–14). Gemischte Handlungen wären somit freiwillig, insofern man sie zum Zeitpunkt der Wahl gewollt hat und der Ursprung der Handlung in den Handelnden selbst liegt. An sich betrachtet sind sie aber unfreiwillig, da man sie unter normalen Umständen (oder eben »an sich«) nicht gewählt hätte. Anders ausgedrückt: Unter den gegebenen Umständen sind es zwar die richtigen Handlungen, an sich betrachtet sind sie jedoch nicht wählenswert (III.1, 1110a18–19).

Für ihre Freiwilligkeit spricht auch, dass jene Menschen besonders gewürdigt werden, die sich der Drohung widersetzt und das vermeintlich größere Übel auf sich genommen haben. Wer allerdings die Situation nicht richtig einschätzt und aufgrund eines geringen Übels eine verächtliche Tat ausführt, sollte laut Aristoteles kein Verständnis, sondern Tadel und Strafe erwarten. In letzter Konsequenz steht es auch bei solchen Handlungen den Handelnden frei, nach Abwägung der Tat mit den Folgen die schlimmen Konsequenzen auf sich zu nehmen. Solches ist, so Aristoteles, nicht selten geboten, denn einige Dinge sind schlimmer als der Tod (III.1, 1110a26–27).

Im Anschluss wendet sich Aristoteles noch einmal seiner Bestimmung des gewaltsam Geschehenden zu und diskutiert einen möglichen Einwand: Ist die Handlung in jedem Fall gewaltsam ausgeführt, wenn die Ursache von außen einen Zwang ausübt?

Das scheint auch auf Handlungen zuzutreffen, die wegen schönen oder lustvollen Dingen ausgeführt worden sind. Wer beispielsweise von der Aussicht auf eine große Lust zur Handlung verleitet wurde, könnte ebenfalls sagen, dass die Ursache der Handlung außerhalb gelegen und dass er nur zu diesem Zeitpunkt unter dem verlockenden Eindruck der überwältigenden Lusterfahrung gehandelt habe (III.1, 1110b9–10). Diese Begründung ergibt für Aristoteles aber keinen Sinn, da unter dieser Bedingung alles gewaltsam wäre für die Handelnden, weil Menschen um der Lust und der Schönheit willen handeln. Er führt daher ein weiteres Kriterium ein: Gewaltsame bzw. unfreiwillige Handlungen werden nur ungern ausgeführt (III.1, 1110b12). Wenn Lust oder Schönheit aber eine Handlung veranlasst haben, dann hat man diese gerne getan, folglich also nicht unfreiwillig oder durch Gewalt.

III.2 2. Unwissenheit (1110b18–1111a21)

Im Folgenden thematisiert Aristoteles die Unwissenheit, die ebenfalls einen Einfluss darauf hat, ob eine Handlung freiwillig erfolgt. Eine Handlung geschieht *aufgrund* von Unwissenheit, wenn man ohne eigenes Verschulden bestimmte Umstände der Handlung, die für die Handlung relevant sind, nicht kennt. Man hat den Fehler daher zwar selbst gemacht, aber nicht freiwillig gehandelt. Trotzdem muss die Handlung nicht unfreiwillig sein. Denn das setzt für Aristoteles voraus, dass man Bedauern über sie oder sogar Schmerzen aufgrund ihrer Ausführung empfindet (III.2, 1110b18–19). Bedauern wird somit zum Kriterium für die Unfreiwilligkeit einer Handlung. Bedauert man nicht, hat man zwar nicht unfreiwillig, aber auch nicht im vollen Sinn freiwillig gehandelt. Aristoteles wählt an dieser Stelle die spezielle Bezeichnung ›nicht-freiwillig‹ (*ouk hekôn* III.2, 1110b23), um solches Handeln zu charakterisieren. Die Bedeutung, die Aristoteles dem Bedauern in diesem Kontext beimisst, ist aus der Perspektive der aktuellen Debatte zur moralischen Zurechnung von Handlungen unverständlich, wird aber nachvollziehbar, wenn man in Rechnung stellt, dass es Aristoteles auch um das Verhältnis von Handlung zur charakterlichen Disposition und damit letztlich um die Frage geht, ob die Tugenden selbst freiwillig erworben sind oder nicht.

Im Anschluss trennt Aristoteles die Handlung, die *aufgrund von* Unwissenheit geschieht, von solchen Handlungen, die *in* Unwissenheit ausgeführt werden (III.2, 1110b24–25). In Unwissenheit handelt der, der über ein Wissen verfügt oder sich dieses ohne größeren Aufwand hätte erwerben können, doch kommt das Wissen nicht zur Anwendung. Beispiele hierfür sind Handlungen von Personen, die etwa betrunken oder wütend sind. Für beide gilt, dass sie nicht *aufgrund von* Unwissenheit, sondern *in* Unwissenheit handeln, und zwar deshalb, weil sie aufgrund ihres Zorns oder ihrer Trunkenheit gehandelt haben.

Was haben diese beiden Zustände mit Wissen zu tun? Aristoteles zufolge sind die entsprechenden Personen unwissend in Bezug auf das, was ihnen wirklich zuträglich ist (III.2, 1110b30–31). Sie wissen also nicht, was ihnen gut tut, und verfolgen stattdessen nur ein scheinbares Gut, das ihrem wahrhaft Besten widerstreitet. Das Unwissen ist bei ihnen somit Grund ihrer Minderwertigkeit bzw. Schlechtigkeit. Folglich macht es die Menschen zu Verbrechern, grundsätzlich in Unwissenheit darüber zu sein, was wirklich lustvoll und gut ist. Schlechte Menschen setzen also das, was ihnen gerade als gut erscheint, über alles andere. Ihr Nichtwissen liefert aber keinen Grund dafür, ihre Handlung als unfreiwillig anzusehen und durch ihr

Unwissen zu entschuldigen. Ganz im Gegenteil ist Aristoteles der Ansicht, dass die Handlungen dessen, der sein eigentliches Gut verfehlt und sich selbst sowie anderen damit Schaden zufügt, schlecht und tadelnswert sind (III.2, 1110b32–33).

Im siebten Buch wird er genauer auf die Form des Nichtwissens eingehen, die mit Unbeherrschtheit verbunden ist. Damit wird auch klarer werden, was mit der Unwissenheit des Allgemeinen gemeint ist, von der Aristoteles hier spricht (III.2, 1110b32). Diese Form von Unwissenheit schützt jedenfalls nicht vor Strafe (siehe auch III.7, 1113b34–1114a1).

Diejenigen, die allerdings in Kenntnis ihres wahrhaft Besten gehandelt und nur deshalb einen Fehler begangen haben, weil sie nicht mit allen Einzelheiten vertraut waren, die für die Realisierung des Handlungsziels relevant sind, handeln *aufgrund von* Unwissenheit und verdienen Verständnis für ihre Verfehlung, da sie im aristotelischen Sinn unfreiwillig gehandelt haben (III.2, 1110b33–1111a1). Ein Beispiel: Ein Junggeselle, der auf der Suche nach einer Frau zur Familiengründung von einer attraktiven Dame heimtückisch verführt und über ihren tatsächlichen Familienstand getäuscht wurde, ist für den Ehebruch nicht zu tadeln, da er aufgrund der Täuschung der Frau unwissend über ihre eheliche Verbindung die angebotene Zuwendung angenommen hat. Wenn er seine Handlung bedauert, nachdem er vom Status der Dame erfahren hat, dann war diese unfreiwillig, wenn nicht, dann noch immer nichtfreiwillig.

Das richtet den Blick auf die relevanten Einzelheiten. Für Aristoteles fallen hierunter: »wer handelt, was er tut, in Bezug worauf und in welcher Situation [...], womit, [...] wozu [...] und wie er handelt [...]« (III.2, 1111a2–5). Wer von diesen Umständen etwas nicht kennt, der handelt unfreiwillig. Im Gegenzug erfordert Freiwilligkeit keine Kenntnis aller Umstände. Auch wenn nicht alle Umstände immer bekannt sein können, so wird doch niemand unwissend über alle relevanten Aspekte einer Handlung sein. Aristoteles illustriert mit einer Reihe von Beispielen, wie die Unwissenheit über diese Faktoren dazu geführt hat, dass eine Handlung nicht die beabsichtigten Folgen hatte, weshalb die so Handelnden unfreiwillig handeln. Doch gilt auch hier, dass Unfreiwilligkeit ein Bedauern der Handelnden voraussetzt (III.2, 1111a19–21).

III.3 Bestimmung des Freiwilligen (1111a22–1111b3)

Nachdem Aristoteles das Unfreiwillige durch die beiden Aspekte der gewaltsam erfolgten Handlung und der Handlung aufgrund von Unwissenheit erläutert hat, geht es ihm nun um die Freiwilligkeit. Denn im Umkehrschluss folgt aus dem Vorausgehenden, dass solche Handlungen freiwillig ausgeführt werden, deren Prinzipien (also Zweck und Ursprung der Bewegung) bei den Handelnden selbst liegen und über deren Umstände sie sich so weit im Klaren sind.

Handlungen aus Zorn und aus Begierde werfen besondere Schwierigkeiten auf, da man annehmen könnte, sie wären Beispiele für erzwungene Handlungen (im Fall von Begierden) oder geschähen aufgrund von Unwissenheit. Dass die Zornige aber aufgrund von Unwissenheit gehandelt haben könnte, wurde im vorausgehenden Kapitel zurückgewiesen. Somit sind diese Handlungen freiwillig erfolgt.

Dass diese Einschätzung richtig ist, wird durch vier weitere Überlegungen untermauert:

1. Andernfalls würden Kinder und Tiere nichts freiwillig tun. Denn beide handeln nicht wissentlich (aber nicht aufgrund von Unwissenheit).

2. Auch gute Ergebnisse könnten aus Zorn oder Begierde hervorgehen, dies wäre dann aber ebenfalls unfreiwillig ge-

schehen. Man sollte sich jedoch nicht nur die guten Ergebnisse einer Handlung, sondern auch die schlechten zurechnen.

3. Unfreiwillige Handlungen sind mit Schmerzen verbunden: Was aber mit Lust ausgeführt wird, das ist nicht unfreiwillig. Handeln aus Affekten kann also nicht unfreiwillig sein.

4. Sowohl überlegte als auch unüberlegte Handlungen werden den Handelnden zugerechnet, da es für Menschen natürlich ist, überlegt oder unüberlegt zu handeln –, beide Formen gehören somit zur menschlichen Natur. Was aber unfreiwillig geschieht, wird nicht gelobt oder getadelt und wird den Handelnden folglich auch nicht zugerechnet.

III.4 Entscheidung (1111b4–1112a17)

In der vorausgehenden Diskussion hat Aristoteles die Bedeutsamkeit der Entscheidung (*prohairesis*[4]) für Tugend und Freiwilligkeit betont. So wurde Tugend selbst als eine »Disposition zu Entscheidungen« (*hexis proairetiké* II.6, 1106b36–7) charakterisiert. Außerdem soll der Charakter des Menschen eher nach seinen Entscheidungen als den ausgeführten Handlungen beurteilt werden. Gerecht ist man also nicht deshalb, weil man gerechte Handlungen ausgeführt hat, sondern man muss sich innerlich dazu entschieden haben (III.4, 1111b6). Die Entscheidung nimmt also eine besondere Rolle in der Beurteilung der Beziehung zwischen Handlung und Charakter ein.

Im vierten Kapitel grenzt Aristoteles die Entscheidung zunächst von *naheliegenden* Konzeptionen ab. Damit wird zweierlei geleistet: Zum einen verhindert er auf diese Weise die irrtümliche Rückführung der Entscheidung auf eine andere

4 Alternative Übersetzungen wären »Entschluss«, »Vorsatz«, »(überlegte oder präferentielle) Wahl«.

seelische Aktivität, so dass keine wichtigen Unterschiede übergangen werden. Zum anderen werden eine Reihe von positiven Bestimmungen aus dieser Diskussion gewonnen.

Zuerst diskutiert Aristoteles die Beziehung zwischen der Entscheidung und dem Freiwilligen. Er stellt fest, dass die Entscheidung zum Bereich des Freiwilligen gehört, insofern sie freiwillig erfolgt. Das bedeutet aber nicht, dass sie mit dem Freiwilligen identifiziert werden darf, da der Bereich des Freiwilligen weiter als die Entscheidung reicht. Das zeigt sich daran, dass Kinder und Tiere freiwillig handeln können, auch wenn sie keine Entscheidungen treffen. Ein weiterer Unterschied zwischen der Entscheidung und dem Freiwilligen besteht darin, dass plötzlich eingeleitete Handlungen (die ohne vorhergehende Überlegung geschehen) freiwillig sind. Man würde aber nicht sagen, dass man sich dazu entschieden hat, weil eine Entscheidung eng mit Überlegung verbunden ist (III.4, 1111b9–10).

Nachdem Aristoteles die Identifikation der Entscheidung mit dem Freiwilligen ausgeschlossen hat, werden weitere Möglichkeiten für eine solche Identifikation in Betracht gezogen und der Reihe nach eliminiert. Diskutiert wird das Verhältnis zwischen Entscheidung und Begierde (*epithymia*), sich Ereifern (*thymos*)[5], Wunsch (*boulêsis*) und Meinung (*doxa*). In allen diesen Fällen spricht eine augenfällige Eigenschaft gegen die Identifikation mit der Entscheidung. Am Ende des Kapitels erhalten wir somit vor allem einen negativen Befund. Zugleich können aus der Abgrenzung gegen die verwandten Phänomene aber auch eine Reihe von Eigenschaften gewonnen werden, die zu einer positiven Bestimmung der Entscheidung beitragen. Wir wissen nun, dass die Entscheidung freiwillig ist,

5 Alternativ übersetzbar mit »Zorn«, »Drang«, »Mut« oder »Wallung«. Siehe etwas ausführlicher zu *thymos* VII.7.

Überlegung und damit Vernunft voraussetzt (weshalb Tiere und kleine Kinder hier ausgeschlossen sind). Außerdem soll die Entscheidung zwar Lust und Schmerz zum Gegenstand haben, aber nicht auf diese beschränkt sein (III.4, 1111b17). Entscheidungen sind mit dem Wunsch verwandt (III.4, 1111b20), sie beziehen sich aber nicht auf Unmögliches (III.4, 1111b21), sondern nur auf das, was durch einen selbst bewirkt werden kann (III.4, 1111b24). Die Entscheidung gilt nicht so sehr dem Ziel (wie der Wunsch, siehe III.6), sondern den Mitteln zur Realisierung des Ziels (III.4, 1111b26). Wünschen wir uns etwa Gesundheit, dann entscheiden wir uns dazu, Sport zu treiben oder gesunde Nahrung zu uns zu nehmen (III.4, 1111b27–28). Wünscht man sich Glück im Beruf, dann entscheidet man sich mit seiner Berufswahl dazu, den eigenen Interessen und Fähigkeiten zu folgen. Man wird wohl kaum sagen, jemand hat sich für die Gesundheit oder das Glück entschieden (III.4, 1111b28–29). Die Entscheidungen erstrecken sich also auf Dinge, die in der Macht des Handelnden liegen (III.4, 1111b30). Entscheidungen werden im Gegensatz zu Meinungen eher als gut oder schlecht beurteilt, nicht so sehr als richtig oder falsch (III.4, 1111b33).

Trotzdem sieht Aristoteles eine enge Verbindung zwischen Meinung und Entscheidung. So können Meinungen einer Entscheidung vorausgehen oder mit ihr einhergehen. Die Entscheidung trägt wesentlich zur Entwicklung unserer charakterlichen Beschaffenheit bei, indem wir uns für Gutes oder Schlechtes entscheiden (III.4, 1112a1–2). Gut oder schlecht wird die Entscheidung in Anbetracht der gewählten Mittel. Die Entscheidung folgt unserer Überzeugung des Guten oder dem, von dem wir am ehesten wissen, dass es gut ist (III.4, 1112a7–8). Nur ein völliger Ignorant (wie Aristoteles in III.7 sagen wird) könnte annehmen, dass es der Gesundheit förderlich sei, sich ohne Sinn und Verstand mit Süßigkeiten vollzustopfen.

Zusammenfassend stellt Aristoteles fest, dass die Entscheidung in den Bereich des Freiwilligen fällt und ihr spezifischer Unterschied dem ersten Anschein nach darin besteht, dass sie eine vernünftige Überlegung voraussetzt, die es mit dem Guten in Handlungen zu tun hat, so dass man als Ergebnis der Überlegung das eine dem anderen vorzieht (III.4, 1112a14–17).

III.5 Überlegung (1112a18–1113a14)

An das Ergebnis des vierten Kapitels schließt die Untersuchung des Gegenstandes des fünften Kapitels an, nämlich die Überlegung (*boulê / bouleusis*). Aus der Diskussion der Überlegung gehen weitere wichtige Erkenntnisse zur Bestimmung der Entscheidung hervor. Die Eingrenzung des Gegenstandsbereichs der Überlegung wird vor allem phänomenal und durch die Verwendung der Sprache demonstriert. Im sechsten Buch wird Aristoteles dann klarer zwischen der theoretischen und praktischen Anwendung des Denkens unterscheiden und diese dann auch begrifflich begründen.

Was sind die Gegenstände der Überlegung? Auszuschließen ist alles das, was nicht in der eigenen Verfügungsgewalt liegt. Man überlegt sich nur solche Dinge, die auch von einem vernünftigen Menschen überlegt werden können (III.5, 1112a21). Denn vernünftigerweise stellt niemand Überlegungen an über ewige, notwendige und zufällige Dinge. Überlegt wird somit nur, was sich durch menschliches Handeln realisieren lässt (III.5, 1112a30–31). Ferner müssen alle Einrichtungen ausgeschlossen werden, die zwar von Menschen geschaffen werden, aber nicht in ihrer Macht stehen. Als Athener wäre es sinnlos, eine praktische Überlegung zur spartanischen Verfassung auszuführen (offensichtlich ist es aber nicht sinnlos, sich Gedanken hierüber zu machen). Man überlegt sich auch nicht solche

Dinge, die zwar in unserer Macht liegen, sich aber immer auf die gleiche Weise verhalten und die Aristoteles zu den »exakten und selbständigen Wissensgebieten« (III.5, 1112b1) rechnet. Als Beispiel wählt Aristoteles die Schreibkunst. Man überlegt sich auch nicht die Ziele, sondern die Mittel zur Realisierung. Analog zur Entscheidung werden die Ziele von anderer Stelle her gegeben.

Aristoteles' Beispiele sind aufschlussreich: Der Arzt überlegt nicht, ob er heilen soll. Das folgt begrifflich aus der Natur des Arztes (ansonsten würde es sich nicht um einen Arzt handeln). Dasselbe gilt für den Redner, der als Redner überzeugen will. Wenn ich folglich überlege, ob ich meine Patientin heilen soll oder lieber im Wald spazieren gehe, dann überlege ich nicht als Arzt, was ich tun soll, sondern ich überlege, ob mich der Beruf noch immer glücklich macht oder ob ich nicht lieber eine Umschulung zum Förster machen sollte. Das Ziel dieser Überlegung wäre also mein berufliches Glück und nicht länger das durch die berufliche Tätigkeit bestimmte Ziel (III.5, 1112b11–12). Die Ziele stehen somit jeweils fest, überlegt werden muss nur, wie diese erreicht werden können. Die Ungenauigkeit der zugrundeliegenden Kunstfertigkeit spielt dabei eine Rolle, da unklar ist, wie das Ergebnis, z. B. die Heilung der Patientin, mit den gegebenen Mitteln und Fertigkeiten realisiert werden kann. In komplexen Fällen wird die Ärztin auch den Rat von Fachkollegen konsultieren. Andererseits erfordert ein häufig eingeübter Eingriff keine längeren und bewussten Überlegungen. Doch sollte man daraus nicht schließen, dass keine Überlegung angestellt worden wäre, weil auch in diesem Fall der Weg zur Realisierung des Ziels bestimmt werden muss.[6]

6 Das Verhältnis zwischen Ziel und Mittel beim Handeln wird in der Behandlung der Klugheit relevant. Siehe unten Kapitel 6.

Noch einmal: Das Ziel ist die Heilung der Patientin. Die Überlegung versucht entsprechend, ausgehend von diesem Ziel den Weg zu ermitteln, der zurückführt zu den Behandlungsmöglichkeiten der Medizinerin. Mit Aristoteles gesprochen: Man geht vom Ziel aus und sucht den Weg zur ersten Ursache, die bei uns selbst liegt. Der letzte Schritt in der Überlegung ist der erste Punkt der Realisierung (III.5, 1112b23–24). Mit dem ersten Punkt ist die erste Ursache oder der Ursprung der Verwirklichung des vorgesetzten Ziels gemeint. Man beachte, dass die Überlegung nicht nur den Weg zur Realisierung, sondern auch den einfachsten und schönsten Weg im Blick hat (III.5, 1112b17). Unter dieser Perspektive gibt es Gemeinsamkeiten zwischen der Überlegung und der theoretischen Untersuchung, auf die Aristoteles hinweist (auch wenn er wiederholt wichtige Unterschiede hervorhebt). So wird nicht bloß ein Beweis für eine gegebene mathematische Aussage gesucht, sondern es wird ein möglichst einfacher oder eleganter Beweis bevorzugt. Das Ziel, einem Freund aus einer finanziellen Notlage zu helfen, sollte entsprechend nicht auf jede mögliche Weise, sondern möglichst einfach und edel realisiert werden.

Die Überlegung findet also dann ihr natürliches Ende, wenn die Kette der Ursachen bis auf die Handelnden zurückgeführt wurde. Aristoteles merkt an dieser Stelle an, dass damit auch gute Freunde gemeint sein können, über deren Vermögen bzw. Fähigkeiten man ebenfalls verfügen kann (III.5, 1112b27–29). Wie die verwendeten Dinge im Einzelnen beschaffen sind, wird nicht weiter überlegt. Wer sich entscheidet, ein Brot zur Befriedigung des Hungers zu kaufen, überlegt nicht, ob in der Auslage echtes Brot liegt oder nicht. Das entscheidet man mit Hilfe der Sinneswahrnehmung (III.5, 1113a1–2). Ein unerwünschtes Ende der Überlegung wäre hingegen, dass die Handlung sich mit den gegebenen Mitteln nicht realisieren lässt: Ich habe mein Geld vergessen und muss die Bäckerei somit wieder unverrichteter Dinge verlassen.

Das Ergebnis der Überlegung ist die Entscheidung. Entscheidung und Überlegung betreffen somit denselben Gegenstand, nämlich die Realisierung eines im Handeln erstrebten und auch durch die Handelnden erreichbaren Gutes. Die Entscheidung erfolgt dann, wenn der Weg zur Realisierung des erstrebten Gutes erfolgreich auf die handelnde Person (genauer: »den führenden Teil seiner Selbst« III.5, 1113a6) als erste Ursache der Handlung zurückgeführt wird.

Als Ergebnis der Diskussion der Überlegung ergibt sich nun auch die Definition der Entscheidung. Sie soll »ein überlegtes Streben nach den Dingen sein, die in unserer Macht stehen« (III.5, 1113a10–11).

III.6 Wunsch (1113a15–1113b2)

In den vorausgegangenen beiden Kapiteln haben wir vor allem den Weg zur Realisierung eines erstrebten Handlungsziels thematisiert. Woher bestimmt sich aber das Ziel der Handlung? Im vierten Kapitel hatte Aristoteles vorausgreifend bemerkt, dass der Wunsch (*boulêsis*) dem Ziel gilt, wohingegen die Entscheidung das zum Ziel Hinführende betrifft (III.4, 1111b26–27). Der Wunsch richtet sich aber auf ein Gut. Das wirft die folgende Schwierigkeit auf: Entweder handelt es sich hierbei um ein Gut oder um ein scheinbares Gut (III.6, 1113a16–17).

Aus beiden Alternativen ergeben sich Probleme. Wer annimmt, dass sich der Wunsch ausschließlich auf das Gute bezieht, der muss bestreiten, dass man sich das betreffende Gut tatsächlich gewünscht hat, wenn sich herausstellen sollte, dass man sich über die Beschaffenheit des Gutes getäuscht hat. Wer allerdings nur das scheinbare Gut zum Gegenstand des Wunsches macht, der wird zur Annahme einer Art Relativismus gezwungen, da Menschen verschiedene und auch einander gegensätzliche Wünsche haben können und somit kein Gut vor den anderen Gütern ausgezeichnet wäre.

Aristoteles findet beide Konsequenzen unbefriedigend und löst den Konflikt, indem er zwischen dem, was in Wahrheit gewünscht wird (nämlich das Gute), und dem, was jedem nur so erscheint, unterscheidet (III.6, 1113a23–24; siehe auch III.7, 1114a31–b25; VIII.2, 1155b19–26). Der Unterschied besteht also darin, dass die Menschen in Wahrheit zwar das Gute wünschen, doch viele treffen das Gute nicht, sondern nur ein scheinbares Gut. Ausschließlich der gute Mensch trifft mit seinem Wunsch das wirklich Gute (III.6, 1113a25), wohingegen die anderen Menschen alles Mögliche wünschen, nur häufig nicht das, was wahrhaft wünschenswert ist. Das wirklich Gute ist also das einzig wahrhaft Wünschenswerte. Vieles andere erscheint hingegen nur als Gut, abhängig von der jeweiligen Verfassung der Wünschenden.

Wie der gute Mensch zum Maßstab des Wünschens wird (III.6, 1113a29–33), illustriert Aristoteles erneut durch einen Vergleich mit der Gesundheit: Die Guten empfinden wie die Gesunden ohne Beeinflussung die Natur des Guten. Mit kranker bzw. verdorbener Natur erscheint auch das an sich Bittere süß oder das Schlechte gut.

Man sollte sich an dieser Stelle nicht durch die mit dem Beispiel verknüpfte Rede von der Wahrnehmung irritieren lassen bzw. die Parallelen nicht überstrapazieren. Es kommt Aristoteles hier nicht darauf an, dass gute Menschen ein besonderes Wahrnehmungsvermögen des Guten hätten, dass nur sie in die Lage versetzt, richtig zu beurteilen, was wirklich gut ist. Sondern ihnen erscheint aufgrund ihrer Verfassung das gut, was wahrhaft wünschenswert ist, analog zur Feststellung, dass jede körperliche Verfassung bzw. jede charakterliche Disposition andere Dinge angenehm oder schön empfindet. Auf dieser Beobachtung beruht auch die von vielen geteilte Vorstellung, die letztlich Grundlage des relativistischen Argumentes ist, dass die Geschmäcker eben verschieden seien. So weit stimmt Aristoteles dem auch zu, nur folgt aus dieser Feststellung seiner Ansicht nach nicht, dass es nicht auch ein wirklich wünschenswertes und schönes Gut gibt, das aber nur derjenige erkennt, der sich selbst in eine gute Verfassung gebracht hat. Genau das zeichnet die Guten als Maßstab für das Wünschen aus. Die anderen täuschen sich hingegen über das Gute und Schöne vor allem aufgrund einer fehlerhaften Disposition, entwickelt durch einen falschen Umgang mit der Lust (III.6, 1113a33–b2).

III.7 Zur Freiwilligkeit der Laster (1113b3–1114b25)

Nachdem die vorausgegangenen Kapitel die Freiwilligkeit der Prinzipien tugendhafter Handlungen herausgestellt haben, erweitert Aristoteles im siebten Kapitel die Perspektive auf Tugend und Laster und stellt heraus, dass auch die lasterhaften Handlungen freiwillig erfolgen. Zunächst erinnert er daran, dass das Ziel durch den Wunsch bestimmt wird, wohingegen sich die Überlegung und die Entscheidung auf die Mittel zur Realisierung des Ziels beziehen (III.7, 1113b3–4). Der Entscheidung folgt die Handlung, die wie Entscheidung und Überlegung freiwillig geschieht. Da dies die Anfangsgründe der Tugend sind, soll auch die Tugend freiwillig sein (III.7, 1113b6).

Fraglich ist nun, ob dasselbe für das Laster gilt. Aristoteles zufolge verhalten sich Tugend und Laster analog, weil die Macht zum Handeln eine Macht zum Unterlassen einschließt (III.7, 1113b7–8). Andernfalls würde eine Handlung ja auch notwendigerweise erfolgen (man könnte sie ja nicht unterlassen). Dies würde wiederum der Annahme widerstreiten, dass die

Handlung in der Verfügungsgewalt der Handelnden liegt. Aus diesem Grund ist auch die von Platon geteilte Ansicht zurückzuweisen, dass niemand freiwillig schlecht und unfreiwillig glücklich ist (III.7, 1113b14–15).[7] Aristoteles pflichtet daher der zweiten Aussage, aber nicht der ersten Aussage bei. Träfe es nämlich zu, dass niemand freiwillig schlecht ist, läge das Laster nicht in unserer Macht. Doch liegen erstens die Ursprünge (also die Anfangsgründe) der Handlungen in den Handelnden, weshalb die Handlungen auch freiwillig sind. Zweitens bezeugen das die Gesetze, die nur solche Handlungen zum Gegenstand haben, die in der Macht der Täter liegen (III.7, 1113b30–31). Wie gesagt lässt Aristoteles gewisse Einschränkungen gelten, etwa dann, wenn eine Tat aufgrund von Zwang oder Unwissenheit erfolgte. Unwissenheit als solche schützt allerdings nicht vor Bestrafung. Wer sich bewusst nicht um Kenntnis gekümmert oder durch Trunkenheit in einen kenntnislosen Zustand versetzt hat, der verdient es seiner Ansicht nach, bestraft zu werden.

Im Anschluss diskutiert Aristoteles zwei Gründe für die Meinung, dass das Laster nicht in der Macht der Handelnden liegt:

1. Zuerst könnte man der Überzeugung sein, dass die Handelnden aufgrund ihrer Disposition dazu gezwungen werden, lasterhaft zu handeln (III.7, 1114a3–4). Dieser Einwand gibt Aristoteles auch Gelegenheit, genauer auf die Frage nach der Erwerbung der charakterlichen Disposition einzugehen. Aristoteles zufolge sind die Menschen verantwortlich dafür, wie sie geworden sind, da sie solche Tätigkeiten wiederholt ausführten, die ihre charakterlichen Dispositionen ausgebildet

7 Der Spruch (»Zu behaupten, dass niemand freiwillig schlecht und unfreiwillig glücklich ist«) ist wohl ein Zitat Epicharms. Eine ähnliche Formulierung findet sich aber auch bei Platon (*Leg.* IX, 860d5).

haben (III.7, 1114a7). Damit greift er auf wesentliche Ergebnisse des zweiten Buches zurück, in dem ausgeführt wurde, dass sich die Tugenden als charakterliche Dispositionen durch wiederholte Tätigkeiten herausbilden (II.2, 1103a31-b2): Wer viel und gerne Alkohol trinkt, riskiert nicht nur eine Alkoholsucht, sondern auch eine unansehnliche Figur. Wer hingegen viel Sport treibt und auf seine Ernährung achtet, wird auch eine sportliche Konstitution ausbilden. Aristoteles betont, dass sich ein deformierter Körper ähnlich wie eine schlechte Seele vor allem auf das Handeln der Menschen zurückführen lässt, das, wie gesagt, erfolgt ist und in der Macht jedes Einzelnen liegt. Oder wie Dorothea Frede es in ihrer Übersetzung ausdrückt: »Nicht zu wissen, dass unsere Dispositionen aus dem Tätigsein resultieren, bringt nur ein völliger Ignorant fertig« (III.7, 1114a9–10). Aus diesem Grund verdienen auch sowohl die Schlechtigkeiten des Körpers als auch der Seele Tadel (III.7, 1114a21–23). Andererseits dient die gängige Praxis der Bestrafung oder des Tadelns Aristoteles als Argument dafür, dass die Ausbildung des Charakters ähnlich wie die des Körpers in der Macht der Handelnden gelegen haben muss. Er kann sich dabei auf das Urteil der meisten Menschen berufen. Zugleich ist er sich durchaus im Klaren über die Grenzen der menschlichen Verfügungsgewalt. Hat der Mensch nämlich eine bestimmte charakterliche Disposition erworben, kann er diese nicht einfach wieder nach Wunsch ablegen. Der Anfang liegt in den Handlungen und man sollte nicht davon ausgehen, dass schlechte Handlungen keinen schlechten Charakter zur Folge hätten. Auch wenn man sich nicht explizit gewünscht haben sollte, schlecht zu werden, hat man solches im Handeln billigend in Kauf genommen. Der bloße Wunsch verbessert hingegen nichts. Sich gesund zu wünschen, heilt keinen Kranken, und der Wunsch nach einem schönen Körper wird die Fettleibigen nicht schlank machen:

> Zuvor hatte er noch die Möglichkeit, nicht krank zu werden, aber jetzt nicht mehr, nachdem er sich gehen hat lassen, so wie es ja auch nicht mehr möglich ist, einen Stein, den man einmal weggeschleudert hat, wieder zurückzuholen. Aber gleichwohl lag es ja an ihm, den Stein zu werfen, denn der Ursprung liegt ja in ihm. (III.7, 1114a16–19)

Offenbar versteht Aristoteles die Erwerbung des Charakters als einen dynamischen Prozess, der zwar unterschiedliche Phasen durchläuft und schließlich zu einer gewissen Stabilität führt, jedoch auch Möglichkeiten zu Korrekturen und Veränderungen erlaubt.

2. Der zweite Grund für die Ansicht, dass man nicht verantwortlich für das Laster ist, geht von kognitiven Annahmen aus (III.7, 1114a31–1114b1): Wir haben gesehen, dass die Menschen nach dem streben, was ihnen gut zu sein scheint. Diese Tatsache stellt wiederum die Verfügungsgewalt der Handelnden in Frage. Denn daraus würde sich erneut ergeben, dass den schlechten Menschen notwendigerweise die falschen Dinge gut erscheinen. Unter dieser Voraussetzung wäre aber niemand für seine Übeltaten verantwortlich, da es nicht in ihrer Macht lag, das wahrhaft Nützliche *zu sehen*.

Dagegen wendet Aristoteles zunächst ein, dass sich der Eindruck (die Vorstellung) nach der jeweiligen charakterlichen Beschaffenheit des Menschen richtet (III.7, 1114b2–3). Wir haben jedoch im Vorausgehenden gesehen, dass die Menschen für ihren Charakter mitverantwortlich sind, folglich auch für ihre Vorstellung des Guten. Dies untersucht Aristoteles jedoch nicht weiter, sondern geht vom Gegenteil bzw. der Ansicht aus, dass man für seine Vorstellung nicht verantwortlich sei. In diesem Fall würde die Fähigkeit, das wahrhaft Gute zu wählen, auf einer natürlichen Anlage beruhen, was wiederum die Tugend zu einem angeborenen Geschenk der Natur machen würde (III.7, 1114b5–8). Dann wären Tugend und Laster nicht freiwillig und guten wie schlechten Menschen würden ihre Handlungsziele durch die Natur vorgegeben. Ungeachtet dessen bleiben Überlegung, Entscheidung und Handlung noch immer freiwillig und bilden die zugrundeliegende charakterliche Disposition, für deren Ausbildung die Handelnden, wie gesagt, mitverantwortlich sind (III.7, 1114b20–24). Dies gilt sowohl für gute als auch schlechte Dispositionen, also sowohl für Tugenden als auch für Laster.

III.8 Ergebnis (1114b26–1115a3)

Das kurze achte Kapitel fasst noch einmal die herausgearbeiteten Bestimmungen der ethischen Tugend zusammen und leitet damit zur detaillierten Analyse der einzelnen Tugenden über:

Wir haben gesehen, dass die ethischen Tugenden Dispositionen sind, dass sie solche Handlungen hervorbringen, die mit ihrer eigenen Natur übereinstimmen, dass sie in unserer Macht liegen und freiwillig sind und dass sie schließlich dem rationalen Urteil entsprechen. Ein wichtiger Unterschied zwischen Handlung und Tugend als einer charakterlichen Disposition besteht jedoch darin, dass beide nicht gleichermaßen freiwillig sind, weil die Dispositionen im Gegensatz zu den Handlungen nur anfänglich in der Verfügungsgewalt der Handelnden liegen.

Kapitel 4

Die Ethischen Tugenden (Buch III.9–15 und IV. 1–15)

Nachdem die vorausgehenden Kapitel die Natur der ethischen Tugend und die Prinzipien tugendhafter Handlungen ausgeführt haben, nimmt sich Aristoteles nun die detaillierte Analyse der einzelnen Tugenden vor. Er folgt dabei der im zweiten Buch vorgestellten Tafel der Tugenden (II.7).

In der Diskussion verfährt Aristoteles im Großen und Ganzen einheitlich. In einem ersten Schritt wird die jeweilige Tugend ausgehend von der Konkretisierung dessen ermittelt, was Lob und Tadel erfährt. Im daran anschließenden Schritt werden die Abweichungen oder Laster bestimmt, die im Übermaß und Mangel im Umgang mit dem Gegenstand der Tugend bestehen. Im Anschluss geht Aristoteles auf die Anwendung der Tugend ein. Schließlich wird eine oder werden beide Verfehlungen diskutiert, um einige wichtige Aspekte der Tugend besonders hervorzuheben.

Die Ausführung nimmt relativ viel Raum ein und wirkt auf heutige Leser zum Teil befremdlich. Das Interesse an dieser kenntnisreichen Darstellung ist in der Forschung entsprechend relativ gering. Die größten Schwierigkeiten, die in Aristoteles' Darlegung der einzelnen ethischen Tugenden gesehen werden, betreffen die Auswahl und die Reihenfolge der Behandlung. Aristoteles äußert sich zwar nicht dazu, nach welchem Kriterium er die Tugenden ausgewählt oder wie die Reihenfolge der Präsentation zustande gekommen ist, doch scheint er davon überzeugt gewesen zu sein, dass die Darstellung vollständig ist.

Das wirft die Frage auf, ob es ein zugrundeliegendes Prinzip bei der Auswahl gibt. Verschiedene Möglichkeiten werden diskutiert: So könnte sich die Auswahl an den Affekten orientieren. Durch Ausschluss würden dann nur solche Affekte gewählt, die für Tugenden tatsächlich in Frage kommen.

Eine andere Möglichkeit bestünde darin, dass die vorgestellten Tugenden sozusagen als Kerntugenden dienen, aus denen sich die übrigen Tugenden ableiten lassen.

Am vielversprechendsten scheint mir jedoch der Ansatz zu sein, die Vollständigkeit aus dem Ziel der ethischen Tugenden, also dem politischen Leben, abzuleiten. Es ist somit wichtig, im Blick zu behalten, dass die *Nikomachische Ethik* durch Aristoteles' *Politik*, die unmittelbar anschließt, ergänzt wird. Erst aus der *Politik* würde sich dann auch eine Begründung der Vollständigkeit der in der *Ethik* herausgestellten Tugenden ergeben. Grundlegend ist die Überzeugung, dass der Mensch essentiell ein politisches Wesen ist, so dass auch viele seiner Bestformen bzw. Tugenden aus dem politischen Leben heraus verstanden werden müssen.

Die Diskussion der ethischen Tugenden erstreckt sich, wie gesagt, über zwei Bücher. In den letzten sieben Kapiteln des dritten Buches diskutiert Aristoteles die Tapferkeit und die Besonnenheit, die auch der Sache nach eine exponierte Stellung einnehmen, da beide einen unmittelbaren Bezug zur Erhaltung des menschlichen Lebens haben. Das vierte Buch thematisiert in 15 Kapiteln jene Tugenden, die die Mittel zur Erhaltung der menschlichen Existenz und das menschliche Zusammenleben betreffen (die sogenannten sozialen Tugenden).

(1115a4–1117b22) Aristoteles beginnt den Abschnitt mit der Diskussion der Tapferkeit in den Kapiteln neun bis zwölf des dritten Buches und bestimmt diese als Mitte zweier Affekte, nämlich zwischen Zuversicht und Furcht im Angesicht des Todes bei kriegerischen Handlungen. Die Tapferkeit wird von ihren Verfehlungen wie verwandten Formen im Umgang mit Zuversicht und Furcht abgegrenzt und ihr Verhältnis zu Lust und Schmerz erörtert.

(1117b23–1119b18) In den Kapiteln 13 bis 15 beschäftigt sich Aristoteles mit der Besonnenheit, die als eine Art Mitte in Bezug auf die Lust charakterisiert wird: Aus diesem Grunde erfreuen sich die Besonnenen auch am richtigen Maß der Lust. Im Gegensatz zur Feigheit erscheint die Zügellosigkeit als Verfehlung der Besonnenheit in einem höheren Maße freiwillig.

(1119b22–1122a17) In den ersten drei Kapiteln des vierten Buches diskutiert Aristoteles die Freigiebigkeit im Umgang mit dem eigenen Vermögen als Mitte zwischen Verschwendungssucht und Geiz.

(1122a18–1123a33) Die anschließenden Kapitel vier bis sechs haben es mit der Großzügigkeit zu tun und den zugehörigen Verfehlungen, Protzerei und Kleinlichkeit. Im Gegensatz zur Freigiebigkeit betrifft die Großzügigkeit den Umgang mit großem Besitz zum Wohl der Gemeinschaft.

(1123a34–1125a35) Die Kapitel sieben bis neun sind der Hochgesinntheit als tugendhafte Mitte zwischen Kleinmut und Eitelkeit gewidmet. Analog zur Großzügigkeit handelt es sich bei der Hochgesinntheit um eine Tugend, die sehr voraussetzungsreich ist und den Umgang mit großen Ehren betrifft.

(1125b1–1125b25) Das Kapitel zehn behandelt dagegen die tugendhafte Disposition im Umgang mit niedrigeren Ehren. Diese Tugend ist namenlos und schwer von ihren Abweichungen, dem übermäßigen Ehrgeiz sowie dem Mangel an Ehrgeiz, zu unterscheiden.

(1125b26–1126b10) Kapitel elf diskutiert die Mitte im Umgang mit dem Zorn, die den Ausgeglichenen kennzeichnet, der weder einer der zahlreichen Formen des Übermaßes im Zorn ergeben ist, noch alle Beleidigungen hinnimmt.

(1126b11–1128b36) Die Kapitel zwölf bis fünfzehn thematisieren die Tugenden im Umgang mit anderen Menschen, die Aristoteles unter Freundlichkeit, Wahrhaftigkeit und Unterhaltsamkeit zusammenfasst, sowie die Scham, die zwar zur tugendhaften Erziehung der Jugendlichen beiträgt, aber selbst keine Tugend darstellt.

III.9 Tapferkeit (1115a4–1115b6)

An erste Stelle stellt Aristoteles die Tapferkeit, bei der es sich um eine Mitte zwischen den beiden Affekten Zuversicht und Furcht in der Erwartung eines Übels handelt (III.9, 1115a6–7).

Bemerkenswert ist die folgende Eingrenzung der Tapferkeit: Denn anders als man etwa aus Platons Behandlung der Tugend erwarten sollte, gilt die Tapferkeit für Aristoteles nicht gegenüber allen möglichen Übeln, die Furcht und Zuversicht bei den Menschen hervorrufen, wie etwa Armut, Krankheit, gesellschaftliche Ächtung oder Tod. Die Tapferkeit hat es zwar mit dem Tod zu tun (als dem furchtbarsten aller Übel), doch ausschließlich mit dem Tod durch kriegerische Gewalt (III.9, 1115a30). Der richtige Umgang mit den anderen Übeln wird hingegen nur aufgrund seiner Ähnlichkeit mit dem Verhalten im Krieg als tapfer bezeichnet. Ein Grund hierfür liegt darin, dass diese Form der Tapferkeit in den Staaten besonders geehrt wird, so dass der Tod für das Gemeinwesen als ausgesprochen hochwertig gilt. Natürlich werden die Tapferen auch bei anderen Gefahren (wie etwa im Angesicht des Todes auf hoher See) den Tod geringschätzen, doch zeigt sich in solchen Momenten die eigentümliche Exzellenz der Tapferkeit nicht, da hierfür eine kriegerische Auseinandersetzung Grundvoraussetzung ist. Nur dann kann man sich wehrhaft zeigen.

III.10 Ausübung und Verfehlungen der Tapferkeit (1115b7–1116a9)

Im zehnten Kapitel wird die Ausübung der Tapferkeit gegen die unterschiedlichen Verfehlungen abgegrenzt, die sich im Fall der Tapferkeit aus Übermaß und Mangel hinsichtlich der beiden Affekte der Furcht und der Zuversicht ergeben.

Ausgangspunkt ist das Furchterregende als Gegenstand der Furcht. Das Furchterregende kann verschiedene Grade annehmen und letztlich sogar das menschliche Maß übersteigen, was es für die Tapferkeit bedeutungslos macht. Die Tapferkeit zeigt sich hingegen in menschlichen Maßstäben, so dass die Tapferen dem Furchterregenden standhalten, wie es die Vernunft fordert und um der (sittlichen) Schönheit willen: »denn das ist ja das Ziel der Tugend« (III.10, 1115b13).

Daraus ergeben sich unmittelbar die Verfehlungen: Im Umgang mit dem Affekt der Furcht kann man scheitern, indem man das fürchtet, was man nicht fürchten soll. Oder man reagiert nicht so, wie man es soll oder wann man darauf reagieren soll, d. h., man reagiert anders, als es die Vernunft anordnet (III.10, 1115b19–20). Das Übermaß im Fall der Furchtlosigkeit wäre namenlos und kann nur selten beobachtet werden. Ein Übermaß an Zuversicht zeigen hingegen die Tollkühnen. Aristoteles zufolge handelt es sich bei den Tollkühnen häufig nur um Aufschneider und Prahler, so dass es angemessener wäre, sie als tollkühn-feige zu bezeichnen. Ein Mangel an Zuversicht und ein Übermaß an Furcht zeichnet hingegen die Feiglinge aus. Übermaß und Mangel bestimmen somit das Verhalten der Fehlformen, und nur die Tapferen treffen die richtige Mitte, d. h. »so, wie es sein soll« (III.10, 1116a6–7).

III.11 Verwandte Formen der Tapferkeit (1116a10–1117a28)

Im elften Kapitel diskutiert Aristoteles eine Reihe von Sonderformen im Umgang mit Furcht und Zuversicht, die man mit der Tapferkeit im engeren Sinn verwechseln könnte.

Zunächst muss man sich davor hüten, die Tapferkeit mit dem Suizid aus Furcht vor einem Übel zu verwechseln. Dieses Verhalten ist feige und verdient Tadel, weil man den Tod nicht aus (sittlicher) Schönheit auf sich genommen hat, sondern um einem Übel zu entgehen (III.11, 1116a12–15).

Im Anschluss wendet sich Aristoteles fünf weiteren Formen zu, bei denen von Tapferkeit gesprochen wird:

1. So nennt er die Tapferkeit des Staatsbürgers, die der wahren Tapferkeit am meisten ähnelt, insofern man sich den Gefahren aus Scham und dem Streben nach Ehre stellt (III.11, 1116a17–b3). Hiervon unterschieden werden müssen Handlungen, die aus Furcht vor Bestrafung ausgeführt werden. Tapfer ist man nicht aus Zwang.

2. Man könnte außerdem Tapferkeit mit Erfahrung verwechseln. So erscheinen Söldner im Krieg tapfer, weil sie aufgrund ihrer Erfahrung zu einer besseren Einschätzung der Lage fähig sind oder im Umgang mit ihren Waffen weniger erfahrenen Kämpfern überlegen sind. In aussichtslosen Situationen zeigt sich jedoch ihre Feigheit, weil sie im Gegensatz zum Bürgerheer die Flucht ergreifen.

3. Die sich Ereifernden (*hoi dia thymon*) sind nur scheinbar tapfer, und zwar insbesondere dann nur scheinbar, wenn sie wie wilde Tiere auf ihre Gegner losstürmen. Das sich Ereifern (*thymos*) unterstützt zwar die Tapferkeit, indem es die Bereitschaft der Menschen stärkt, sich in gefährliche Situationen zu begeben. Aristoteles betont aber, dass die Motivation der sich Ereifernden nicht richtig ist. Es geht ihnen nicht um das Schö-

ne, und sie handeln auch nicht einer Entscheidung der Vernunft gemäß, sondern im Affekt (III.11, 1117a8–9).

4. Man könnte die Optimisten für tapfer halten, weil sie sich wegen ihrer Hoffnung auf den Sieg dem Furchtbaren stellen. Sie gleichen in ihrem Verhalten Betrunkenen, da sie die Situation und ihre eigenen Vermögen nicht richtig einschätzen.

5. Schließlich scheinen die Unkundigen zumindest für eine gewisse Zeit lang tapfer zu sein. Sobald sie aber merken, dass sie sich getäuscht haben, und sie das wahre Ausmaß der Gefahr erkennen, ergreifen sie die Flucht.

Durch die Abgrenzung der Tapferkeit von diesen Sonderformen treten einige Aspekte der Tapferkeit deutlicher hervor: So halten die Tapferen dem Furchterregenden stand, weil solches Verhalten (sittlich) schön oder edel und der Vernunft gemäß ist. Ihr Verhalten beruht auf einer tapferen Disposition. Aus diesem Grunde kann man auch die wahrhaft Tapferen in unerwarteten und plötzlich eintretenden Situationen sehr gut als solche erkennen.

III.12 Lust und Schmerz in der Tapferkeit (1117a29–1117b22)

Die Tapferkeit wirft ein besonderes Problem auf:

Wir haben gesehen, dass die Ausübung der Tugend zugleich lustvoll sein soll (siehe II.2). Die Tapferkeit (verstanden als Standhalten im Angesicht des Furchtbarsten im Krieg) ist aber offenkundig mit Schmerz verbunden.

Aristoteles löst die Schwierigkeit auf, indem er auf die Bedeutsamkeit des Zieles hinweist. So gilt zwar, dass die Tapferkeit mit Schmerz verknüpft ist und an sich bedeutet, den Schmerz auszuhalten. Ihr Ziel erregt aber als etwas Lustvolles Zuversicht. Diese Beobachtung ergänzt Aristoteles mit dem allgemeinen Hinweis, dass die Tätigkeiten der Tugenden nicht in allen Fällen angenehm sind. Damit grenzt er die zuvor generell konstatierte Verbindung zwischen Lust und der Aktualisierung tugendhafter Dispositionen ein. Bei der Tapferkeit wird besonders deutlich, dass die Tugend manchmal nur dann angenehm ist, wenn sie ihr Ziel erreicht. Für die Tapferen ist die Aussicht, ihr Leben zu verlieren, sogar besonders schmerzhaft, weil dieses äußerst lebenswert ist. Das macht sie unter Umständen nicht zu den besten Soldaten, im Gegensatz zu solchen, die nichts zu verlieren haben.

III.13 Besonnenheit (1117b23–1118b33)

Im Anschluss wendet sich Aristoteles der Besonnenheit bzw. Mäßigung (*sôphrosynê*) zu.

Sowohl die Tapferkeit als auch die Besonnenheit sind Tugenden des vernunftlosen Seelenteils (der der Vernunft gehorchen kann). Im Gegensatz zur Tapferkeit hat es die Besonnenheit nicht mit Schmerz, sondern mit Lust zu tun. Mäßigung ist eine Art Mitte in Bezug auf die Lust. Im gleichen Bereich wie die Besonnenheit liegt die Zügellosigkeit oder Unmäßigkeit, von der man die Besonnenheit abgrenzen muss.

Aristoteles bestimmt die Lust, indem er von der Zügellosigkeit ausgeht. Als erstes unterscheidet er zwischen seelischer und körperlicher Lust (III.13, 1117b28–29) – jeweils verstanden als Ursprung von Lust. Empfunden werden alle Formen der Lust in der Seele. Zügellos nennt man nicht so sehr Menschen, die sich an seelischen Lüsten im engeren Sinn erfreuen (also z. B. Geschichten erzählen), sondern die den körperlichen Lüsten nachjagen.

Auch hier muss weiter differenziert werden: Körperlich sind auch solche Lüste, die durch Sehen oder Hören erzeugt und nicht von den Zügellosen begehrt werden. Problematisch soll das Riechen sein. An sich werden Menschen, die Lust am Duft einer Sache haben, nicht zügellos oder unmäßig genannt. In einem akzidentellen Sinn empfinden jedoch die Unmäßigen Lust am Duft der begehrten Speisen. Lustvoll ist ihnen die Aussicht auf den Verzehr der Gerichte. Begehrt werden somit solche Lüste, die den Tast- und den Geschmackssinn betreffen (dabei ist der Geschmackssinn für die Zügellosen weniger relevant). Die Lust am Geschmack der Unterschiede wird durch den exzessiven Verzehr einer Speise unmöglich gemacht. Damit gilt die Zügellosigkeit in letzter Konsequenz allein solchen Lüsten, die auf dem Tastsinn beruhen, also Sexualtrieb, Essen und Trinken. Diese Formen der Lust haben Menschen und Tiere miteinander gemeinsam, sie sind den Menschen somit nicht eigentümlich (III.13, 1118a24–5). Aus diesem Grund handelt es sich auch um sklavische oder tierische Lüste.

Zwischen den Menschen bestehen Unterschiede und Gemeinsamkeiten in Bezug auf ihre Begierden. Auch wenn alle Menschen Nahrung begehren, haben sie doch unterschiedliche Präferenzen. Dasselbe gilt für die meisten anderen Begierden. Niemand irrt sich in seinen eigenen Begierden (III.13, 1118b16). Jeder Einzelne weiß genau, was ihm Lust bereitet. Der Irrtum besteht ausschließlich darin, wie viel man sich vom Begehrten zuteilt. Natürlich ist die Begierde, insofern ein Mangel aufgefüllt wird. Beim Essen sollte die Begierde mit dem Hunger gestillt sein. Völlerei bezeichnet hingegen das Überschreiten des natürlichen Maßes. Die Zügellosen überschreiten das Maß in allen möglichen Hinsichten: Sie empfinden Lust an Dingen, an denen man besser keine Lust empfinden sollte, auf eine Art und Weise, wie man dies nicht tun soll, und mehr, als man dies tun soll. Es schmerzt die Zügellosen, auf Lust zu verzichten, etwas, was den Besonnenen keine Schmerzen bereitet.

III.14 Besonnenheit als richtige Mitte (1119a1–1119a20)

Aristoteles hebt den paradoxen Charakter der Zügellosigkeit hervor: Die Zügellosen empfinden nicht nur Schmerzen, wenn sie keine Lust erfahren, sondern die Begierde selbst ist mit Schmerz verbunden. Die Zügellosen sind nämlich vor allem auf die intensiven Lusterfahrungen aus, die mit sehr starken Begierden verbunden sind. Es hat aber, wie Aristoteles festhält, keinen Sinn, Schmerz aufgrund von Lust zu erleiden (III.14, 1119a4–5).

Das Übermaß im Mangel an Lusterfahrung ist sehr selten und hat keinen eigenen Namen. Das entspricht auch nicht der Natur, da solche Menschen weniger Lust an Nahrung und Sexualität empfinden, als es ihre Gesundheit zulässt. Man kann darüber streiten, ob es diese Menschen wirklich gibt: Die nacharistotelischen Stoiker jedenfalls haben eine solche Art von Empfindungslosigkeit zum philosophischen Ideal erhoben.

Die Besonnenen zielen hingegen auf die Mitte bzw. die richtige Einstellung zur Lust ab. Sie freuen sich zwar nicht an den verkehrten Gegenständen der Zügellosen, doch begehren sie die Lust, die der Gesundheit dient und das Wohlbefinden fördert, durchaus. Insgesamt entspricht ihr Begehren nach diesen Dingen dem, wie es das rationale Urteil fordert (III.14, 1119a20).

III.15 Feigheit und Zügellosigkeit (1119a21–1119b18)

Im Vergleich mit der Feigheit erfolgt die Zügellosigkeit eher freiwillig, weil sie der Lust gilt (III.15, 1119a20). Bislang war nicht die Rede davon, dass Dispositionen unterschiedliche Grade an Freiwilligkeit aufweisen könnten. Aristoteles ergänzt hier seine Konzeption der Freiwilligkeit nicht, sondern berücksichtigt die Tatsache, dass Schmerzen schwieriger als Lüste kontrolliert werden können. Der Schmerz bewirkt die Zerstörung der Natur, wie Aristoteles anmerkt, weshalb man leichter Besonnenheit als Tapferkeit erwirbt. Ist die Zügellosigkeit jedoch mit einem höheren Grad an Freiwilligkeit verbunden, so ist sie auch tadelnswerter. Wir sind also nicht für alle charakterlichen Dispositionen gleichermaßen verantwortlich. Da sich Dispositionen durch wiederholte Handlungen einstellen, bieten sich den Menschen zahlreiche Gelegenheiten, einen vernünftigen Umgang mit der Lust zu erlernen, indem man wiederholt die richtige Reaktion auf sie einübt (III.15, 1119a26).

Aristoteles sieht schließlich eine Analogie zwischen der Zügellosigkeit und dem Verhalten von Kindern: So wie ihr Begehren durch die Anordnungen der Eltern gezügelt werden muss, bevor die Überlegung (*logismos*) selbst durch die Unersättlichkeit der Begierden unmöglich gemacht wird, soll sich auch der begehrende Teil der Seele den Anweisungen der Vernunft unterordnen.

IV.1 Freigiebigkeit (1119b22–1120a23)

Die erste Tugend, die Aristoteles im vierten Buch thematisiert, ist die Freigiebigkeit. Frede weist darauf hin, dass die Übersetzung als »Freigiebigkeit« unglücklich ist, weil damit der Aspekt des Nehmens übergangen wird, der im Griechischen (*eleutheriotês*) enthalten ist. Als Eigenschaft wird die Freigiebigkeit vor allem den Mitgliedern der Oberschicht (den *eleutherioi*) zugesprochen, die über ein gewisses Vermögen verfügen. Entsprechend handelt es sich beim Gegenstand der Freigiebigkeit um den Besitz, d. h. für Aristoteles um all das, dessen Wert in Geld bemessen wird (oder selbst Geld ist). Unter der Voraussetzung, dass es sich bei den Tugenden um Dispositionen handelt, die eine richtige Mitte bewirken, folgt daraus, dass die

Freigiebigkeit eine Mitte in Bezug auf den Besitz sein muss (IV.1, 1119b22–23).

Die beiden abweichenden Verhaltensweisen im Umgang mit dem Besitz im Übermaß und Mangel sind Geiz und Verschwendungssucht. Geizig ist, wer den Besitz mehr begehrt, als man soll, und damit weniger gibt, als es angemessen wäre. Verschwenderisch ist hingegen derjenige, der den Besitz weniger begehrt, als man es eigentlich tun sollte, und somit etwas schneller oder leichtfertiger weggibt, als die Vernunft fordert. Denn unvernünftig ist die Verschwendungssucht insbesondere deshalb, weil sie die Mittel vergeudet, die zur Erhaltung der eigenen Existenz benötigt werden (IV.1, 1120a1–3).

Im Griechischen sind die Begriffe »Besitz« (*chrémata*), »Gebrauch« (*chreia*) und »benutzen« (*chresthai*) miteinander verwandt, ein Grund dafür, dass Aristoteles auf die Zusammenhänge hinweist. Für die Freigiebigkeit gilt, dass sie den Reichtum richtig zu gebrauchen weiß. Die Betonung des Gebrauchs muss in Abgrenzung zum Besitz verstanden werden. Reichtum anzunehmen oder zu sparen bedeutet nicht, ihn zu gebrauchen, denn die Annahme führt zum Besitz, und Sparen besteht darin, Reichtum zu bewahren. Weil es der Tugend eher eigentümlich ist, Gutes zu tun, wie Aristoteles hier betont (IV.1, 1120a11–12), als zu empfangen, hat auch die Freigiebigkeit eher mit dem Geben als mit dem Nehmen zu tun. Die Vorstellung, dass es charakteristischer für die Tugend ist, eine gute Handlung auszuführen, als eine schlechte zu unterlassen, wird auch an anderen Stellen immer wieder betont. Dahinter steht der Gedanke, dass die Aktivität eine höhere Vollkommenheit als das Erleiden aufweist.

Dass dem Geben in der Freigiebigkeit eine wesentliche Rolle beigemessen wird, zeigt sich nach Aristoteles auch an anderen Punkten: So werden eher die Geber als die Nehmer gelobt. Es ist auch schwieriger zu geben, als zu empfangen. Schließlich werden die Freigiebigen besonders wegen des Nutzens geliebt, den eine Freundschaft mit ihnen verspricht.

Das klingt für uns nach einem eher seltsamen Vorteil dieser Tugend. Aristoteles bewertet das an dieser Stelle nicht. Auf den Zusammenhang von Nutzen und Freundschaft geht er ausführlich in den Büchern acht und neun ein.

IV.2 Das Geben und Nehmen der Freigiebigen (1120a23–1121a7)

Im folgenden Kapitel diskutiert Aristoteles die Anwendung der Freigiebigkeit. Allgemein gilt, dass sich die tugendhaften Handlungen durch ihre (sittliche) Schönheit auszeichnen und wegen ihrer Schönheit ausgeführt werden (IV.2, 1120a23–24). In Bezug auf die Freigiebigkeit bedeutet das, dass keine weiteren Interessen mit der Handlung verfolgt werden. Man zielt ausschließlich auf die Vollendung der Handlung ab. Auf schöne Weise etwas zu geben bedeutet, darauf zu achten, wer durch die Handlung begünstigt wird, wie viel und unter welchen Bedingungen und zu welcher Zeit gegeben wird. Wichtig ist auch, dass das Geben lustvoll geschieht. Ansonsten hätte man mehr Freude am Besitz, und dies würde der Disposition der Freigiebigen widerstreiten.

Wir haben gesehen, dass es der Freigiebigkeit vor allem ums Geben geht. In diesem Kapitel wird das zum Teil korrigiert, indem auch auf die Bedeutung des richtigen Nehmens hingewiesen wird: Die Freigiebigen werden nichts nehmen, was oder von wem oder auf welche Weise man es nicht nehmen sollte. Die Ergänzung ist aus dem Grund wichtig, weil die Abweichungen von der richtigen Mitte sowohl das Geben als auch das Nehmen betreffen. Prinzipiell gilt, dass die Freigiebigen nicht gerne nehmen. Sie bitten daher nach Möglichkeit nicht um Dinge.

Im Anschluss zieht Aristoteles Schlüsse aus dieser Charakterisierung. Weil das Geben für die Freigiebigen wichtig ist, werden sie sich auch um die Mittel kümmern, die zum Geben erforderlich sind. Sie werden also den eigenen Besitz nicht außer Acht lassen. Aristoteles stellt jedoch eine gewisse Tendenz fest, sich selbst zu vernachlässigen und es mit dem Geben zu übertreiben. Den Freigiebigen ist es eigentümlich, vom eigenen Vorteil zu abstrahieren. Um die Freigiebigkeit richtig einzuschätzen, muss man das Vermögen der Gebenden in Rechnung stellen. Auch wer der Menge nach wenig gibt, kann in Ansehung seines Vermögens freigiebiger sein als andere, die an sich betrachtet mehr geben, jedoch relativ zum eigenen Vermögen weniger. Offensichtlich gehen Erben freigiebiger mit ihrem Vermögen um. Das soll zum einen daran liegen, dass die Erben bislang keinen Mangel gelitten haben. Zum anderen hängen die Menschen an dem, was sie selbst hervorgebracht haben.

Schließlich greift Aristoteles erneut die Verbindung zwischen Tugend und Lust auf. Wenn die Handlung richtig erfolgt, dann empfinden die Tugendhaften Lust daran. Es schmerzt sie aber, wenn sie etwas versäumt oder falsch ausgeführt haben. Lust und Schmerz bilden somit, wie gesagt, gute Indikatoren dafür, dass eine tugendhafte Disposition vorliegt (IV.2, 1121a3–4).

IV.3 Verschwendungssucht und Geiz (1121a8–1122a17)

Die Laster, die aus Übermaß und Mangel hervorgehen, sind Verschwendungssucht und Geiz. Übermaß und Mangel betreffen sowohl das Geben als auch das Nehmen. So gilt etwa für die Verschwendungssucht, dass zu wenig genommen und zu viel gegeben wird. Die wenigsten Menschen können jedoch zu viel geben, ohne zugleich zu viel zu nehmen. Das liegt daran, dass sich die Mittel, mit denen man verschwenderisch verfährt, leicht aufbrauchen. Darum kann die Verschwendungssucht im Geben leichter geheilt werden als der Geiz, der es beim Nehmen übertreibt und zu wenig gibt: Sind alle Mittel aufgebraucht, stellt sich die Besserung fast natürlich ein. Außerdem liegt die Haltung der Verschwender näher an den Freigiebigen, also näher an der richtigen Mitte, selbst wenn sie alle erforderlichen Bedingungen des Gebens missachten. Die Verschwender verhalten sich für Aristoteles daher nicht wirklich schlecht, sondern eher töricht (IV.3, 1121a26–27). Wenn sich allerdings die Verschwendungssucht mit dem Geiz (im Sinne von Habgier) paart, weil die Verschwender nicht weitermachen können, ohne viel und falsch zu nehmen, muss diese Einschätzung korrigiert werden. Außerdem lassen sich häufig andere negative Dispositionen wie Zügellosigkeit bei ihnen feststellen. Richtig angeleitet kann es den Verschwendern jedoch gelingen, die geforderte Mitte zu treffen (IV.3, 1121b11–12).

Im Gegensatz zur Verschwendungssucht ist der Geiz für Aristoteles unheilbar, weil die Menschen eine natürliche Tendenz zu diesem Laster haben (IV.3, 1121b13). Geiz tritt in unterschiedlichen Formen auf und zeigt sich sowohl im Mangel am Geben (also im Festhalten am eigenen Besitz) als auch in einem Übermaß am Nehmen (als Habgier). Beide Charakterzüge müssen nicht gleich stark ausgeprägt sein. Aristoteles diskutiert im Anschluss unterschiedliche Formen des Geizes, die sich aus ihrem Verhältnis zum Geben und Nehmen erklären. Beim geforderten Maß im Geben bleiben die Knauser, Knicker, Geizkragen und Kümmelspalter zurück. Beispiele für Menschen, die es mit dem Nehmen übertreiben, sind Zuhälter oder Wucherer. Gemeinsam ist ihnen allen die »schmutzige Gewinnsucht« (IV.3, 1122a2).

Zwei Punkte verdienen zusätzliche Aufmerksamkeit:

1. Für Aristoteles ist ›Nehmen im großen Stil‹ kein Geiz. Dieses Fehlverhalten findet man bei Tyrannen, die eine ganze Gemeinschaft plündern. Ihr Verhalten ist lasterhaft, frevlerisch und ungerecht.

2. Aristoteles geht darauf ein, dass die Menschen die Tugend oft mit einem Laster im Widerspruch sehen. Der Geiz wird als das Gegenteil von Freigiebigkeit angesehen (IV.3, 1122a13–14).

IV.4 Großzügigkeit (1122a18–1122b18)

Als nächstes wendet sich Aristoteles der Großzügigkeit (*megaloprepeia*)[1] zu, die zwar Gemeinsamkeiten mit der Freigiebigkeit aufweist, da die Großzügigen in einem gewissen Sinn auch freigiebig sind. Die Großzügigkeit unterscheidet sich aber von der Freigiebigkeit, insofern als sie besonders aufwendige Handlungen betrifft und dem Wohl der Gemeinschaft dient. So verstehen sich auch die von Aristoteles angeführten Beispiele für Großzügigkeit wie die Ausstattung einer Triere und die Durchführung religiöser Feierlichkeiten. Nicht explizit angeführt wird an dieser Stelle, dass die Großzügigkeit im Gegensatz zur Freigiebigkeit nur das Geben und nicht das Nehmen betrifft. Aus diesem Grund gibt es auch nur zwei Verfehlungen. Es geht der Großzügigkeit also um den angemessenen Aufwand, den man im Großen aufbringt. Ob etwas angemessen ist, wird relativ auf die Person, die Gelegenheit und den Gegenstand bezogen. Großzügigkeit setzt bedeutende Gelegenheiten voraus. Es handelt sich um eine Form der Freigiebigkeit, die es mit besonderen Gelegenheiten zu tun hat.

Der Mangel in dieser Disposition ist für Aristoteles Klein-

1 Die Übersetzung ist schwierig, neben »Großzügigkeit« wäre auch »Großartigkeit« denkbar.

lichkeit, das Übermaß wäre hingegen Protzerei oder Geschmacklosigkeit. Im Gegensatz dazu sind die Großzügigen Kenner, die große Gelegenheiten mit Geschmack nutzen. Dabei muss der geleistete Aufwand der Bedeutung und Größe des Gegenstands angemessen sein. Die Großzügigen betreiben den Aufwand um der Schönheit des vollbrachten Werkes willen und mit Lust, so dass auch hier die Kriterien für tugendhaftes Handeln erfüllt werden.

IV. 5 Großzügige Taten (1122b19–1123a19)

Da die Größe und Natur der Aufwendungen eine besondere Rolle für die Großzügigkeit spielen, geht Aristoteles explizit auf diese ein. Zunächst ist wichtig, dass die Ausgaben ehrenvoll sind. Ehre bereiten aber vor allem Wohltaten für die Gemeinschaft oder Dienste für die Götter, etwa Tempelbauten, Opferzeremonien, Theateraufführungen und die Unterhaltung von Kriegsschiffen. Entscheidend sind jeweils die konkreten Besitzverhältnisse des Wohltäters. Da es der Tugend entspricht, die Wohltaten auf richtige Weise zu geben, muss darauf geachtet werden, dass man weder zu viel noch zu wenig gibt. Bemerkenswert ist, dass die Großzügigen auch dazu aufgefordert sind, ihre Häuser ihrem Stand entsprechend auszuschmücken, da sich so ein dauerhafter Schmuck für die ganze Stadt einstellt. Das wiegt laut Aristoteles mehr als nur kurzfristige Angelegenheiten.

Unter der Voraussetzung, dass die Großzügigkeit sich vor allem bei den allgemein als groß angenommenen Dingen zeigt, irritieren die Beispiele, die Aristoteles am Ende des Kapitels aufführt. Gemeint ist wohl, dass die Großzügigkeit relativ zu den jeweiligen Umständen bestimmt wird. Aus diesem Grunde kann auch ein Ball für ein Kind ein großartiges Geschenk sein. Es wäre jedoch übertrieben, dem Kind ein Pferd zu schenken. Die Großzügigen treffen also auch in kleineren Angelegenheiten die richtige Größe und lassen sich darin nicht von anderen übertreffen.

IV.6 Protzerei und Kleinlichkeit (1123a19–1123a33)

Wir haben gesehen, dass die beiden Abweichungen von der Großzügigkeit in der Protzerei und der Kleinlichkeit bestehen. Die Protzer oder Vulgären verfehlen die Mitte, indem sie zu viel aufwenden bzw. mehr aufwenden, als man sollte, und das auf unangemessene Weise. Die Kleinlichen wenden hingegen zu wenig auf.

Bei diesen beiden Verfehlungen handelt es sich zwar um Laster, doch verursachen sie keinen Schaden und sind deshalb auch nicht anstößig oder schändlich, weshalb das Verhalten nicht sträflich ist.

IV.7 Hochgesinntheit[2] (1123a34–1124a20)

Im Umgang mit der Ehre unterscheidet Aristoteles zwei Tugenden voneinander: Zuerst diskutiert er die Hochgesinntheit (*megalopsychia*). Ihr geht es um große Ehren. Der Ehrgeiz ist hingegen auf niedrigere Ehren gerichtet. Die Hochgesinnten halten sich selbst großer Dinge würdig und sind es laut Aristoteles auch. Ziele der Hochgesinntheit sind also großartige Taten oder Dinge, die Ehre einbringen. Hierzu muss man den eigenen Wert zwar richtig einschätzen. Dies ist ein Zeichen für Besonnenheit, doch reicht das nicht aus für Hochgesinntheit.

2 Krapinger übersetzt mit »Stolz«.

Eine Gemeinsamkeit mit der Großzügigkeit besteht darin, dass beide Tugenden nur einer bestimmten Gruppe von Menschen vorbehalten sind. Ähnlich wie die Großzügigkeit ein Vermögen zur Ausführung voraussetzt, muss man zur Realisierung der Hochgesinntheit tatsächlich großer Taten fähig sein. Dass die Hochgesinnten wirklich die Besten sind, scheint miteinzuschließen, dass sie auch die anderen Tugenden besitzen. Das erklärt, weshalb Aristoteles die Hochgesinntheit als eine »Art Schmuck[3] der Tugenden« (IV.7, 1124a1–2) bezeichnet.

Kleinmut und Eitelkeit stellen die beiden Abweichungen der Hochgesinntheit dar. Eitel sind diejenigen, die sich über ihren tatsächlichen Wert schätzen und sich mehr zutrauen, als sie leisten können; kleinmütig sind hingegen all jene, die den eigenen Wert unterschätzen.

Am Beispiel der Hochgesinntheit macht Aristoteles damit noch einmal deutlich, dass die Tugenden einerseits ein Extrem darstellen. So sind die Hochgesinnten der größten Dinge würdig. Andererseits soll es sich um eine richtige Mitte handeln, und zwar schätzt sich der Hochgesinnte so ein, »wie es seinem Wert entspricht« (IV.7, 1123b14–15).

IV.8 Die wahre Überlegenheit der Hochgesinnten (1124a20–1125a16)

Man geht davon aus, dass Glücksgüter zur Hochgesinntheit beitragen. Reichtum, Macht und vornehme Abstammung führen zu einer gewissen Überlegenheit, die wiederum von den Menschen verehrt wird. Aus diesem Grund halten sich die Be-

3 Griechisch *kosmos* könnte auch als »Ordnung« übersetzt werden. Das hat dazu geführt, dass die Hochgesinntheit als Ordnung aller Tugenden verstanden wird.

sitzer solcher Glücksgüter selbst für würdiger als weniger reich Begüterte. Das hat wiederum zur Folge, dass sie eine herablassende Gesinnung gegenüber ihren Mitbürgern ausbilden. Das ist laut Aristoteles für die Hochgesinnten in Ordnung, da sie Grund dazu haben, auf andere herabzublicken (IV.8, 1124b5–6). Dies gilt aber keinesfalls für Menschen, die nicht tugendhaft sind, sondern lediglich durch das Glück in einen Zustand versetzt wurden, der ihnen Ehre bei ihren Mitmenschen einbringt. Aus ihrer Selbsteinschätzung lässt sich nicht auf die tatsächliche Eignung für beste Taten und höchste Dinge schließen. Vielmehr erfordert solches eine Art vollkommener Tugend, die sie nicht haben, weil sie die Hochgesinnten nur nachahmen.

Die wahre Überlegenheit der Hochgesinnten zeigt sich vor allem in ihrer Tapferkeit und Freigiebigkeit. So suchen sie zwar nicht die Gefahr, sind aber jederzeit dazu bereit, große Gefahren auf sich zu nehmen. Sie wissen, dass es Wichtigeres als das Leben gibt. Deshalb unternehmen sie nicht alles, um ihr Leben zu erhalten. Eher noch als die Freigiebigen vermeiden sie, etwas von anderen anzunehmen, da mit der Annahme von Wohltaten eine Art Unterlegenheit assoziiert wird (ein Punkt, den Aristoteles wiederholt hervorhebt). Darum bitten die Hochgesinnten auch nicht um Hilfe. Sie leisten diese aber gerne, denn auch das bezeugt ihre Überlegenheit. Sie meiden hingegen das, was andere als ehrenvoll ansehen oder erstreben. Sie können sich nicht von anderen abhängig machen, gleichwohl tragen sie ihre Überlegenheit nicht zur Schau. Sie sollen auch nicht nachtragend sein. Ihre besondere Stellung drückt sich in allen Handlungen aus, auch in ihrem Umgang mit Besitztümern, mit dem Lebensnotwendigen und alltäglichen Dingen. Wenn man dem allumfassenden Charakter dieser Tugend (die alle anderen Tugenden in sich begreift und sich auf alle Bereiche des Lebens erstreckt) bedenkt, dann wirken Aristoteles'

Bemerkungen zur Stimmhöhe und zur ruhigen Redeweise der Hochgesinnten weniger seltsam (IV.8, 1125a13–14). Zusammen mit den zuvor bereits erwähnten körperlichen Merkmalen der Hochgesinnten, ihrer Größe und Schönheit, zeichnet Aristoteles das Bild eines äußerlich wie seelisch vollkommenen guten Menschen, d. h. der Verkörperung des Ideals der *Kallokagathia*[4], einer geistigen und körperlichen Vortrefflichkeit. Diese Vorstellung widerspricht christlich geprägten Vorstellungen des Guten. Aus diesem Grunde wurde Aristoteles für seine Konzentration auf die äußere Erscheinung und seinen Mangel an Demut kritisiert.

IV.9 Kleinmütigkeit und Eitelkeit (1125a16–1125a35)

Die beiden Abweichungen von der Hochgesinntheit sind Kleinmütigkeit und Eitelkeit. Aristoteles zufolge sind beide nicht wirklich schlecht, sondern nur fehlerhaft (IV.9, 1125a18–19). So bringen sich die Kleinmütigen selbst um die Güter, die ihnen zustehen, indem sie sich kleiner machen, als sie eigentlich sind. Sie scheitern somit darin, ihr eigenes Interesse angemessen wahrzunehmen. Die Eitelkeit ist für Aristoteles vielmehr töricht, da die Eitlen oder Aufgeblasenen ihre Fähigkeiten und Möglichkeiten überschätzen. Deshalb scheitern sie in ihrem Streben nach Ehre.

Bemerkenswert ist, dass für Aristoteles die Kleinmütigkeit den schlimmeren Fehler darstellt. Diese Einschätzung ist ebenfalls auf Kritik gestoßen, da die Kleinmütigkeit mit Beschei-

4 Der Begriff beruht auf der Phrase *kalos kagathos*, die sich ihrerseits aus zwei Adjektiven *kalos* (»schön«) und *agathos* (»gut« oder »tugendhaft«) zusammensetzt, von denen das zweite durch Krasis mit *kai* (»und«) zu *kagathos* verbunden wird.

denheit oder Demut assoziiert wird, die für viele (die in der christlichen Tradition stehen) lobenswert sein soll. Das gilt aber nicht für Aristoteles. Seiner Ansicht nach ist es beklagenswerter, die eigenen Möglichkeiten nicht ganz auszuschöpfen und damit sich selbst und die Gemeinschaft um verdiente Wohltaten zu bringen, als an Prahlerei zu scheitern.

IV.10 Die Mitte bei kleinen Ehren (1125b1–1125b25)

Die Hochgesinntheit bezieht sich auf den Bereich der großen Ehrungen. Doch auch dann, wenn man nach kleineren und mittleren Ehren strebt, begegnen einem Übermaß und Mangel. Aristoteles hat hier vermutlich alltägliche Ehren im Sinn, zu denen auch der Wettstreit der Bürger um besondere Ämter zählt.

Bemerkenswert ist, dass es in diesem Fall keinen eigenen Namen für die Mitte gibt. Eine mögliche Ursache dafür könnte sein, dass Übermaß und Mangel sich jeweils als das Mittlere präsentieren und daher abhängig von der eingenommenen Perspektive ambivalent eingeschätzt werden. So wird der Ehrgeiz einmal gelobt, dann wiederum getadelt. Aristoteles hebt erneut hervor (siehe II.8, 1108b15–26), dass die Extreme dazu tendieren, das mittlere Verhalten mit dem anderen Extrem zu identifizieren.

IV.11 Mittlerer Umgang mit Zorn (1125b26–1126b10)

Ebenfalls ohne eigenen Namen ist der mittlere Umgang mit dem Zorn (*orgê*), auch wenn dieser zu Beginn als Ausgeglichenheit eingeführt wird. Tatsächlich soll sich hier die Ausgeglichenheit eher dem Mangel zuneigen, der ebenfalls namenlos ist. Aristoteles will ihn aber »Unerzürnbarkeit« nennen. Die übermäßig Zornigen sollen hingegen »Zornmütige« genannt werden. Wie bei den anderen Tugenden gilt auch beim Zorn, dass das richtige Zürnen, also unter Berücksichtigung aller relevanten Aspekte (also über was und wie man zürnen soll usw.), Lob verdient. Setzt man die Ausgeglichenheit als das Mittlere an, würde man ein solches Verhalten ausgeglichen nennen. Das zeigt, dass die Bezeichnung nicht wirklich passt, da wir eher geneigt sind, diejenigen als ausgeglichen zu bezeichnen, die nicht zürnen. Aristoteles zufolge sollen sie aber so lange zornig sein, wie es die Vernunft anordnet (IV.11, 1125b35).

Eigentümlich ist ferner, dass Aristoteles den Mangel an Zorn sowohl töricht als auch tadelnswert findet. Dort, wo es angemessen ist, da sollte man zornig werden. Wer sich nicht wehrt und das erfahrene Unrecht bzw. die Beleidigung auf sich sitzen lässt, ist für Aristoteles erbärmlich und von sklavischer Natur. Hier wie in den vorhergehenden Ausführungen zum Hochmut zeigt sich eine grundsätzliche Differenz zu christlichen Tugendvorstellungen.

Als Übermaß in der Abweichung von der vernunftgeforderten Mitte kommt man zum Jähzorn, wenn man zu schnell zornig wird. Aristoteles kann dem Jähzorn auch positive Aspekte abgewinnen, weil so der Zorn nicht zurückgehalten wird. Und dies trägt dazu bei, dass man sich schneller beruhigt. Zu viel Zorn empfinden die Choleriker, wohingegen die Herben oder Bitteren den Zorn zu sehr unterdrücken und für sich behalten. Das bewirkt bei Letzteren letztlich, dass sich der Zorn nicht auflöst. Denn erst die Vergeltung löst den Zorn auf, indem der Schmerz, der den Zorn ausgelöst hat, durch eine Lust ersetzt wird. Wenn man aber zu lange am Zorn festhält, dann wird man ingrimmig.

IV.12–15 Soziale Tugenden und Scham (1126b11–1128b35)

In den Kapiteln 12 bis 14 befasst sich Aristoteles mit den sozialen Tugenden im engeren Sinn. Gemeint sind damit die richtigen Handlungen im Bereich des geselligen Umgangs der Menschen. Abschließend thematisiert er den Affekt der Scham, bei dem es sich strenggenommen um keine Tugend handelt. Bei den sozialen Tugenden kommt es öfters vor, dass die gesuchte Mitte keinen eigenen Namen hat. Aus diesem Grunde behandelt Aristoteles zuerst die gegenüberliegenden Extreme und schließt aus diesen auf die Mitte. So lässt sich etwa eine Mitte zwischen den Liebedienerischen, die sich allen andienen, und den Griesgrämigen, die sich allen widersetzen, erschließen. Ihrem Wesen nach gleicht diese Disposition der Freundschaft, und es besteht kein Zweifel, dass sie lobenswert ist. Frede schlägt daher vor, die von Aristoteles intendierte Disposition als »Freundlichkeit« zu bezeichnen.[5]

Die Mitte zwischen Angeberei und falscher Bescheidenheit trägt ebenfalls keinen eigenen Namen. Die Angeber loben sich angesehener Dinge, über die sie nicht wirklich verfügen, wohingegen die falsche Bescheidenheit unterschlägt, was man wirklich hat. Das Mittlere ließe sich hingegen als Wahrhaftigkeit charakterisieren.

Im gewöhnlichen Umgang mit anderen Menschen kann man ebenfalls von der geforderten Mitte abweichen. Wenn man es in der scherzhaften Unterhaltung übertreibt, gilt man als Possenreißer. Stumpf und steif sind hingegen diejenigen, die überhaupt nicht unterhaltsam sind. Die Unterhaltsamkeit bezeichnet für Aristoteles hingegen die angestrebte Mitte im Umgang mit dem Scherzhaften.

5 Frede 2020, S. 562 f.

Abschließend wendet sich Aristoteles der Scham zu, die keine Tugend, sondern ein Affekt ist, den Aristoteles als Furcht vor Unehre bestimmt. Bei Affekten handelt es sich um körperliche Zustände (*An.* 1.1, 403a16–b19), weshalb sie mit körperlichen Anzeichen einhergehen. Besonders für die Scham gilt, dass sie sich nicht für alle Altersstufen, sondern ausschließlich für die Jugend ziemt, weil die Scham es verhindert, schlechte Handlungen auszuführen. So werden auch nur Jugendliche für ihre Schamhaftigkeit gelobt. Ältere Menschen sollten hingegen in ihrem Handeln keinen Anlass zur Scham liefern.

Kapitel 5

Die Tugend der Gerechtigkeit (Buch V.1–14)

Gerechtigkeit nimmt unter den Tugenden eine besondere Stellung ein, und zwar nicht nur aufgrund ihrer Bedeutung für die politische Gemeinschaft. Als Tugend hebt sich die Gerechtigkeit aufgrund gewichtiger Unterschiede von den ethischen Tugenden ab. So lässt sich die Gerechtigkeit nicht ohne weiteres als Mitte von etwas charakterisieren. Ferner gibt es verschiedene Bedeutungen von Gerechtigkeit, wie Aristoteles bereits im zweiten Buch angemerkt hat (II.7, 1108b7–9). Diese Vieldeutigkeit löst er auf, indem er grundlegend zwischen universaler und partikularer Gerechtigkeit unterscheidet. Beide Formen gehören zwar zur selben Gattung, die partikulare Form verhält sich aber zur universalen Gerechtigkeit wie ein Teil zum Ganzen. Zugleich gilt, dass nur die partikulare Gerechtigkeit als seelische Disposition zumindest als eine *Art von* Mitte verstanden werden kann, und zwar als eine Art von Mitte zwischen dem ungerechten Mehrhabenwollen einerseits und dem Erleiden eines Verlustes andererseits. Mit dem Ausgleich dieser beiden Extreme rückt die Idee der Gleichheit in den Fokus, die Aristoteles fruchtbar für die Grundlagen des menschlichen Zusammenlebens in der politischen Gemeinschaft macht.

Aristoteles' Diskussion dessen, was Gerechtigkeit ausmacht, stellt moderne Interpreten vor ganz besondere Schwierigkeiten: Diese beruhen zum Teil auf seinem methodischen Vorgehen, aber auch auf den Erwartungen der Leser bzw. der Unklarheit des argumentativen Kontextes, aus dem heraus die Diskussion entstanden ist. Einige vermuten daher, dass es sich bei dem Text um eine unfertige, lose Kompilation von Gedanken aus unterschiedlichen Schaffensphasen handelt. Das fünfte

Buch würde somit keine in sich geschlossene Argumentation liefern, so dass problemlos ganze Kapitel oder Abschnitte aus der Betrachtung ausgeschlossen werden können.

Aristoteles' angebliches Versagen, dem Phänomen der Gerechtigkeit gerecht zu werden, macht man etwa daran fest, dass er den Bereich der Gerechtigkeit nicht adäquat eingegrenzt haben soll, sondern alle ethischen Fragen gleichermaßen den Gesetzen unterstellt hat. Außerdem soll er kein oder ein nur in Ansätzen entwickeltes Bewusstsein für den wichtigen Unterschied zwischen positiven Gesetzen und der Gerechtigkeit als solcher haben. Schließlich wird seine Anstrengung, auch die Gerechtigkeit als eine Art Mitte zu begreifen, als klares Indiz dafür gewertet, dass seine Theorie der Tugend als Mitte insgesamt gescheitert ist.

Nach diesem kurzen Überblick über die Forschungsfragen wenden wir uns der Gliederung des Buches zu: Aristoteles' Behandlung der Gerechtigkeit erstreckt sich über 15 Kapitel. Vereinfacht gesagt zerfällt die Diskussion in zwei Teile. Der erste Teil erstreckt sich von Kapitel eins bis neun und behandelt die Disposition der Gerechtigkeit. Die Kapitel zehn bis fünfzehn konzentrieren sich auf die Aktualisierung der Disposition in der gerechten Handlung.

(1129a3–1129a26) Das erste Kapitel bestimmt die Gerechtigkeit allgemein als Disposition zu gerechten Handlungen.

(1129a26–1129b11) Im zweiten Kapitel werden zwei Arten von Gerechtigkeit voneinander unterschieden, nämlich zum einen eine universale Gerechtigkeit, die alle Tugenden umfasst, und zum anderen eine partikulare Gerechtigkeit, die sich vor allem durch ein Mehrhabenwollen auszeichnet.

(1129b11–1130a13) Das dritte Kapitel thematisiert die universale Gerechtigkeit, die von Aristoteles als vollkommene Tugend im Umgang mit anderen charakterisiert wird.

(1130a14–1130b5) Das vierte Kapitel stellt einen wichtigen

Unterschied zur partikularen Gerechtigkeit heraus, die zwar zur selben Gattung wie die universale Gerechtigkeit gehört, der es aber vor allem um die Gleichheit in der Zuteilung von Gütern geht.

(1130b6–1131a9) Das fünfte Kapitel differenziert zwei Unterformen der partikularen Gerechtigkeit, nämlich die Verteilungsgerechtigkeit und die ausgleichende Gerechtigkeit.

(1131a10–1131b9) Das sechste Kapitel thematisiert die erste Unterart der partikularen Gerechtigkeit, und zwar die Verteilungsgerechtigkeit. In diesem Sinn gerecht ist die proportionale Gleichheit in der Zuteilung von Gütern auf der Bemessungsgrundlage der jeweiligen individuellen Würdigkeit.

(1131b9–1132b20) Das siebte Kapitel behandelt die zweite Unterart, die ausgleichende Gerechtigkeit, die das Gerechte im unfreiwilligen Umgang der Menschen miteinander betrifft.

(1132b21–1133b28) In Kapitel acht geht es um die gegenseitige bzw. reziproke Gerechtigkeit, die eine wichtige Funktion für die Etablierung der Gemeinschaft einnimmt, indem sie die Tauschgerechtigkeit begründet.

(1133b29–1134a16) Kapitel neun fasst zusammen, inwiefern die partikulare Gerechtigkeit als Mitte gelten muss, da diese zwar keine Disposition zwischen zwei Lastern ist, es aber bewirkt, dass man durch entsprechende Handlungen die Mitte zwischen Unrechttun und Unrechtleiden einnimmt.

(1134a17–1136a9) Das lenkt im zehnten Kapitel die Aufmerksamkeit auf die unterschiedlichen Bedingungen, die bei einer Unrechtstat das Verhältnis der zugrundeliegenden Disposition zu ihren Aktualisierungen bestimmen.

(1136a10–1136b14) Im elften Kapitel führt Aristoteles aus, dass die ungerechte Handlung voraussetzt, dass man wissentlich und vorsätzlich einen Schaden zufügt und dass das gegen den Geschädigten geschieht.

(1136b15–1137a4) Im zwölften Kapitel erläutert Aristoteles,

dass man sich selbst kein Unrecht zufügen kann, wenn man anderen mehr als sich selbst zuteilt.

(1137a4–1137a30) Das dreizehnte Kapitel stellt heraus, dass die Gerechtigkeit genauso wie die Ungerechtigkeit eine bestimmte Verfassung beim Einzelnen voraussetzt, mit der eine Handlung ausgeführt wird. Aus diesem Grund ist die Ungerechtigkeit etwas anderes als Unrechttun.

(1137a31–1138a3) Das vierzehnte Kapitel erörtert das Verhältnis des Begriffs der Gerechtigkeit zu dem Begriff der Billigkeit. Aristoteles erklärt, dass das Billige in der Korrektur des Gesetzes oder der Anwendung auf einen einzelnen Fall besteht.

(1138a4–1138b14) Im fünfzehnten Kapitel diskutiert Aristoteles abschließend noch weitere Aspekte der Frage, ob man sich selbst ein Unrecht zufügen kann.

V.1 Disposition der Gerechtigkeit (1129a3–1129a26)

Für Aristoteles handelt es sich auch bei der Gerechtigkeit um eine Tugend, die auf einer charakterlichen Disposition beruht und auf eine bestmögliche Realisierung im Handeln ausgerichtet ist. Kurz gesagt: Die Gerechtigkeit ist die Disposition, die die Menschen gerecht handeln lässt. Analog zur vorausgehenden Diskussion muss untersucht werden, was für Handlungen die Gerechtigkeit betrifft und was für eine Mitte sie darstellt. Aristoteles stellt ihr zunächst nur eine Verfehlung, die Ungerechtigkeit, entgegen.

Aristoteles schiebt dazwischen eine allgemeine Betrachtung zur Natur der Dispositionen ein. Im Gegensatz zu den Wissenschaften (Künsten) und Fähigkeiten, die sich auf Gegensätzliches beziehen (*An. pr.* I.1, 24a21; *Met.* B 2, 996a20), ist die Disposition selbst Teil eines Gegensatzes (V.1, 1129a14–15).

Wie ist das gemeint? Die Medizin als Heilkunst kann sowohl Gesundheit als auch Krankheit erzeugen, wohingegen die Gesundheit als körperliche Disposition immer nur zur Gesundheit und nicht zur Krankheit führt. Außerdem lassen sich Dispositionen aus ihrem Gegenteil erkennen (V.1, 1129a17–19): Aus der Krankheit können Rückschlüsse auf einen gesunden Zustand gezogen werden. Beide Begriffe eines Gegensatzpaares entsprechen einander darin, dass, wenn einer vieldeutig genutzt wird, der andere ebenfalls vieldeutig sein wird. Auf diesen letzten Punkt baut Aristoteles seine Überlegungen im nächsten Kapitel auf.

V.2 Zwei Arten der Gerechtigkeit (1129a26–1129b11)

Für die Gerechtigkeit gilt, dass man sie und entsprechend die Ungerechtigkeit in mehreren Bedeutungen anwendet. Es kann leicht übersehen werden, dass hier eine Homonymie vorliegt, weil die Bedeutungen nicht weit voneinander abweichen. Ungerecht sind aber nicht nur die Gesetzesbrecher, sondern auch solche Menschen, die mehr haben wollen als andere und somit die Ungleichheit befördern (V.2, 1129a32–33). Setzt man, wie gesagt, voraus, dass das Gegenteil von ungerecht gerecht ist, ergibt sich, dass sowohl die Gesetzestreue als auch die Gleichheit bzw. Bewahrung der Gleichheit gerecht sein müssen (V.2, 1129a33–34). Die erste Art von Gerechtigkeit wird in der Forschung als universale Gerechtigkeit bezeichnet, weil sie alle Tugenden gleichermaßen einschließt. Bei der zweiten handelt es sich hingegen um eine partikulare Gerechtigkeit, die den Umgang nur mit bestimmten Gütern betrifft. Denn das Mehrhabenwollen (*pleonexia*) bezieht sich vor allem auf solche Güter, die nicht für alle Menschen unter allen Umständen gut sind, wie etwa Reichtum, Ehre oder Macht. Die Wirkungen dieser Güter hängen oft von Glücks- und Unglücksfällen ab (v.2, 1129b2–3). Die Ungerechten wählen freilich nicht immer das Meiste, sondern manchmal auch das Wenigste, wenn es für sie nur schlecht oder beschwerlich ist. Doch stellt auch das eine Form des Mehrhabenwollens im Sinne einer ungerechten Vorteilnahme dar.

v.3 Universale Gerechtigkeit (1129b11–1130a13)

Universal heißt, wie gesagt, die erste Form der Gerechtigkeit, weil sie sich mittels der Gesetze auf alle Tugenden gleichermaßen bezieht. Deshalb handelt der Gesetzesbrecher ungerecht. Umgekehrt ist derjenige gerecht, der die Gesetze achtet. Der Grund dafür besteht darin, dass alle Gesetze »in gewisser Weise« (*pôs*, v.3, 1129b12) gerecht sind. Die Einschränkung erklärt sich dadurch, dass sich die tatsächlichen Gesetze voneinander unterscheiden. Das verdeutlicht Aristoteles direkt im Anschluss, wenn er nicht nur den Gegenstand der Gesetze (»Die Gesetze reden über alles«, v.3, 1129b14), sondern auch ihre Vorteilnehmer aufzählt. In einem idealen Staat wäre das nämlich der gemeinsame Nutzen aller, wohingegen das Gute in der Aristokratie vor allem für die Optimaten (also für die Vertreter der Oberschicht) und in der Tyrannis nur für den Herrscher gilt. Das eigentliche Ziel der Gesetze ist jedoch das Gemeinwohl. Um das zu erreichen, wenden sich die Gesetze an alle, eingeschlossen die Inhaber der Herrschaft. Ihr tatsächlicher Nutzen bestimmt sich durch die bestehende politische Ordnung. Gerecht ist, was den Fortbestand und das Wohlergehen der jeweiligen politischen Gemeinschaft sichert. Bei einer Bewertung der Gesetze kommt es somit weniger auf den Vergleich mit einem überzeitlichen Richtmaß der Gerechtigkeit, sondern auf die je konkreten Bedingungen der Erhaltung einer politischen Gemeinschaft an (wie Aristoteles detailliert in der *Politik* ausarbeitet).

Nachdem Aristoteles die Adressaten der Gesetze, ihre Begünstigten und das allgemeine Ziel thematisiert hat, wendet er sich dem eigentlichen Inhalt der Gesetze zu, also Handlungen einzelner Tugenden. Die gewählten Beispiele verdeutlichen, dass die Gesetzgeber hierbei ganz unterschiedliche Tugenden und Laster im Blick haben. Aristoteles lässt an dieser Stelle offen, wie weit die Gesetze im Einzelnen reichen und ob alle Tugenden gleichermaßen von den Gesetzen geregelt werden. Erinnern wir uns, dass Aristoteles auch Tugenden wie Freundlichkeit und Großzügigkeit einbezogen hat. Da die konkrete Gesetzgebung abhängig von den durch die Gesetze Begünstigten und den dadurch bedingten konkreten Zielen ist, kann über den Umfang der Gesetze vorab nicht entschieden werden.

Diese Art von Gerechtigkeit hält Aristoteles für eine vollkommene Tugend im Umgang mit anderen (V.3, 1129b26–27). Vollkommen oder vollendet ist sie in zweierlei Hinsicht:

1. Sie erfordert eine besondere Kompetenz, die Tugend auf andere Menschen anzuwenden. Dies deutet bereits an, dass Aristoteles hiermit keine altruistischen Vorstellungen verknüpft. Wenn das Wohlergehen vieler Menschen mitbedacht werden muss, fallen die Erwägungen notwendigerweise umfangreicher bzw. komplexer aus.

2. Diese Art von Gerechtigkeit ist umfassend in dem Sinn, dass sie, wie wir oben gesehen haben, die Handlungen einzelner Tugenden zum Gegenstand haben kann, und zwar insofern diese auf die Mitmenschen bezogen sind. Das scheint die Gerechtigkeit auf den ersten Blick zu einem fremden Gut zu machen, da sie nämlich auch den anderen nützlich ist. In dieser Perspektive gesehen ist die Gerechtigkeit nicht nur irgendeine Tugend, sondern die Tugend im Ganzen: Sie hat das eigene

und das fremde Glück im Blick. Der ungerechte Mensch würde entsprechend sowohl sich selbst als auch den anderen schaden.

Das wirft auch ein Licht zurück auf den besonderen Status der Gerechtigkeit als Tugend: So zeichnet sich die Disposition der Gerechtigkeit durch einen doppelten Charakter aus. Auf sich selbst bezogen handelt es sich um eine Tugend, auf die anderen bezogen hingegen um Gerechtigkeit. Aristoteles benutzt zur Verdeutlichung eine Erläuterung, die er auch in anderen Kontexten verwendet, um den hier anvisierten Unterschied zu bezeichnen. So sollen Tugend und Gerechtigkeit zwar in gewisser Hinsicht, aber nicht *ihrer Substanz* oder *ihrem Sein nach* (V.3, 1130a12) dasselbe sein. Das illustriert Aristoteles an anderer Stelle mit dem Hinweis auf das Konvexe und das Konkave: Beide haben dasselbe Substrat, sie unterscheiden sich aber der Definition nach dadurch, dass unterschiedliche Aspekte hervorgehoben werden (*An.* III.7, 431a28–b2; *Phys.* IV.13, 222a19–22). Konkret bedeutet das im vorliegenden Fall: Wer sich einer sexuellen Versuchung entzieht, hat nicht nur besonnen gehandelt, sondern auch keinen Ehebruch begangen. An derselben Handlung (demselben Substrat) lassen sich also zwei begriffliche Bestimmungen vornehmen, die wiederum auf verschiedene Aspekte eingehen und unterschiedliche Dispositionen des Handelnden berücksichtigen. Die Gerechtigkeit zeigt sich daran, dass sie auf das allgemeine Gute (an dem also alle teilhaben) gerichtet ist. Die Besonnenheit hat es hingegen mit der richtigen Mitte im Umgang mit den körperlichen Lüsten zu tun.

V.4 Mehrhabenwollen (1130a14–1130b5)

Mit dem Beispiel des Ehebruchs verdeutlicht Aristoteles anschließend, dass es einen wichtigen Unterschied gibt zwischen der universalen Gerechtigkeit und einer speziellen oder partikularen Form von Ungerechtigkeit. Letztere zeigt sich, wie gesagt, vor allem im Mehrhabenwollen (*pleonexia*). Denn angenommen, es kommt der Ehebrecherin, als sie ihren Kollegen verführt, nicht auf sexuelle Lust, sondern auf erhofften finanziellen Gewinn an, dann ist ihr Handeln nicht zügellos.

An dieser Stelle tritt die Ungerechtigkeit im engeren Sinn in Erscheinung, die zwar zur selben Gattung wie die universale Ungerechtigkeit gehören soll (von der sie ein Teil ist), da sich beide auf den Umgang mit anderen beziehen. Sie unterscheidet sich aber insofern, als es ihr auf das Mehrhabenwollen oder den Gewinn ganz unterschiedlicher Güter (Ehre, Besitz, Sicherheit) ankommt (V.4, 1130b3–4).

V.5 Allgemeine und partikulare Gerechtigkeit (1130b6–1131a9)

Aristoteles fasst zusammen, dass eine spezielle oder partikulare Gerechtigkeit neben der allgemeinen Gerechtigkeit existiert. Das Verhältnis zwischen beiden Formen der Gerechtigkeit soll dem zwischen Teil und Ganzem entsprechen, wie aus dem Verständnis der Ungerechtigkeit als dem Ungleichen und Gesetzwidrigen hervorgeht. Weil nun aber die allgemeine Gerechtigkeit keine bestimmte Charaktertugend ausmacht (sie umfasst, wie gesagt, alle), wird diese beiseite gelassen, und Aristoteles konzentriert sich im Folgenden auf die partikulare Gerechtigkeit. Letztere findet speziell in der Verteilung der Güter unter den Mitgliedern des Gemeinwesens Anwendung und betrifft den Ausgleich bei allen Arten von Transaktionen. Diese können wiederum freiwillig oder unfreiwillig geschehen, abhängig von der Einwilligung der beteiligten Parteien. Die unfreiwilligen Transaktionen geschehen entweder heimlich oder sind gewalttätig. Die Verteilungsgerechtigkeit (oder distributive Gerechtigkeit) betrifft die Verteilung der Güter, die ausgleichende (oder retributive) Gerechtigkeit hat mit dem Ausgleich zu tun.

v.6 Gleichheit bei der Verteilungsgerechtigkeit (1131a10–1131b9)

Zuerst untersucht Aristoteles die distributive Gerechtigkeit (Verteilungsgerechtigkeit). Ihr Ziel besteht darin, ein ausgeglichenes Verhältnis zwischen den beteiligten Parteien und den Gütern zu erreichen. Aristoteles geht aus von der oben festgestellten Beobachtung, dass Ungerechtigkeit in einer Form von Ungleichheit besteht. Wenn es aber ein Mehr und Weniger gibt, dann muss es auch eine Mitte geben. Somit wäre das Gerechte als Gleiches ein Mittleres (v.6, 1131a14–15). Um aber von Gleichheit sprechen zu können, müssen wenigstens zwei Dinge und zwei Parteien vorausgesetzt werden. Wir haben also vier Faktoren, die in die Berechnung einfließen (v.6, 1131a19). Wichtig ist für Aristoteles die Feststellung, dass ungleiche Personen auch nicht Gleiches erhalten dürfen. Das Gerechte in der Verteilung muss nach Würdigkeit erfolgen. Würdigkeit wird damit zur Bemessungsgrundlage gemacht. Daraus ergibt sich nun, dass das Gerechte eine Art Proportion ist, also eine Gleichheit der Verhältnisse, die die Güter proportional zur Würdigkeit zuteilt.

v.7 Ausgleichende Gerechtigkeit (1131b9–1132b20)

Aristoteles fasst nun die vorausgegangene Diskussion zusammen und stellt fest, dass die besondere Mitte, auf die die distributive Gerechtigkeit abzielt, eine geometrische Proportion aufweist. Ihr stellt Aristoteles eine arithmetische Proportion als charakteristisch für die ausgleichende oder retributive Gerechtigkeit gegenüber. Arithmetisch ist diese Proportion deshalb, weil hier die Werte absolut genommen werden. Die jeweilige Würdigkeit der betroffenen Personen ist in diesem Fall unerheblich. »Vielmehr achtet das Gesetz nur auf den Unterschied hinsichtlich des Schadens« (v.7, 1132a5). Der Unterschied wird als Gewinn oder Verlust bewertet. Der Richter sorgt für Ausgleich, indem er vom Gewinn wegnimmt.

Aristoteles ist sich selbst darüber im Klaren, dass diese Vorstellung einige Schwierigkeiten aufwirft und die Bezeichnung ›Gewinn‹ nicht immer passend sein dürfte. Der Sache nach läuft aber alles darauf hinaus, dass die Übeltäter dasselbe erleiden müssen, was sie ihren Opfern zugefügt haben.

Aristoteles hat dabei vor allem Verbrechen gegen Leib und Leben im Sinn. Wie genau die Regel bei weniger schwerwiegenden Vergehen, etwa Diebstahl, angewandt wird, bleibt offen. Die bloße Rückgabe des gestohlenen Gutes würde zwar den Verlust des Eigentümers, aber nicht den Schaden ausgleichen, den die Gemeinschaft durch die Respektlosigkeit gegenüber ihren Gesetzen nimmt. Aristoteles zufolge sind zumindest zwei Parteien in der retributiven Gerechtigkeit involviert. Er schließt aber nicht aus, dass es mehr Beteiligte geben könnte.

v.8 Reziproke Gerechtigkeit (1132b21–1133b28)

Das achte Kapitel geht auf eine alternative Vorstellung von Gerechtigkeit ein und entkräftet diese. So sollen die Pythagoreer annehmen, dass das Reziproke das an sich Gerechte sei. Damit gemeint ist der Grundsatz der Vergeltung (*ius talionis*). Gleiches soll also mit Gleichem vergolten werden. Das kann aber laut Aristoteles weder für die austeilende (distributive) noch für die ausgleichende (retributive) Gerechtigkeit gelten. Zur Widerlegung weist er auf solche Fälle hin, bei denen keine reziproke Behandlung möglich zu sein scheint, wie etwa der Angriff auf einen Amtsträger (V.8, 1132b29–30). Von Bedeutung ist außerdem, ob eine Handlung freiwillig oder unfreiwillig geschehen ist (und dies würde bei der konsequenten Anwendung dieses Grundsatzes übergangen werden).

Die positive Anwendung des Prinzips verortet Aristoteles hingegen an anderer Stelle. So übernimmt das Reziproke eine wichtige Funktion bei der Etablierung einer Gemeinschaft, indem es Tauschgeschäfte ermöglicht (V.8, 1132b31–33). Es begründet sozusagen eine Tauschgerechtigkeit. Aristoteles präzisiert, dass es sich in diesem Fall um das Reziproke der Proportion handelt. Der Austausch von Waren nach diesem Prinzip bildet und stärkt die Gemeinschaft. Dabei ist nicht der Austausch als solcher, sondern die Vergeltung der Grund für den Zusammenhalt. Nirgends sonst wird das so deutlich wie bei Tauschgeschäften, in denen ein Produkt für ein anderes *vergolten* wird. Wenn Produkte unterschiedlicher Qualität erzeugt werden, müssen sie zum Austausch gleichwertig gemacht werden. Das geschieht durch Quantifizierung, und das Mittel hierzu ist Geld als quantifizierbare Einheit zur Bewertung der Güter (V.8, 1133a20). Geld macht die Dinge somit vergleichbar und erleichtert auf diese Weise den für die Gemeinschaft essentiellen Gütertausch.

Aristoteles präzisiert jedoch, dass letztlich nicht das Geld, sondern das Bedürfnis die Vergleichbarkeit herstellt (V.8, 1133a27). Geld ist nur das Mittel, um den Ausgleich zu erzielen. Essentiell ist der Austausch deshalb, weil die Menschen natürlicherweise bedürftig sind. Ihre Bedürftigkeit erzeugt eine Nachfrage nach Gütern. Das Bedürfnis macht die Dinge, die miteinander unvergleichbar zu sein scheinen, vergleichbar und auf diese Weise gegeneinander austauschbar. Das Geld ist Mittel dazu. Außerdem kann mit Hilfe des Geldes der künftige Bedarf gedeckt werden.

V.9 Gerechtigkeit als Mitte (1133b29–1134a16)

Aristoteles zeigt zusammenfassend auf, inwiefern die (spezielle oder partikulare) Gerechtigkeit als Mitte gelten muss. Im Gegensatz zu den anderen Tugenden stellt die Gerechtigkeit keine Disposition zwischen zwei Lastern dar. Aufgrund ihrer Wirkung kann sie jedoch als eine Art Mitte bezeichnet werden, da ihre Handlungen gemäß der Entscheidung (*kata prohairesin*, V.9, 1134a2 als Voraussetzung für Tugend) die Mitte als ein proportional Gleiches zwischen Unrechttun und Unrechterfahren herstellen. Das Unrechttun geht vom Laster der Ungerechtigkeit aus, das danach strebt, sich selbst mehr Güter oder weniger Übel als anderen zuzuteilen. In diesem Sinn stellt auch die Ungerechtigkeit ein Übermaß bzw. einen Mangel dar, weil die Handlungen den Ungerechten zu viele Güter oder zu wenige Übel im Vergleich zu anderen zuteilen. Wird entsprechend Unrecht erfahren, ist dies kein Laster, sondern eine Form des Erleidens.

V.10 Ungerechte Handlungen (1134a17–1136a9)

Bisher hat Aristoteles vor allem die Gerechtigkeit an sich in ihren unterschiedlichen Formen betrachtet. In den nächsten Kapiteln geht es ihm um die Aktualisierung der Disposition in den Handlungen. Als Erstes wendet sich Aristoteles den ungerechten Handlungen zu.

Das zehnte Kapitel beginnt mit der Beobachtung, dass »man

ungerecht handeln kann, ohne deswegen schon ungerecht zu sein« (V.10, 1134a17). Wie unterscheiden sich die verschiedenen Arten ungerechter Handlungen voneinander (Diebstahl, Ehebruch, Raub), oder tun sie dies nicht in Ansehung der Ungerechtigkeit? Wie gesagt kann man Ehebruch begehen, ohne deswegen ungerecht zu sein. Dasselbe soll für andere Vergehen gelten. Wir müssen uns also die charakteristischen Eigenschaften der Ungerechtigkeit etwas genauer anschauen und dann feststellen, ob es einen Unterschied macht, mit welchen Handlungen genau die Ungerechten ungerecht handeln. Mit welcher Form von Ungerechtigkeit geschehen die Handlungen?

An dieser Stelle geht es Aristoteles um die Gerechtigkeit im absoluten oder universalen Sinn, die, so ergänzt er hier, auch eine politische Gerechtigkeit ist (V.10, 1134a25–26). Mit der Bezeichnung der politischen Gerechtigkeit hebt er gewisse Eigenschaften an der universalen Gerechtigkeit hervor und spezifiziert diese auf einen bestimmten Anwendungsbereich. So setzt die politische Gerechtigkeit eine politische Gemeinschaft voraus, die wiederum aus Freien und Gleichen bestehen muss. Außerdem hat man es auch mit anderen Formen der Gerechtigkeit zu tun, auf die Aristoteles im Folgenden zurückkommt. Auf jeden Fall handelt es sich in diesen Fällen nicht um Gerechtigkeit im absoluten, sondern in einem qualifizierten Sinn.

Im Anschluss kommt Aristoteles auf die Ausgangsfrage zurück und betont, dass es das Gerechte »nur dort [gibt], wo auch ein Gesetz das Verhältnis der Menschen zueinander bestimmt« (V.10, 1134a30). Die Gesetze bedingen (implizit) wiederum die Ungerechtigkeit, weil die durch das Gesetz festgelegte Strafe auch ein Urteil über das Gerechte und Ungerechte umfasst. Im Vorausgehenden haben wir gesehen, dass ungerechte Handlungen darin bestehen, sich selbst zu viel vom Guten und zu wenig vom Schlechten zuzuteilen (V.10, 1134a33–34). Durch die Strafe wird hingegen die Gleichheit wiederhergestellt (V.7).

Aus dieser Beobachtung schließt Aristoteles für die Organisation des Staates, dass das Gesetz und nicht die Menschen herrschen soll, weil der Mensch von Natur aus dazu neigt, sich selbst mehr zuzuteilen und Tyrann zu werden (V.10, 1134b1). Versuchen die Herrscher allerdings, die Gerechtigkeit zu bewahren, dann verdienen sie Ehre, die, wie im ersten Buch herausgearbeitet wurde, ein besonderes Gut ist, das den Herrschenden gebührt (siehe oben I.12).

Man muss die politische Gerechtigkeit von ähnlichen Formen unterscheiden, die verschiedenartige gerechte Handlungen hervorbringen. Zur vollständigen Beantwortung der Frage, was Gerechtigkeit ist, ist es daher notwendig, auf diese anderen Formen einzugehen. Eine besondere Form ist das Gerechte gegenüber Sklaven oder Kindern, die Eigentum des Vaters sind. Weil sie sein Eigentum sind, können sie durch ihn kein Unrecht erleiden. Folglich kann es auch keine ungerechten Handlungen gegen sie geben (man kann nicht ungerecht gegen sich selbst handeln).

Als nächstes unterscheidet Aristoteles im Bereich des Politischen zwischen einer natürlichen und einer gesetzlichen Gerechtigkeit. Mit dem Begriff »gesetzlich« meint er konkrete Vorschriften, die sich von Staat zu Staat unterscheiden. Das Natürliche hat hingegen überall dieselbe Kraft (V.10, 1134b19), ist also nicht von der Sanktionsgewalt eines Gesetzgebers abhängig.

Gegen diese Einteilung lässt sich ein wichtiger Einwand erheben, den Aristoteles diskutiert: So wird die Existenz natürlicher Gesetze aus dem Grunde bestritten, weil das Natürliche unveränderlich sein müsste (V.10, 1134b24–26). Das gilt aber nicht für die menschlichen Gesetze, die räumlich und zeitlich verschieden sind. Aristoteles zufolge soll aber auch das von Natur aus Existierende veränderlich sein. Unveränderlichkeit ist also keine notwendige Bedingung für Natürlichkeit. Selbst wenn nicht alle Verfassungen überall dieselben sind, wird doch *eine* Verfassung überall die beste sein (V.10, 1135a5). Fraglich ist, ob Aristoteles damit meint, dass überall ein und dieselbe ideale Verfassung die beste ist, es also nur eine konkrete beste Verfassung gibt, oder ob überall *eine konkrete Form* die beste ist (die aber dann durchaus untereinander abweichen können, und zwar wiederum abhängig von den jeweiligen historischen und räumlichen Bedingungen).

Im Anschluss an diese Erläuterungen nimmt Aristoteles die Ausgangsfrage der Ungerechtigkeit in den Handlungen wieder auf und führt einen wichtigen Unterschied zwischen dem Ungerechten an sich und der Realisierung in den einzelnen Handlungen auf: Die gesetzlichen Bestimmungen, die das Gerechte regeln, sind allgemeiner Natur. Demgegenüber sind die Handlungen einzeln und verschieden. Die ungerechte Handlung setzt als Handlung die konkrete Ausführung voraus (V.10, 1135a10–11). Das lenkt den Blick auf die Bedingungen der Ausführung. Aus diesem Grund nimmt Aristoteles die Diskussion des Freiwilligen aus III.1–3 wieder auf, setzt dabei einen anderen Schwerpunkt und fügt weitere Differenzierungen hinzu, die vor allem im Zusammenhang mit Schuldzuweisungen oder Entschuldigungen wichtig werden können. Die erste Voraussetzung für die Ausführung einer ungerechten Handlung besteht darin, dass sie freiwillig ausgeführt wird. Freiwillig bedeutet, wie gesagt, dass das Prinzip der Handlung im Handelnden liegt und die Handlung wissentlich geschieht, die relevanten Aspekte der Tat also bekannt sind. Wird die Handlung nicht freiwillig ausgeführt, handelt es sich noch immer um eine Ungerechtigkeit, doch liegt noch keine ungerechte Handlung vor (V.10, 1135a22–23).

Zusammenfassend stellt Aristoteles »drei Arten von Schädigungen im Umgang [der Menschen] miteinander« (V.10, 1135b11–12) fest:

1. aus Unwissenheit begangene Fehler, bei denen die Handlung im Irrtum über Details ihrer Ausführung einen unerwarteten Ausgang genommen hat. Hierbei handelt es sich um Unglücksfälle oder Versehen.
2. wissentliche Fehler, bei denen das Ergebnis zwar nicht unerwartet, aber auch nicht aus Schlechtigkeit geschieht. Wer aus Zorn oder Empörung handelt (und beide Affekte gehören notwendig zum Menschen), handelt zwar ungerecht, *ist* aber nicht ungerecht. Die Handlung geht nicht aus der Verdorbenheit des Charakters hervor, sondern ihr Ursprung liegt bei denen, die den Zorn verursacht haben (V.10, 1135b20–27). In beiden Fällen geschieht zwar ein Unrecht, die Täter sind aber nicht ungerecht.
3. schließlich die Unrechtstat im engeren Sinn, die nur dann vorliegt, wenn der Schaden mit Vorsatz (*prohaireseôs*) zugefügt wurde und auf Schlechtigkeit beruht. »Wer derartige ungerechte Handlungen begeht, ist ein ungerechter Mensch, sofern er gegen die Proportion oder gegen die Gleichheit verstößt« (V.10, 1136a1–3). Unverzeihlich ist hingegen, wenn die Tat bestimmter Gefühle wegen ausgeführt wird, die nicht in der menschlichen Natur begründet liegen und entsprechend auch nicht nachvollziehbar sind (V.10, 1136a6–10).

V.11 Unrechtleiden (1136a10–1136b14)

Als nächstes diskutiert Aristoteles einen möglichen Einwand. Es ist fraglich, ob mit den vorausgegangenen Ausführungen das Unrechttun und Unrechtleiden zureichend bestimmt wurden. Bislang ungeklärt geblieben ist die Möglichkeit, ein Unrecht freiwillig zu erleiden.

Offensichtlich lässt sich die Frage der Freiwilligkeit nicht mit einfachen Gleichsetzungen beantworten: Das Gerechte geschieht nicht immer freiwillig und das Ungerechte nicht immer unfreiwillig. Aristoteles zufolge kann man auch unfreiwillig Gerechtes erfahren, weil das Gerechte nicht notwendigerweise zu Gunsten des Erleidenden erfolgt (V.11, 1136a22–23). Die gerechte Strafe lag nicht in der verkehrten subjektiven Absicht des Delinquenten. Unklar ist auch, ob man in jedem Fall ein Unrecht erleidet, wenn man etwas Ungerechtes erfährt. Wie steht es beispielsweise um Unglücksfälle, die zwar keine Unrechtstaten darstellen, bei denen man aber trotzdem ein Unrecht erleidet?

In seiner Antwort erinnert Aristoteles an die Bestimmung des Unrechttuns, nämlich freiwillig jemandem einen Schaden zuzufügen (V.11, 1136a31–32). Der Unbeherrschte schadet sich aber freiwillig selbst, also würde er auch freiwillig Unrecht erleiden und sich somit selbst Unrecht tun.[1] Als Reaktion auf diesen Schluss korrigiert Aristoteles die Definition des Unrechttuns: Vorausgesetzt wird zum einen, dass man wissentlich und vorsätzlich einen Schaden zufügt, zum anderen, dass man gegen den Wunsch des Geschädigten vorgeht. Folglich kann man zwar freiwillig geschädigt werden, aber nicht freiwillig ein Unrecht leiden (V.11, 1136b5–7).

V.12 Unrechttun und Unrechtleiden (1136b15–1137a4)

Tut man dann ein Unrecht, wenn man einem anderen mehr zuteilt, als ihm zusteht? Fügt man sich dabei selbst vielleicht ein Unrecht zu?

Untersuchen wir den Fall, dass man anderen mehr Güter zubilligt, als ihnen der Würde nach gebühren. So handeln etwa

1 Die Unbeherrschtheit wird ausführlich in Buch VII diskutiert.

die Maßvollen, die ihren eigenen Anteil bescheidener als nötig bemessen:

Aristoteles weist als Erstes darauf hin, dass sie dafür ein anderes Gut im Ausgleich erhalten. Außerdem würde das der im vorhergehenden Kapitel herausgestellten Definition des Unrechttuns widersprechen. Demzufolge bedingt Unrechttun, dass es gegen den Wunsch der Geschädigten geschieht. Damit ist freilich nicht ausgeschlossen, dass man einen Schaden erleidet (aber eben kein Unrecht). Ähnliches ergibt sich aus der Perspektive des Nehmers: Denn Unrecht tun nicht die das Unrecht Empfangenden, sondern die das Unrecht Zufügenden.

Direkt im Anschluss erinnert Aristoteles daran, dass »tun« (*poiein*) vielfach ausgesagt wird (homonym ist). Menschen sind nicht immer die Hauptakteure einer Handlung, sondern manchmal auch Instrumente oder andere Menschen, die instrumentalisiert wurden. Auf diese Weise können auch unbelebte Dinge oder Diener eine Straftat vollziehen. Aristoteles zufolge tun sie damit kein Unrecht, obwohl sie die Mittel sind, durch die die ungerechten Handlungen vollzogen wurden. Der Grund dafür ist, dass das Unrechttun als freiwillige Handlung denen zugeschrieben werden muss, die Anfangsgrund oder Prinzip der Handlungen sind.

Schließlich verweist Aristoteles auf einen Richter, der mehr zuteilt als der betreffenden Person zusteht. Geschieht dies in Unkenntnis der wirklichen Umstände, dann tut er zwar kein Unrecht, in gewisser Weise ist aber trotzdem ein Unrecht geschehen. Das gesetzlich Gerechte (also das Urteil des Richters) und das Gerechte an sich können auseinanderfallen (V.12, 1136b33–34). Wenn das Urteil aber nicht in Unkenntnis, sondern wissentlich gefällt wird, handelt der Richter ungerecht. Aristoteles nennt verschiedene Gründe für dessen Handeln: weil er Dankbarkeit oder Vergeltung sucht oder weil er mittelbar selbst von dem Urteil profitiert.

Aus diesen Beobachtungen folgt nun:

1. Man kann sich selbst kein Unrecht zufügen, wenn man anderen mehr als sich selbst zuteilt.
2. Man sollte sich die Verteiler von Gütern wie Richter genauer anschauen und feststellen, ob sie wissentlich einen Vorteil erstreben. In diesem Fall würden sie bei ungleicher Zuteilung vorsätzlich Unrecht tun.

V.13 Gerechte Handlungen und die gerechte Disposition (1137a4–1137a30)

Aristoteles korrigiert die verbreitete Ansicht, dass es leicht ist, gerecht zu sein, weil es in jedermanns Macht steht, Unrecht zu tun. Diese Ansicht ist nicht richtig, weil die Gerechtigkeit eine bestimmte Verfassung voraussetzt, mit der eine Handlung ausgeführt wird. Aus demselben Grund ist es auch trotz unrechter Taten schwer, ungerecht zu sein. So irrt man auch, wenn man annimmt, keine weitergehenden Kenntnisse oder gar Weisheit zur Erkenntnis der Gerechtigkeit und Ungerechtigkeit zu benötigen. Es ist noch schwieriger, Güter angemessen zu verteilen, als das der Gesundheit Zuträgliche für den Körper zu ermitteln. Schwierig ist insbesondere die Anwendung allgemeiner Kenntnisse, da Einsicht in konkrete Bedingungen gefordert ist. Doch ebenso wie die Gerechtigkeit bedingt auch die Ungerechtigkeit eine Verfassung, die die ungerechte Handlung bewirkt. Aus diesem Grund ist Ungerechtigkeit etwas anderes als Unrechttun.

Zum Schluss erinnert Aristoteles daran, dass es Gerechtigkeit nur unter Menschen geben kann, da nur diese mit der Zuteilung von Gütern beschäftigt sind, die Übermaß und Mangel erlauben. Nur unter dieser Voraussetzung kann die für die Gerechtigkeit wesentliche Gleichheit verletzt werden. Bei den Göttern gibt es hingegen kein Übermaß und keinen Mangel, und deshalb üben sie diese Form der Gerechtigkeit auch nicht aus.

V.14 Billigkeit (1137a31–1138a3)

Der letzte größere Themenkomplex, auf den Aristoteles in der Diskussion der gerechten Handlungen eingehen muss, ist der Unterschied zwischen Gerechtigkeit und Billigkeit.

So zeigt sich, dass Billigkeit und Gerechtigkeit zwar nicht dasselbe sind, sich aber auch nicht der Gattung nach unterscheiden (V.13, 1137a33–34). Man lobt Menschen für billige Handlungen und signalisiert damit die eigene Zustimmung und schätzt die Handlungen eines Menschen als gut ein.

Trotzdem ist fraglich, wie die Billigkeit neben der Gerechtigkeit bestehen kann. Sind gerecht und billig verschieden, wie kann beides gut sein? Wenn aber beide gut sind, sind sie dann nicht dasselbe? Aristoteles zufolge ist das Billige in *einer gewissen Hinsicht* besser als das Gerechte; wie genau, versucht er, in diesem Kapitel darzulegen.

Zunächst stellt er fest, dass die Billigkeit sich von dem unterscheidet, was durch das Gesetz als gerecht bestimmt wird. Dieser Unterschied wird relevant, weil das Billige korrigierend auf die Gesetze wirkt (V.13, 1137b11–13). Der Grund hierfür liegt im Wesen der Gesetze selbst, die als solche allgemein sind. Manche Dinge entziehen sich aber dem Allgemeinen. Über sie können folglich keine allgemeinen Aussagen getroffen werden. Notwendig hinterlassen die Gesetzgeber an dieser Stelle eine Lücke und genau diese Lücke wird durch die Billigkeit geschlossen. Aristoteles bemerkt, dass die Gesetzgeber das Gesetz für die jeweilige Situation angepasst hätten, wenn sie

Kenntnis vom einzelnen Fall gehabt hätten (V.13, 1137b22–24). Das erklärt nun, warum das Billige zwar besser als die gesetzlich gefasste Gerechtigkeit, aber nicht besser als das Gerechte schlechthin ist. Das Billige ist die Korrektur des Gesetzes in den Handlungen oder der Anwendung auf einen einzelnen Fall. Die, die etwas billigen, bestehen nicht auf Rechtsgenauigkeit, was im Einzelnen auch dazu führen kann, dass sie sich mit weniger zufrieden geben, als ihnen gesetzlich zugestanden hätte. Das verdeutlicht zugleich, dass die Billigkeit keine von der Gerechtigkeit verschiedene Disposition zum Handeln darstellt (V.14, 1138a2–3).

V.15 Man kann sich selbst kein Unrecht tun (1138a4–1138b14)

Aristoteles verfolgt die Frage der Billigkeit nicht weiter, sondern kehrt zu einer Thematik zurück, die er bereits in den Kapiteln elf und zwölf besprochen hat: Kann man sich selbst ein Unrecht zufügen oder nicht?

Bis hierher hatte sich Aristoteles vor allem auf die Untersuchung der mit diesem Komplex verbundenen Frage konzentriert, ob man freiwillig ein Unrecht erleiden kann. Das schließt in einem gewissen Sinn die Frage mit ein, ob man von sich selbst Unrecht erleiden kann. In beiden Fällen gilt, dass nur dann von einem Unrecht gesprochen werden kann, wenn es nicht freiwillig mit Wunsch des Betroffenen geschieht.

Als Beispiel einer Handlung, mit der man sich selbst ein Unrecht zufügen könnte, führt Aristoteles in diesem Kapitel den Suizid ein. Bemerkenswert ist der erste Ansatz in der Beantwortung. So stellt Aristoteles fest, dass das Gesetz nicht befiehlt, sich zu töten. Was es aber nicht befiehlt, das soll es verbieten (V.15, 1138a7). Diese Bemerkung hat den Interpreten Kopfzerbrechen bereitet, da so der Unterschied zwischen gebotenen und erlaubten Handlungen hinfällig zu werden scheint. Es ist jedoch anzunehmen, dass sich Aristoteles an dieser Stelle unmittelbar auf den vorliegenden Fall bezieht und folglich nur von Tötungen spricht. Gemeint ist, dass alle Tötungen, die der Staat nicht selbst anordnet, verboten sind. Ähnlich argumentiert auch Thomas von Aquin: Seiner Ansicht nach meint Aristoteles nur solche Handlungen, die an sich schlecht sind, was die Tötung eines Menschen einschließen würde.[2] Diese Handlungen wären immer dann gerecht, wenn sie durch den Staat befohlen werden.

Schauen wir uns das Beispiel des Suizides etwas genauer an: Jemand tötet sich im Zorn. Damit tut er freiwillig etwas, was das Gesetz verbietet. Er begeht folglich ein Unrecht. Doch wem fügt er ein Unrecht zu? Aristoteles erinnert daran, dass Unrechtleiden voraussetzt, dass der Empfänger das Unrecht nicht freiwillig empfängt. Das ist beim Selbstmord aber der Fall. Die Selbstmörder fügen sich selbst somit kein Unrecht zu. Aristoteles bringt dann eine Alternative ins Spiel, und zwar den Staat. Demnach hätten die Selbstmörder sich zwar selbst kein Unrecht, jedoch dem Staat ein Unrecht zugefügt, weil diesem durch die Tat ein Bürger genommen wurde. Dieses Argument scheint auch als Begründung für die vom Staat verhängten Strafen zu dienen (V.15, 1138a12–14).

Aristoteles geht zum nächsten Fall über: Fügt man sich nicht selbst dadurch ein Unrecht zu, dass man schlechter wird als man sein kann? Doch wäre auch das nicht möglich, weil andernfalls ein und dasselbe weggenommen und hinzugefügt werden würde (V.15, 1138a18–19).

Wie ist das gemeint? Zunächst erinnert Aristoteles an unser Verständnis der ausgleichenden Gerechtigkeit, die darin be-

2 S. Thomae Aquinatis, *Sententia libri ethicorum*, 053 CTC lb5 lc17, S. 192.

steht, weder zu wenig noch zu viel zuzuteilen. In diesem Fall fällt aber der Gewinn mit dem Verlust zusammen. Gerechtes und Ungerechtes sollen jedoch der Voraussetzung nach ein Verhältnis bezeichnen, und das schließt mehr als eine Person ein. Außerdem muss bedacht werden, dass Unrechttun dem Unrechterleiden immer vorausgeht. Andernfalls würde man kein Unrecht erfahren, sondern ein Unrecht vergelten. Wäre es aber möglich, sich selbst ein Unrecht zuzufügen, dann würde man sich zur gleichen Zeit ein Unrecht tun und ein Unrecht erleiden, was aber der Voraussetzung nach ausgeschlossen ist (V.15, 1138a22–23). Ferner setzt das Unrechttun eine unrechtmäßige Tat voraus. Man kann sich aber nicht selbst bestehlen.

Im Anschluss fragt Aristoteles, was schlechter ist: Unrechttun oder Unrechtleiden. Beides soll zwar schlecht sein, doch ist seiner Ansicht nach das Unrechttun schlimmer, weil es mit einer nahezu vollständigen Schlechtigkeit verbunden ist. Aristoteles erinnert daran, dass das nicht ausschließt, dass nebenbei bzw. akzidentell das Unrechterleiden schlimmer für die Betroffenen sein kann. Doch an sich betrachtet ist das Unrechterleiden ein geringeres Übel (V.15, 1138a35).

Zum Schluss überträgt Aristoteles die Überlegung auf das gerechte Handeln: Auch hier gilt, dass man sich selbst kein Recht tun kann. Es sei denn, man betrachtet einzelne Teile, die zu einem gehören, wie etwa die Seelenteile. In diesem Fall muss das Schlechtere dem Besseren gehorchen. Wenn das nicht der Fall sein sollte, ließe sich in einem übertragenen Sinn davon sprechen, dass man von sich selbst ein Unrecht erlitten hat. Mit dieser letzten Anspielung zielt Aristoteles freilich auf Platons Behandlung der Gerechtigkeit in der *Politeia* ab, die von ihm aber nicht weiter kommentiert wird. An Stelle dessen erklärt er die Behandlung der Gerechtigkeit und der übrigen ethischen Tugenden für beendet (V.15, 1138b13–14).

Kapitel 6

Die Verstandestugenden (Buch VI.1–13)

Aristoteles steigt in das sechste Buch mit der Erklärung ein, dass die Bestimmung der Tugend zwar ein rationales Urteil (*orthos logos*) umfasse, dieser Punkt bislang aber nicht geklärt sei.

Trotz dieser eindeutigen Angabe ist der genaue Gegenstand des Buches in der Forschung umstritten, und der Aufbau wird von vielen als eher verworren beurteilt. Das hängt zum Teil damit zusammen, dass die Ausgangsfrage mit der Behandlung der intellektuellen oder Verstandestugenden gekoppelt ist, Aristoteles also hier auch noch einen anderen losen Faden der Untersuchung wieder aufnimmt. So wurden im ersten Buch zwei spezifische Vermögen der menschlichen Seele im Verhältnis zur Vernunft mit je eigentümlichen Tugenden identifiziert, von denen zuerst die ethischen oder Charaktertugenden ausführlich behandelt wurden.

Auch wenn der Textaufbau damit heutigen Erwartungen nicht genügt, ist oft zu hören, dass in diesem Buch eine der größten und bleibenden Errungenschaften der aristotelischen Philosophie zu finden sei, nämlich die klare Unterscheidung zwischen einem praktischen und einem theoretischen Vernunftgebrauch.

Wie genau allerdings der Beitrag der praktischen Vernunft als Klugheit (*phronêsis*) zur Glückseligkeit zu verstehen ist, bleibt unklar. Fraglich ist etwa, ob die Klugheit auch einen Beitrag zur Bestimmung des Ziels leistet oder ob lediglich die Mittel zur Realisierung des Ziels überlegt werden, das Ziel also von anderer Stelle hergenommen werden muss. Mit Blick auf zeitgenössische Debatten würde man sich jedenfalls wünschen, dass die Klugheit auch bei der Bestimmung der Zwecke und nicht nur bei der Wahl der Mittel mitwirkt.

Andere Probleme betreffen das genaue Verhältnis zwischen Klugheit und Wahrnehmung. Aristoteles verweist immer wieder auf gewisse Parallelen, aus denen sich Berührungspunkte zu modernen Vorstellungen einer moralischen Intuition zu ergeben scheinen, die man gerne bestätigt finden würde. Schwierigkeiten bereitet auch hier die Abgrenzung der Klugheit von verwandten Phänomenen wie der politischen Wissenschaft und dem Scharfsinn. Gibt es neben Tugend und Weisheit andere Tugenden des Verstandes? Und wenn ja, in welcher Ordnung stehen sie? Sind Wohlberatenheit und Verständigkeit eigenständige Tugenden oder gehören sie zur Klugheit? Außerdem wird die Verbindung zwischen Klugheit und den Tugenden kontrovers diskutiert. Vor allem Aristoteles' Behauptung, dass Klugheit die Ausbildung aller Tugenden einschließt, provoziert teils scharfe Kritik.

Nach diesem ersten Überblick über die Zielsetzung des Buches und die Probleme, die die Forschung beschäftigen, sollten wir uns die inhaltliche Gliederung in dreizehn Kapitel etwas genauer anschauen.

(1138b18–1138b34) Das erste Kapitel gibt das Thema des Buches vor und erläutert die Notwendigkeit der Untersuchung zur Vervollständigung der Behandlung der ethischen Tugenden, da diese ein rationales Urteil voraussetzen, das als solches bislang nicht thematisiert wurde.

(1138b35–1139b13) Zur Identifikation der intellektuellen Tugenden als Bestformen muss die eigentümliche Funktion des vernünftigen Seelenteils bestimmt werden. Im zweiten Kapitel charakterisiert Aristoteles zwei prinzipiell verschiedene Anwendungen der Vernunft, die theoretisch bei der Erfassung wissenschaftlicher Gegenstände und praktisch bei der Anwendung auf die Handlungsziele verfährt. Beide Tätigkeiten zielen in ihrer Bestform allerdings auf Wahrheit ab.

(1139b14–1139b36) Vor diesem Hintergrund identifiziert das

dritte Kapitel fünf Dispositionen der vernünftigen Seele, die die Wahrheit zuverlässig durch Bejahen oder Verneinen treffen: Kunst, Wissenschaft, Klugheit, Weisheit und Vernunft (*nous*). Diese intellektuellen Tugenden werden im Folgenden skizziert. Den Anfang macht die Wissenschaft, die als beweisende Disposition charakterisiert wird.

(1140a1–1140a23) Im vierten Kapitel wird die Kunst als Bestform einer der Herstellung im Gegensatz zur Handlung gewidmeten Disposition herausgestellt.

(1140a24–1140b30) Das fünfte Kapitel behandelt die Klugheit und grenzt diese von der Kunst und der Wissenschaft ab. Bei der Klugheit handelt es sich der ersten Bestimmung zufolge um eine wahre mit Vernunft verbundene Disposition zum Handeln, die das Gute des Menschen im Ganzen im Blick hat. Klugheit setzt somit zwei Komponenten voraus, nämlich die tugendhafte Disposition und die für das Handeln relevante Vernunftaktivität.

(1140b31–1141a8) Im sechsten Kapitel thematisiert Aristoteles die Vernunft (*nous*), die die ersten Prinzipien zum Gegenstand hat.

(1141a9–1141b8) Das siebte Kapitel schließt die Diskussion der primären Verstandestugenden ab, indem die Weisheit als oberste Tugend des vernünftigen Seelenteils eingeführt wird. Der besondere Status gebührt ihr zum einen deshalb, weil sie die übrigen Verstandestugenden gebraucht, und zum anderen aufgrund ihrer Beschäftigung mit den höchsten und bedeutendsten Gegenständen.

(1141b8–1141b33) Das achte Kapitel untersucht das Werk der Klugheit und bespricht deren Verhältnis zur politischen Wissenschaft. Beide beruhen auf derselben Disposition und unterscheiden sich nur in Bezug auf ihren Anwendungsbereich.

(1141b33–1142a30) Das neunte Kapitel thematisiert die Klugheit in ihrer für das Handeln leitenden Funktion und weist auf

Gemeinsamkeiten dieser mit der Vernunft in ihrer theoretischen Anwendung hin. Außerdem wird der Erfahrungsbezug der Klugheit sowie die Nähe zur Wahrnehmung herausgestellt.

(1142a31–1142b33) Das zehnte Kapitel stellt die Wohlberatenheit als Bedingung der Anwendung der Klugheit heraus. Die Wohlberatenheit besteht in einer umfassenden Richtigkeit der Überlegungen und erstreckt sich sowohl auf einzelne Zwecke als auch auf das Richtige überhaupt, was sie mit der Klugheit verbindet.

(1142b34–1143a24) Das elfte Kapitel grenzt die Klugheit von der Verständigkeit und der Einsicht ab, die sich ebenfalls mit solchen Dingen beschäftigen, die überlegt werden. Im Gegensatz zur Klugheit urteilen diese jedoch nur und geben keine Handlungsanordnung.

(1143a25–1143b17) Das zwölfte Kapitel führt die vorhergehenden Überlegungen zusammen und zeigt auf, wie Einsicht, Verständigkeit, Klugheit und Vernunft zusammenspielen. Aristoteles betont dabei die Einheit der Vernunft, die sowohl in ihrem theoretischen als auch praktischen Gebrauch das Einzelne in sachlicher Bestimmtheit erfasst.

(1143b18–1145a11) Im dreizehnten Kapitel diskutiert Aristoteles eine Reihe von Fragen, die sich aus der bisherigen Diskussion ergeben haben. Vor allem geht es ihm um die Verbindung zwischen Klugheit und Tugend. Auf diese Weise wird auch die Ausgangsfrage beantwortet.

VI.1 Das rationale Urteil (1138b18–1138b34)

Aristoteles kehrt zur allgemeinen Definition der Tugend als einer Mitte, die durch rationales Urteil (*orthos logos*) bestimmt wird, zurück.

Bislang blieb ungeklärt, was genau mit rationalem Urteil gemeint ist. Die Tugenden als Dispositionen geben einen Zielpunkt vor, der die Mitte bildet zwischen Übermaß und Mangel. Den Zielpunkt erfasst das Urteil. Aristoteles räumt an dieser Stelle ein, dass damit immer noch nicht klar geworden ist, was genau das rationale Urteil im Einzelnen besagt (I.1, 1138b25–26). Eine solche Mitte lässt sich auch für andere menschliche Beschäftigungen anführen, ohne dabei konkrete inhaltliche Aussagen zu treffen. Doch ähnlich, wie es in der Medizin nicht weiterhilft zu wissen, dass man nicht zu viel oder zu wenig vom benötigten Heilmittel verabreichen darf, wenn das Heilmittel unklar ist, ebenso ist es auch bei den Tugenden nötig, die Natur des vorausgesetzten rationalen Urteils genauer zu fassen (I.1, 1138b33–34).

VI.2 Wahrheit im theoretischen und praktischen Denken (1138b35–1139b13)

Im ersten Buch hatte Aristoteles die Tugenden in ethische und intellektuelle Tugenden (oder Charakter- und Verstandestugenden) aufgeteilt (I.13, 1103a3–7). Zur genauen Umgrenzung und Bestimmung des rationalen Urteils müssen an dieser Stelle die intellektuellen Tugenden (also die Tugenden, die aus dem vernünftigen Teil der Seele im engeren Sinn hervorgehen) als mögliche Erkenntnisformen genauer differenziert und anschließend in ihrem Verhältnis zueinander bestimmt werden.

Der vernunftlose Teil wurde zuvor bereits in zwei Teile differenziert. Entsprechend gliedert sich auch der vernünftige Teil der Seele in zwei Teile (VI.2, 1139a5–6). Aristoteles begründet das damit, dass die Vernunft zwei unterschiedliche Gegenstände hat und die Vermögen durch ihre jeweiligen Gegenstände individuiert werden (*An.* I.1, 402b11–16; II.4, 415a16–22; Hahmann 2016, S. 96–98). Das gilt insbesondere für die Vernunftvermögen, weil Erkenntnis Aristoteles zufolge in einer Art von Ähnlichkeit besteht (*DK* 31 B109; *An.* I.2, 404b13–15). Wie genau Aristoteles die Angleichung des Erkennenden an den Erkenntnisgegenstand begreift, wird in *De anima* ausgeführt, braucht uns hier aber nicht weiter zu interessieren (*An.* III.2, 425b25–26; Hahmann 2016, S. 169–172). Als Konsequenz ergibt sich jedenfalls, dass man zwei prinzipiell (also die ersten Gründe betreffend) verschiedene Vermögen erhält, und zwar jeweils abhängig von der grundsätzlichen Verschiedenheit der zugrundegelegten Gegenstände. Richtet sich die Vernunft auf denjenigen Aspekt an den veränderlichen Gegenständen, der einzig wissenschaftlicher Erkenntnis zugänglich ist, dann hat man es in gewisser Weise mit solchen Dingen zu tun, die sich »nicht anders verhalten können« (VI.2, 1139a7–8). Gemeint ist damit, dass die wissenschaftliche Erkenntnis diejenigen allgemeinen begrifflichen Bestimmungen erfasst, die für sich und ohne sachfremde Zusätze begriffen werden können (also gewissermaßen einfach sind). Aristoteles zufolge können diese wesentlichen Bestimmungen nicht von der zugrundeliegenden Sache abstrahiert werden, ohne die Sache selbst aufzulösen (*An. post.* I.4, 73b19–21). So gilt etwa für alle Dreiecke, dass die Innenwinkelsumme gleich zwei rechten sein muss.

Von diesen unveränderlichen Erkenntnisgründen muss das für das Handeln relevante Einzelne unterschieden werden, ein Einzelnes, das von kontingenten Umständen abhängt und situationsbedingt ist. Für die Erfassung der an sich bestimmten Sachverhalte reserviert Aristoteles die wissenschaftliche Erkenntnis. Das veränderliche Einzelne wird hingegen nicht wissenschaftlich erkannt, sondern ist Gegenstand des Nachdenkens. Nachdenken entspricht aber der Überlegung (VI.2, 1139a12–13), die Aristoteles im dritten Buch als Voraussetzung der Entscheidung eingeführt hat. Wir haben dort gesehen, dass überlegt wurde, welche Mittel angewendet werden sollen, ein gewünschtes Gut zu realisieren (III.4, 1111b26–27 sowie III.5). Dies wird im Folgenden wichtig werden.

Da wir die Tugenden (also die Bestformen) des vernünftigen Seelenteils suchen und dieser zweitgeteilt ist, so werden sich die Tugenden ebenfalls in den jeweiligen Teilen als Bestformen der Ausführung der je eigentümlichen Werke zeigen (VI.2, 1139a16–17):

Zu Beginn wendet sich Aristoteles der Vernunft in ihrer praktischen Anwendung zu. Er lenkt die Aufmerksamkeit zurück zur Seele, die, so wissen wir aus *De anima*, über drei Vermögen verfügt, die entscheidend für das Handeln und zum Erreichen der Wahrheit sind, nämlich 1. Wahrnehmung, 2. Vernunft (*nous*) und 3. Streben (*An.* III.10). Als solche betrachtet scheidet die Wahrnehmung als Anfangsgrund der Handlung (in einem engen Sinn verstanden) aus, weil Vernunft notwendig beim Handeln beteiligt ist (aber *nicht notwendig* in der Wahrnehmung). Aus demselben Grund können Tiere nicht handeln. Es bleiben also nur Vernunft und Streben.

Hier entdeckt Aristoteles eine Parallele, und zwar entsprechen der Bejahung und Verneinung des Denkens (*dianoia*) mit Blick auf die Wahrheit das Suchen des Guten und das Meiden des Schlechten im Streben (VI.2, 1139a21–22). Diese Entsprechung wird unmittelbar relevant, wenn man sich an die oben getroffene Bestimmung der ethischen Tugend als Disposition zum Entscheiden (*hexis prohairetikê*, VI.2, 1139a22–23) erinnert. Wir haben gesehen, dass das Entscheiden auf einer Überlegung beruht und ein Streben voraussetzt. In der Entscheidung selbst sind somit die beiden Elemente Überlegung und Streben involviert.

Da es uns in der Suche nach den intellektuellen Tugenden um die Bestzustände geht, folglich auch die gute Entscheidung gesucht wird, muss die Überlegung wahr (*logon alêthê*, VI.2, 1139a24) und das Streben richtig (*orexin orthên*, VI.2, 1139a24) sein. Ferner müssen beide, also Streben und Überlegung, miteinander übereinstimmen. Das Denken muss dasselbe bejahen, was das Streben verfolgt. Die Bestform besteht somit in der wahren Überlegung und dem richtigen Streben.

Diese doppelte Struktur der praktischen Vernunft muss unbedingt im Auge behalten werden, da sich nur so einige der Probleme vermeiden lassen, die in der Forschung mit Aristoteles' Konzeption der Klugheit gesehen werden. Erinnern wir uns: Anfangspunkt oder Ursprung der Handlung ist die Entscheidung (*prohairesis*). Diese legt *nicht den Zweck* fest, sondern bildet den Endpunkt einer Überlegung, die auf die Realisierung eines aus dem Streben vorgegebenen Zwecks gerichtet ist. Die Entscheidung setzt somit Vernunft einerseits und die für den guten Wunsch entscheidende Charakterdisposition andererseits voraus. Kurz: Die charakterliche Disposition gibt das Ziel vor, und die Vernunft überlegt den Weg zu dessen Realisierung. Das bloße (theoretische) Denken kann nicht bewegen, sondern nur das auf ein Gut des Handelns (also einen Zweck) gerichtete praktische Denken (*dianoia praktikê*, VI.2, 1139a36, siehe auch *An.* III.10, 433a18). Deshalb kann man die Entscheidung (*prohairesis*) als Ergebnis des Denkens auch als ein »strebendes Denken oder denkendes Streben« (VI.2, 1139b4–5) begreifen.

Eher im Vorbeigehen merkt Aristoteles an dieser Stelle an, dass das praktische Denken auch das herstellende Denken »regiert« (*archei*[1] VI.2, 1139b1). Das bedeutet, dass die dem herstel-

1 αὕτη γὰρ καὶ τῆς ποιητικῆς ἄρχει […]. Die Übersetzung der Stelle ist schwierig und lässt unterschiedliche Möglichkeiten zu. Frede übersetzt mit »Der Zweck bestimmt freilich auch das herstellende Vermögen«. Bei Gigon heißt es: »Dieses ist auch der Ursprung des hervorbringenden Denkens«. Ich gehe mit Krapinger davon aus, dass sich αὕτη auf ἡ ἕνεκά του καὶ πρακτική διάνοια (das zweckgerichtete und praktische Denken) bezieht, τῆς ποιητικῆς als Kurzform für her-

lenden Denken gewidmete Disposition dem praktischen Denken im engeren Sinn untergeordnet wird.

Doch zuvor muss Aristoteles die verschiedenen Tugenden besser voneinander abgrenzen. Wir haben gesehen, dass die Bestform des praktischen und des theoretischen Denkens in einem gewissen Sinn im Erreichen der Wahrheit besteht. Zur Bestimmung der Verstandestugenden ist es wichtig festzustellen, welche Dispositionen die Wahrheit treffen.

VI.3 Wissenschaft (1139b14–1139b36)

Aristoteles zufolge gibt es im vernünftigen Seelenteil fünf Vermögen bzw. Dispositionen,[2] die die Wahrheit durch Bejahung oder Verneinung treffen. Das sind Kunst (*technê*), Wissenschaft (*epistêmê*), Klugheit (*phronêsis*), Weisheit (*sophia*) und Vernunft (*nous*). Auf diese Weise erhalten wir die fünf intellektuellen Tugenden der Seele (im engeren Sinn).

Andere Vermögen, die dem vernünftigen Seelenteil zugerechnet werden, wie etwa Vermutung und Meinung, qualifizieren sich nicht als Tugenden, weil sie als solche nicht immer die Wahrheit treffen und somit keine Bestformen darstellen (VI.3, 1139b17–18). Im Folgenden geht Aristoteles diese zunächst einzeln durch und hierarchisiert sie dann.

Als erstes untersucht er die Wissenschaft mit Bezug auf ihre Gegenstände. Diese sind, wie wir im vorausgehenden Abschnitt gesehen haben, notwendig und unveränderlich, da nur

stellendes Denken verstanden werden muss und ἄρχει als beherrschen oder regieren übersetzt werden sollte.

2 Aristoteles trennt nicht immer scharf zwischen Vermögen und Dispositionen. An dieser Stelle spricht er jedenfalls von Dispositionen (*hexeis*).

auf diese Weise Wissen überhaupt möglich ist (VI.3, 1139b19–20). Im Anschluss erklärt Aristoteles die Wissenschaft, indem er von ihrer Ursache ausgeht, und stellt fest, dass jede Wissenschaft lehrbar ist. Die Lehre geht aber von dem zuvor bereits Bekannten aus, wie Aristoteles in der *Zweiten Analytik* (*An. post.* I.1, 71a) ausgeführt hatte. Dabei verfährt sie auf zweifache Weise, nämlich entweder durch Induktion oder durch Deduktion. Mittels der Induktion erreicht sie die Prinzipien, und mittels Deduktion geht sie von diesen Prinzipien aus. Wissenschaft wäre folglich eine Disposition im Umgang mit Beweisen, die wiederum Anfangsgründe (Prinzipien) voraussetzen (VI.3, 1139b31–32).

VI.4 Kunst (1140a1–1140a23)

Als nächstes thematisiert Aristoteles die Kunst. Diese ist eine Disposition zum Herstellen oder Machen. Die Kunst teilt sich den Bereich der unbeständigen und veränderlichen Einzeldinge mit der Klugheit. Trotz dieser Gemeinsamkeit sind Herstellung und Handlung grundsätzlich voneinander verschieden. Deshalb muss es auch unterschiedliche Dispositionen geben. Während nämlich die Handlung eine Tätigkeit ist, deren Vollendung im Handelnden selbst liegt (vergleichbar dem Sehen und Verstehen), verfolgt das Herstellen oder Machen ein der Tätigkeit äußeres Gut oder einen Zweck (siehe auch *Met.* IX.8, 1050a26–b2). Ihre Vollendung findet die Herstellung als solche im hergestellten Produkt. Wir haben bereits im Vorausgehenden gesehen, dass die Klugheit trotzdem über die Kunst verfügt (herrscht), weil »das Produkt nicht schlechthin das Ziel ist« (VI.3, 1139b2–3), sondern mit dem hergestellten Produkt ein anderes Gut als Ziel verfolgt wird.

VI.5 Klugheit (1140a24–1140b30)

Das Werk der Klugheit (*phronêsis*) erschließt sich am einfachsten in ihrer Vollendung bei klugen Menschen. Man sieht, dass die Klugen das Gute und Nützliche, »was das gute Leben im Ganzen betrifft« (VI.5, 1140a28), also nicht eingeschränkt auf einzelne Aspekte, wie Gesundheit oder Stärke, richtig erkennen. Die Wiederherstellung der Gesundheit ist Gegenstand der Medizin. Aus diesem Grunde ist ein Mediziner der beste Ratgeber in Gesundheitsfragen. Die Klugen stellen hingegen im Ganzen betrachtet gute Überlegungen an – und dies nicht bei Zielen, die unter eine bestimmte Kunst fallen (VI.5, 1140a29–31).

Doch was genau überlegen sich die Menschen? Zunächst hält Aristoteles fest, dass man sich nur solches überlegt, das anders sein kann (also kontingent ist) und dessen Umsetzung in der Macht der Handelnden liegt (VI.5, 1140a31–35). Damit steht fest, dass Klugheit weder Wissenschaft noch Kunst ist. Von der ersten unterscheidet sie sich durch die Beschaffenheit der Gegenstände, und Letztere verfolgt andere Zwecke (VI.5, 1140b3–4). Im Gegensatz zur Kunst liegt das Ziel der Handlung (das erstrebte Gut) nicht außerhalb der Handlung (im hergestellten Werk), sondern in der Handlung selbst. Folglich wird die gute Handlung selbst zum Gegenstand der Klugheit.

Als erste Bestimmung der Klugheit erhalten wir somit die, dass sie »eine wahre, mit Vernunft verknüpfte Disposition zum Handeln ist, die sich auf das bezieht, was für den Menschen gut und schlecht ist« (VI.5, 1140b4–6, Übersetzung nach Krapinger, modifiziert). Anders ausgedrückt: Die Klugen *erkennen* (*theôrein*, VI.5, 1140b10), was für sie selbst und die ihnen angehörigen Menschen gut ist. Wie genau diese Erkenntnis beschaffen ist, ob damit auch und wenn ja wie das Ziel mitbedacht wird, soll später erörtert werden.

Aus der anschließenden Erläuterung der These und den Beispielen, die Aristoteles zur Stützung der Annahme anbringt, lässt sich allerdings schon ein Hinweis auf die Beziehung der Klugheit zum Ziel der Handlung entnehmen: Zunächst verweist Aristoteles auf Menschen wie Perikles, die sich durch ihre Weitsicht für den Staat verdient gemacht haben. Dieser Befund soll im Anschluss durch eine vermeintlich etymologische Verbindung zwischen Klugheit und Besonnenheit (*sôphrosynê*) belegt werden. Wie es um die sprachliche Verbindung steht, braucht uns nicht zu interessieren. Wichtig ist vielmehr, dass Aristoteles zufolge die Besonnenheit die Klugheit bewahrt (*sôzei*), indem sie Lust und Schmerz in Zaum hält. So können die Affekte zwar keine theoretischen Urteile beeinflussen, haben aber erheblichen Einfluss auf das menschliche Handeln, indem sie das Ziel (und mithin das Prinzip oder den Ursprung) der Handlung korrumpieren (VI.5, 1140b17–19). Aristoteles betont, dass Lust und Schmerz den Charakter verderben können. Sollte das geschehen sein, werden die Menschen blind für das richtige Ziel. Im Umkehrschluss bedeutet das nun, dass der richtige Umgang mit Lust und Schmerz, wie er durch die Charaktertugenden herbeigeführt wird, den Menschen das wahrhaft Gute als Ziel des Handelns freigibt. Somit ist für die Erkenntnis des Ziels die Beschaffenheit des Charakters entscheidend.

Die wesentliche Verbindung zwischen Klugheit und Tugend wird auch durch einen weiteren Unterschied zur Kunst illustriert. Im Gegensatz zur Kunst ist die Verbindung zwischen Klugheit und Tugend sehr viel enger. Weil nämlich das Ziel der Kunst außerhalb des Handelns in einem Produkt liegt (aus diesem Grunde hat das Handeln selbst eine zusätzliche Tugend zur Regulierung nötig), sind absichtliche Fehler nicht so gravierend, sondern können sogar als Beweis dafür dienen, dass man die Kunstfertigkeit beherrscht. Das gilt jedoch nicht für die

Klugheit, da man in diesem Fall absichtlich etwas Schlechtes tun und somit gegen das Prinzip der Klugheit verstoßen würde (VI.5, 1140b23–24).

Zum Schluss wird die Klugheit noch einmal genauer innerhalb des vernünftigen Seelenteils verortet. Aristoteles unterscheidet die Vernunftseele, wie wir gesehen haben, in zwei Teile. Einer der beiden Teile hat es mit den wissenschaftlich einsehbaren Gegenständen zu tun, der andere ist den unbeständigen Einzeldingen gewidmet. Letztere sind Gegenstand der Meinung und der Klugheit. Ihr Seelenteil wird daher auch »meinungsbildender Seelenteil« genannt (*tou doxastikou* VI.5, 1140b26).

Aristoteles hatte zuvor bereits auf Vermutung und Meinung als Vermögen der vernünftigen Seele hingewiesen, diese aber aus der Untersuchung ausgespart, weil es sich nicht um Bestformen handelt (VI.3, 1139b17–18). Da die Klugheit eine Tugend ist, muss man sie von der Meinung unterscheiden. Aristoteles hebt deshalb hervor, dass es der Klugheit um das menschliche Handeln geht. Dieser Unterschied wird auch daraus ersichtlich, dass man die Klugheit im Gegensatz zur Meinung nicht vergessen kann (VI.5, 1140b28–30).

Halten wir also fest, dass die Klugheit eine wahre Disposition (*hexis alêthês*) ist, die Aristoteles einerseits an die ethische Tugend und andererseits an die Vernunft knüpft (*meta logou*) und im meinenden Seelenteil verortet.

VI.6 Vernunft (1140b31–1141a8)

Im folgenden Kapitel thematisiert Aristoteles die Vernunft (*nous*) als Quelle der Einsicht in die Prinzipien der Wissenschaft. So setzt die Wissenschaft Begründungen voraus, die von Prinzipien ausgehen. Dies ergibt sich aus der Tatsache, dass die Wissenschaft auf demonstrativen Beweisen beruht, die von Prinzipien zu Schlussfolgerungen übergehen. Aus diesem Grund kann die Wissenschaft selbst ihre Prinzipien nicht zum Gegenstand haben: Die ersten Prinzipien von Demonstrationen sind nicht beweisbar, denn sonst würde sich ein unendlicher Regress ergeben. Ausgeschlossen werden können auch Kunst und Klugheit, die es beide mit unbeständigen und vergänglichen Dingen zu tun haben. Die Weisheit kommt hingegen nicht in Frage, weil auch die Weisen gelegentlich Beweise gebrauchen. Mithin bleibt nur die Vernunft (*nous*) übrig.

VI.7 Weisheit (1141a9–1141b8)

Als letzte der intellektuellen Tugenden behandelt Aristoteles die Weisheit. Zuerst erinnert er daran, dass man Experten in den Künsten als »weise« bezeichnet. So verstanden wäre die Weisheit eine Tugend oder Bestform der jeweiligen Künste (VI.7, 1141a12). Zusätzlich wird mit Weisheit eine allgemeine Bestform bezeichnet, die auf kein bestimmtes Gebiet eingeschränkt bleibt. Hieraus ergibt sich auch die übergeordnete Stellung der Weisheit (VI.7, 1141a19): Die Weisen schließen nicht nur richtig aus den Prinzipien der einzelnen Wissenschaften, sondern verfügen auch über ein Prinzipienwissen. Weisheit beinhaltet somit Wissenschaft (als Disposition zum richtigen Schließen aus Prinzipien) und Vernunft (zur Erkenntnis der Prinzipien selbst).

Im Anschluss grenzt Aristoteles die Weisheit von der Klugheit und der politischen Wissenschaft ab. Die Unterschiede ergeben sich aus ihren verschiedenen Gegenständen: Die Weisheit richtet sich auf die an sich einsehbaren Dinge, und aus diesem Grund führt Aristoteles hier auch das Weiße und das Gerade an (VI.7, 1141a28), die immer und für alle dasselbe sind.

Deshalb ist die Weisheit in einem gewissen Sinn auch immer dieselbe. Klugheit und politische Wissenschaft haben es hingegen mit unbeständigen Einzeldingen in menschlichen Angelegenheiten zu tun. Ihre Güter sind relativ zu den Personen und Umständen nützlich, und aus diesem Grund müssen die Klugen die unterschiedlichen Aspekte und Beziehungen in ihre Überlegungen aufnehmen.

VI.8 Klugheit und politisches Wissen (1141b8–1141b33)

Nachdem Aristoteles die primären Verstandestugenden eingeführt und die Unterschiede zwischen den einzelnen Tugenden aufgezeigt hat, wendet er sich im Folgenden *dem Werk* der Klugheit zu. Wie gesagt bezieht sich die Klugheit auf unbeständige menschliche Güter, die sich relativ zu den Umständen und Personen bestimmen. Allgemein gilt, dass das Werk der Klugheit vor allem im Wohlberatensein oder Gutüberlegtsein (*to eu bouleuesthai*, VI.6, 1141b10) besteht. Im Ganzen wohlberaten (*haplôs euboulos*) sind solche Menschen, die im Handeln gut überlegt auf das höchste Gut (*tou aristou tô anthrôpô*) abzielen (VI.8, 1141b13). Der Zusatz »im Ganzen« impliziert, dass es sich nicht um eine eingeschränkte Überlegung, wie sie etwa in der Ausübung einer einzelnen Tugend erforderlich werden könnte, handelt, sondern eine weitere Perspektive bezogen wird, und zwar ein umfassender Blick auf das erstrebte Gute.

Aus dieser ersten Bestimmung des Werks der Klugheit ergibt sich jedenfalls, dass sie nicht nur das Allgemeine, sondern vor allem das Einzelne in Betracht ziehen muss.[3] Das ist auch

3 Andere Stellen, an denen Aristoteles das Verhältnis des Allgemeinen zum Einzelnen diskutiert, sind VI.12 und VII.5.

der Grund, warum erfahrene Menschen häufig erfolgreicher handeln als Wissende.

Wie ist das an dieser Stelle gemeint? Aristoteles verdeutlicht den Unterschied erneut am Beispiel der physischen Gesundheit: Wenn man im Allgemeinen weiß, dass leichter verdauliches Fleisch die Gesundheit befördert, jedoch nicht weiß, welches Fleisch leichter verdaulich ist, dann ist man denen unterlegen, die die Erfahrung gemacht haben, dass Hühnerfleisch gut bekömmlich ist (VI.8, 1141b18–20). Für die Klugheit ist beides erforderlich: Wissen und Erfahrung, wobei Letztere, wie gesagt, für den Erfolg der Handlung den Ausschlag geben kann. Aristoteles betont jedoch, dass es auch hier eine »leitende« (*architektonikê* VI.8, 1141b22–23) Kenntnis oder Klugheit gibt.

In Bezug auf die Organisation des Staates haben wir im ersten Buch gesehen, dass die politische Wissenschaft eine leitende Rolle spielt. Aristoteles hebt hervor, dass Klugheit und politische Wissenschaft auf derselben Disposition beruhen und beide die richtige Überlegung über das den Menschen Nützliche und Gute im Ganzen bedingen. Doch unterscheiden sie sich ihrem Sein oder Begriff nach, insofern sich die Klugheit auf das Wohl der Einzelnen richtet, das politische Wissen dem Wohl der Gemeinschaft gewidmet ist.

Vor diesem Hintergrund erklären sich auch weitere Unterarten der Klugheit, die sich jeweils aus unterschiedlichen Anwendungsbereichen ergeben. Neben der politischen Wissenschaft, die wiederum in Beratung und Rechtsprechung zerfällt, nennt Aristoteles die Hausverwaltung und die Gesetzgebung.

VI.9 Die Klugheit als leitende Tugend des Handelns (1141b33–1142a30)

Das neunte Kapitel schließt unmittelbar an das Vorgehende an: Aristoteles führt die Verbindung zwischen individueller und gemeinschaftlicher oder politischer Klugheit weiter aus. Er betont, dass die auf das eigene Gut gerichtete Klugheit in die häusliche Klugheit eingebettet ist, die es mit der richtigen Verwaltung des Haushalts zu tun hat und nicht ohne angemessene Verwaltung des Staates verwirklicht werden kann (VI.9, 1142a9–10). Die staatliche Ordnung sowie die durch die Verwaltung des Hauses bereitgestellten Mittel haben einen erheblichen Einfluss auf das eigene Wohl. Die geschickte oder kluge Verwaltung der eigenen Angelegenheiten ist nicht leicht zu erlernen, sondern bedarf der vielfachen Erfahrung und zahlreicher Einzelfälle, die das Urteilsvermögen der Menschen schärfen. Abstrakt sind hingegen mathematische Erkenntnisse. Aus diesem Grunde sind junge Menschen in den Wissenschaften vor allem in der Mathematik erfolgreich. Das macht sie aber noch nicht klug (VI.9, 1142a11–13). Aus diesem Grund haben sie auch keine handlungsrelevanten Überzeugungen, wie Aristoteles hier anmerkt, sondern »reden nur so darüber« (VI.9, 1142a20). Damit ist gemeint, dass sie bloß abstrahierte Vorstellungen davon haben.[4]

Das *Werk* der Klugheit besteht, wie gesagt, darin, gut zu überlegen. Dabei können zwei Arten von Fehlern passieren, und zwar entweder beim Allgemeinen (*to katholou*) oder beim Einzelnen (*to kath' hekaston*, VI.9, 1142a20–21). Beispiel für das Allgemeine soll die Frage sein, ob es wahr ist, dass alle schweren Flüssigkeiten ungesund sind. Das Einzelne betrifft

4 Im siebten Buch greift Aristoteles diese Beobachtung wieder auf. Siehe VII.5, 1147a18–22.

hingegen die Frage, ob diese Flüssigkeit schwer ist. Die Beziehung zum Allgemeinen schlägt eine gewisse Nähe der Klugheit zur Wissenschaft vor. Man muss jedoch die unterschiedlichen Gegenstände in die Überlegungen einbeziehen. Die Klugheit hat es mit veränderlichen Einzeldingen zu tun, die für Handlungen relevant sind, wie Aristoteles hier noch einmal betont (VI.9, 1142a25).

An dieser Stelle will er auch einer Verwechslung mit der Vernunft (*nous*) in ihrem theoretischen Gebrauch vorbauen. Letztere befasst sich, wie wir gesehen haben, mit den einfachen Prinzipien von Beweisen. Da sich aber die Klugheit insofern mit den letzten Einzeldingen beschäftigt, als sie für das Handeln relevant sind, scheint eine Gemeinsamkeit zu den Gegenständen der Vernunft zu bestehen. Beide sind auf Einzelnes gerichtet, von dem es *keine wissenschaftliche* (und somit auf Begründung beruhende) *Erkenntnis* geben kann. Außerdem ist das Einzelne der Klugheit ebenfalls Prinzip oder Ausgangspunkt, jedoch nicht Prinzip oder Ausgangspunkt von theoretischen Beweisen, sondern vom Handeln. Im Gegensatz zum Einfachen der Vernunft ist das Einzelne der Klugheit in gewisser Weise der Wahrnehmung zugänglich. Aristoteles korrigiert sich jedoch sofort: Nicht gemeint ist die Wahrnehmung *sensu stricto*, die sich auf ihre eigentümlichen Objekte bezieht (VI.9, 1142a27): In *De anima* wird zwischen drei Arten der Wahrnehmung in Abhängigkeit von den wahrnehmbaren Objekten unterschieden (*An.* II.6, 418a7–25; dazu Hahmann 2016, S. 122–127). Die eigentümlichen Objekte der jeweiligen Wahrnehmungssinne und die allen Sinnen gemeinsamen Wahrnehmungsobjekte kontrastiert Aristoteles mit den nur akzidentell wahrnehmbaren Objekten. Da Aristoteles in der Diskussion des *Werks* der Klugheit weder Farbe und Ton noch Gestalt oder Anzahl meint, muss an dieser Stelle das akzidentell Wahrnehmbare gemeint sein, etwa die Wahrnehmung, dass es sich bei dem aus der Entfernung erfassten Weißen um den Sohn des Diares handelt (*An.* II.6, 418a21). Bei dieser Form von Wahrnehmung werden an sich wahrnehmbare Objekte (die Farbe) mit etwas an sich nicht Wahrnehmbarem, sondern nur begrifflich Erfassbarem (Sohn-sein) verbunden. Diese Objekte bilden die Grundlage von Meinungen über Wahrnehmungen. Auf solche Meinungen scheint Aristoteles auch hier abzuzielen. Zur Erinnerung: Weiter oben hatte Aristoteles die Klugheit bereits als Tugend des »meinenden Teils« (VI.5, 1140b26) beschrieben.

VI.10 Wohlberatenheit (1142a31–1142b33)

Zur richtigen Bestimmung des *Werks* der Klugheit ist es notwendig, zwei untergeordnete intellektuelle Tugenden in ihrer Beziehung zur Klugheit zu untersuchen, da das Werk der Klugheit von diesen Tugenden Gebrauch zu machen scheint. Es handelt sich somit in gewisser Weise um Bedingungen der Möglichkeit von Klugheit, die aus diesem Grund auch im unmittelbaren Anschluss an das Werk der Klugheit behandelt werden.

Zuerst diskutiert Aristoteles die Wohlberatenheit (*euboulia*) und grenzt sie von den anderen Verstandestugenden bzw. intellektuellen Dispositionen ab. Dass die Wohlberatenheit keine Wissenschaft (*epistêmê*) ist, geht aus der Tatsache hervor, dass man nicht das sucht, was man schon weiß (VI.10, 1142a34–b1). Die Tatsache, dass sie keine Geschicktheit im Schätzen (*eustochia*) ist, soll sich daraus ergeben, dass die Wohlberatenheit nicht so schnell wie die Geschicktheit, etwas zu schätzen, wirkt, da man sehr lange über etwas nachdenken kann, wohingegen man etwas augenblicklich schätzt (VI.10, 1142b2–5). Dass die Wohlberatenheit keine Meinung (*doxa*) ist, zeigt sich daran, dass die Wohlberatenheit im Erfolgsfall zur Richtigkeit (*orthotês*) führt (eine Überlegung ist die richtige). Wissenschaft ist hingegen als solche wahr, es besteht also keine Richtigkeit und die Richtigkeit der Meinung unterscheidet sich von der Richtigkeit der Wohlberatenheit: Richtig ist die *wahre* Meinung. Außerdem ist alles, was Gegenstand einer Meinung ist, bereits dem deutlich, der die Meinung hat. Demgegenüber besteht die Wohlberatenheit gerade in der Überlegung (VI.10, 1142b11–12). Aristoteles kommt deshalb zu dem Schluss, dass die Wohlberatenheit eine Art Richtigkeit des Denkens, genauer: der Überlegung sein muss (VI.10, 1142b16).

Was bedeutet »richtig« in diesem Fall? Vorausgesetzt wird, dass die Wohlberatenheit nicht auf schlechte Dinge, sondern nur auf gute Dinge angewendet wird (VI.10, 1142b20–21). Die Überlegungen des Lasterhaften werden somit nur in einem übertragenen Sinn als richtig bezeichnet, wenn der Lasterhafte die Mittel zu seinem Ziel entdeckt. Zusätzlich muss der Weg, um das gute Ziel zu erreichen, richtig sein. Denn so wie man eine wahre Schlussfolgerung durch einen falschen Syllogismus ziehen kann, gelangt man beim Handeln manchmal durch Anwendung schlechter Mittel zum guten Zweck (VI.10, 1142b24–26). Schließlich sollte weder zu lange noch zu hastig überlegt werden, so dass man die richtige Gelegenheit zum Handeln trifft.

Wohlberatenheit besteht somit in der Richtigkeit, die den richtigen Zweck, die richtige Art und Weise und den richtigen Zeitpunkt einschließt. Da sie sich sowohl auf einzelne Zwecke als auch auf das Richtige im Allgemeinen oder überhaupt erstrecken kann, ist sie mit der Klugheit verbunden, die, wie gesagt, in ihren Überlegungen das für den Menschen Gute im Ganzen im Blick hat.

VI.11 Verständigkeit und Einsicht (1142b34–1143a24)

Im Anschluss diskutiert Aristoteles Verständigkeit (*sunesis*) und Einsicht (*gnôme*), die ebenfalls nicht mit Wissenschaft und Meinung verwechselt werden dürfen.

Da alle Menschen Meinungen haben, wären ansonsten auch alle verständig. Doch trifft dies nicht zu (VI.11, 1143a2). Im Gegensatz zur Wissenschaft soll sich die Verständigkeit nicht ausschließlich mit den unveränderlichen, ewigen Dingen beschäftigen (VI.11, 1143a9–10). Sie hat es aber auch nicht mit beliebigen, veränderlichen Dingen, sondern nur mit solchen zu tun, die Gegenstand von Überlegung sind (VI.11, 1143a6). Sie beschäftigt sich also mit den gleichen Dingen wie die Klugheit.

Beide unterscheiden sich jedoch darin, dass die Verständigkeit nur urteilt. Demgegenüber gibt die Klugheit eine Anordnung zum Handeln vor (VI.11, 1143a8–9). So handelt es sich bei der Verständigkeit um eine Art Beurteilung oder Einschätzung von klugen Handlungen. Und dies macht die Verständigkeit ebenfalls zu einer Voraussetzung der Klugheit: Man hat ein gutes Urteilsvermögen bzw. gutes Einsehen beim Lernen des Richtigen (VI.11, 1143a9–15). Wenn wir Menschen diese besondere Fähigkeit zusprechen, dann meinen wir damit, dass sie richtig zu entscheiden vermögen, ob etwas billig ist oder nicht (VI.11, 1143a20). Einsehen (*gnôme*) wäre somit die Art von Verstehen, die zu einer richtigen Beurteilung des Billigen kommt. Wir haben oben gesehen (V.14), dass es die Billigkeit vor allem auszeichnet, das Allgemeine im Einzelnen zu erkennen und somit die notwendige Lücke zwischen Gesetz und Einzelfall zu schließen. Was genau diese Vermögen zur Klugheit beitragen, zeigt Aristoteles im Folgenden.

VI.12 Vergleich der intellektuellen Dispositionen (1143a25–1143b17)

Wie verhalten sich nun die untergeordneten Tugenden zur Klugheit und zur Vernunft? Aristoteles zufolge sollen alle »auf dasselbe hinauslaufen« (VI.12, 1143a25). Wie ist das gemeint?

Zu Beginn des Buches hatten wir gesehen, dass sowohl der theoretische als auch der praktische Gebrauch der Vernunft in gewisser Hinsicht (und mit wichtigen Unterschieden) auf die Wahrheit abzielen. Eine weitere Gemeinsamkeit, zumindest mit Blick auf das, was Einsicht, Verständigkeit, Klugheit und Vernunft betrifft, besteht darin, dass sie denselben Personen zugeschrieben werden (VI.12, 1143a25–28).

Ein Grund für diese Gemeinsamkeit besteht darin, dass sie alle in gewisser Hinsicht mit dem Einzelnen beschäftigt sind (VI.12, 1143a28–29). Für Einsicht, Verständigkeit und Klugheit ergibt sich das bereits aufgrund ihrer Orientierung am Handeln. Die Einsicht weist einen inneren Bezug zur Billigkeit auf, die das Problem der Anwendung allgemeiner Gesetze auf einzelne Fälle betrifft.

Die Vernunft (*nous*) fällt jedoch auf den ersten Blick aus dieser Reihe heraus. Bei ihr wird etwas anderes entscheidend: Wir hatten oben gesehen, dass die Vernunft im theoretischen Gebrauch die letzten Sachverhalte erfasst (VI.12, 1143a35; VI.6, 1141a7–8). Aristoteles ergänzt nun, dass dies nicht nur für den theoretischen, sondern auch für den praktischen Gebrauch gelten soll. Folglich muss es zwei Arten des Erfassens der Vernunft geben. Ersteres befasst sich mit den unveränderlichen und ersten Prinzipien (im Theoretischen). Letzteres erfasst das praktisch relevante Einzelne. Dieses soll die Basis für einen Untersatz in einer Art Schlussverfahren liefern und bildet somit die notwendige Bedingung für die Anwendung eines allgemeinen Wissens im praktischen Bereich (VI.12, 1143b3–4).

Den Prinzipien der theoretischen Vernunft gleichen die Einzeldinge, insofern sie ebenfalls als Anfangsgründe betrachtet werden können, und zwar sind sie Prinzipien als erste Ursache der Handlung.

»Von diesem Einzelnen gelangt man dann zum Allgemeinen« (VI.12, 1143b4–5), indem durch eine Fülle von Erfahrungen das in den jeweiligen Erscheinungsformen gebundene Gute des Menschen in der übergeordneten sachlichen Einheit erfasst wird. Die Kluge »sieht« folglich, was für sie in den einzelnen Handlungen wirklich gut und erstrebenswert ist, indem es zu ihrem dauerhaften Glück beiträgt. Da dieses Einzelne Gegenstand der akzidentellen Wahrnehmung ist, muss diese Fähigkeit in irgendeiner Weise mit der Wahrnehmung verbunden sein (VI.12, 1143b5). Weil die Wahrnehmung jedoch im Gegensatz zur Vernunft durch körperliche Organe wirkt, gibt es auch so etwas wie eine körperliche Anlage. Man kann zwar nicht von Natur aus weise sein, aber eine Anlage zur Einsicht, zur Verständigkeit und Klugheit soll es geben. Einige können ihre Anlagen mit wenigen Erfahrungen entwickeln. Weil die Erfahrung insgesamt eine so bedeutende Rolle für die Ausbildung der Klugheit einnimmt, ist es für Aristoteles auch ratsam, den Gedanken und Beschlüssen erfahrener, alter und kluger Menschen besondere Beachtung zu schenken. Solche Menschen verstehen praktische Prinzipien deshalb, weil sie ein erfahrenes Auge, d. h. ein richtiges Urteil in praktischen Dingen haben (VI.12, 1143b11–14). Sie sind deshalb verständig, weil sie aufgrund mannigfaltiger Erfahrung ein allgemeines Wissen gewonnen haben, das sie im gegebenen Fall anwenden können, und zwar so wie den Menschen eine erlernte Sprache zur sofortigen Anwendung zur Verfügung steht. Sie haben also eine besondere Sicht oder ein Auge, wie Aristoteles hier bemerkt, für die im konkreten Einzelfall erforderlichen Handlungen entwickelt.

VI.13 Klugheit und Weisheit (1143b18–1145a11)

Im umfangreichen letzten Kapitel des Buches geht Aristoteles auf eine Reihe von Fragen und Schwierigkeiten ein, die in einem unmittelbaren Zusammenhang zur vorausgehenden Diskussion stehen.

Zunächst fragt Aristoteles, welchen Nutzen Klugheit und Weisheit für den Menschen haben. Das Nützliche leistet irgendeinen Beitrag zum Glück. Die Weisheit beschäftigt sich aber nicht mit solchen Dingen, die unmittelbar handlungsrelevant sind. Auf diese richtet sich zwar die Klugheit, dennoch ist ihr Nutzen fraglich, wenn nicht Wissen, sondern Tugend für das Handeln entscheidend sein soll (VI.13, 1143b20–25). Doch auch für den Erwerb von Tugenden scheint es keinen Unterschied zu machen, ob man klug ist oder nicht, wenn man zum tugendhaften Handeln erzogen wird. Schließlich ist auch das Verhältnis zwischen Klugheit und Weisheit problematisch. So soll die Klugheit zwar weniger vortrefflich als die Weisheit sein. Setzt man jedoch voraus, dass die politische Wissenschaft unter die Klugheit fällt, die Politik aber anordnet, welche Wissenschaften in einem Staat betrieben werden, scheint es, dass die Klugheit Autorität über die Weisheit hat (VI.13, 1143b33–35).

Zuerst legt Aristoteles dar, dass Weisheit und Klugheit nicht nutzlos sind, und zwar folgt das aus drei Gründen:

1. Beide sind es an sich wert, gewählt zu werden, da es sich um Tugenden, also Bestformen der vernunftbegabten Seele handelt (VI.13, 1144a1–3).

2. Beide leisten einen wesentlichen Beitrag zum Glück. Da die Weisheit ein Teil der ganzen Tugend (oder Tugend als Ganzes, *meros gar ousa tês holês aretês*, VI.13, 1144a5–6) ist, folgt daraus, dass ein Mensch allein dadurch, dass er weise ist und so handelt, glücklich wird (wie genau, werden wir im letzten Buch sehen).

3. Die Klugheit befähigt uns dazu, tugendhafte Werke zu vollbringen. Die Erläuterung des dritten Punktes ist für das Verständnis der Klugheit insgesamt extrem wichtig und führt die im sechsten Buch verschiedentlich angeklungenen Äußerungen zur Zusammensetzung der Klugheit aus Vernunft und Tugend zusammen.

Aristoteles zufolge setzt sich die tugendhafte Handlung aus zwei Komponenten zusammen, nämlich 1. der charakterlichen Tugend und 2. der Klugheit. Beide tragen einen wesentlichen Teil zur Vollendung der Tugend bei. Die ethischen Tugenden steuern den richtigen Zweck bei, indem sie das Begehrungsvermögen dazu geneigt macht, solches zu tun (VI.13, 1144a8). Die Klugheit im engeren Sinn wählt die richtigen Mittel zur Realisierung des Zwecks (VI.13, 1144a9; siehe auch EE, II.11, 1227b22–36).

Dass und wie beide zusammenwirken, verdeutlicht Aristoteles, indem er jeweils eine der beiden Seiten ausblendet. Zuerst betrachtet er solche Fälle, in denen zwar die richtigen Zwecke, aber ohne rationale Begründung, in Unwissenheit oder mit falschen Mittel verfolgt werden. Menschen können den Gesetzen gemäß handeln, ohne gerecht zu sein, da sie dies aus den falschen Gründen tun.

An dieser Stelle führt Aristoteles ein bemerkenswertes geistiges Vermögen ein, das er Geschicklichkeit oder Scharfsinn (*deinotês*) nennt (VI.13, 1144a23–24). Mit Hilfe dieses Vermögens können Menschen ihre Zwecke verwirklichen, unabhängig davon, ob der Zweck gut oder schlecht ist. Ist das Ziel zufällig gut, wird es gelobt. Andernfalls wird das Vermögen als Gerissenheit oder Verschlagenheit angesehen (VI.13, 1144a26–27). Aristoteles betont, dass sowohl gerissene als auch kluge Menschen in gewissem Sinn geschickt sind. Die Geschicklichkeit ist somit das grundlegende Vermögen, aus dem die Klugheit entstehen kann (VI.13, 1144a28–29). Zu einem »Auge der

Seele« (VI.13, 1144a30) kann diese Disposition daher erst in der Verbindung mit der charakterlichen Tugend werden. Klugheit setzt sich also aus beiden Komponenten, also aus Vernunft und Tugend, zusammen. Die ausgezeichnete Disposition gibt das gute Ziel vor, und das rationale Urteil zeigt den Weg zum Ziel auf. Wie ein Auge erblickt die Klugheit im konkreten Fall das Allgemeine und kann deshalb auch die richtigen Mittel zum Erreichen des Ziels wählen. Wie genau das gemeint ist, wird in der Untersuchung der Unbeherrschtheit deutlicher werden, da hier aufgrund einer mangelhaften Disposition die Unterordnung der Wahrnehmung unter das richtige Allgemeine fehlgeht, weil die Affekte zu viel Einfluss haben. Die Unbeherrschten sind nicht vollkommen verdorben. Deshalb bedauern sie ihre Verfehlungen auch. Die Schlechtigkeit verzerrt hingegen das Ziel. Auf diese Weise wird auch das Urteil der Vernunft pervertiert (VI.13, 1144a34–36).

Analog verhält es sich bei den Charaktertugenden: Auch hier gibt es so etwas wie eine natürliche Vorform oder natürliche Tugend (VI.13, 1144b3–4). So scheinen tugendhafte oder lasterhafte Verhaltensweisen bei manchen Menschen von Natur aus zu existieren. Einige sind scheinbar von Geburt an tapfer oder besonnen. Doch wie bei der Geschicklichkeit können auch diese natürlichen Dispositionen schädlich werden, wenn die Klugheit fehlt (VI.13, 1144b16). Sokrates soll diesen Doppelcharakter nicht beachtet haben. Deshalb machte er auch alle Tugenden zu Formen der Klugheit. Er hat dabei Aristoteles zufolge nur die eine Seite erkannt (VI.13, 1144b17–21).

Damit ergibt sich nun auch die explizite Antwort auf die Ausgangsfrage des sechsten Buches, worin nämlich das rationale Urteil besteht und wie dieses mit der Tugend verbunden ist. Denn laut Aristoteles kann die ethische Tugend nicht ohne Klugheit sein. Aus diesem Grunde müsste man ihrer Bestimmung hinzufügen, dass sie dem rationalen Urteil entspricht

(VI.13, 1144b21–24). Aber nicht nur das: Es ist nicht genug, dass sie dem rationalen Urteil oder der Vernunft entspricht. Vielmehr muss sie mit rationalem Urteil ausgeführt werden (VI.13, 1144b27). Es zeigt sich somit: Ohne Klugheit kann man nicht gut und man kann nicht klug sein ohne charakterliche Tugend (VI.13, 1144b31–32).

Vor diesem Hintergrund beantwortet Aristoteles auch die Frage, ob man nur eine Tugend haben kann oder ob sich immer alle möglichen Tugenden in der Person vereinen. Die natürlichen Tugenden können vereinzelt auftreten (VI.13, 1144b36). Jemand kann, wie gesagt, eine natürliche Neigung zur Tapferkeit haben, der andere hat einen ausgeprägten Sinn für Gerechtigkeit. Das lässt Aristoteles zwar für die natürlichen Tugenden gelten, aber nicht für die mit der Klugheit entwickelten Formen. Denn mit ihr werden alle Tugenden gleichzeitig vorhanden sein (VI.13, 1145a1–2), weil sie das Gute im Ganzen betrifft.

Abschließend diskutiert Aristoteles die für die Bestimmung des menschlichen Glücks entscheidende Frage, ob die Klugheit der Weisheit unter- oder überlegen ist. Seiner Ansicht nach hat Klugheit keine Macht über Weisheit, weil die Weisheit aufgrund ihres Gegenstandsbereichs (der die eigentümliche Tätigkeit der Vernunft umfasst) vorzüglicher als die untergeordneten Anwendungen der Vernunft ist. Entsprechend kann die Medizin zwar befehlen, was getan werden soll, um Gesundheit zu erlangen, doch kann sie der Gesundheit nicht befehlen und hat auch keine Macht darüber, tatsächlich Gesundheit zu erlangen.

Kapitel 7

Unbeherrschtheit und die Ursachen der Lust (Buch VII.1–15)

Die vorausgehenden Bücher untersuchten die ethischen und intellektuellen Tugenden. Im siebten Buch will Aristoteles einen neuen Anlauf nehmen und wendet sich den Abweichungen von der Tugend und ihren Gründen zu. Mit Abweichungen sind aber nicht Laster gemeint, die sich aus der Behandlung der Tugenden selbst ergeben haben. Im Fokus stehen vor allem Unbeherrschtheit und die entsprechende Beherrschtheit. Letztere gehört zwar zur Gattung der Tugend, bezeichnet aber einen unvollkommenen Zustand.

Wir hatten gesehen, dass sich die Tugend aus zwei Teilen konstituiert: zum einen aus der richtigen Disposition des begehrenden Teils und zum anderen aus der Bestform der Vernunft in praktischen Angelegenheiten. Daraus ergeben sich entsprechend die Möglichkeiten der Verfehlung des Bestzustandes. Unbeherrschtheit stellt sich nun dann ein, wenn zwar ein vernünftiges Urteil vorhanden ist, aber das Strebevermögen in die falsche Richtung geht. Das allgemeine Urteil ist zwar richtig, doch wird es nicht handlungswirksam, weil es durch Begierden abgelenkt wird. Man handelt somit aufgrund von Begierde gegen das, was man eigentlich für das Beste hält. Wenn sich die Disposition weiter verschlechtert und die Begierde zunimmt, dann wird auch die Vernunft in den Dienst der Begierde gestellt. Aus der Unbeherrschtheit wird Zügellosigkeit, eine charakterliche Schlechtigkeit. Der Mensch handelt aus Überzeugung oder entschieden schlecht. Da die Begierde eine wesentliche Rolle für das Verständnis der Unbeherrschtheit spielt, geht Aristoteles im Anschluss tiefer auf die Ursachen und die Objekte der Lust ein, die die Begierde auslösen.

Durch den Wechsel der Thematik scheint das Buch in zwei unabhängige Teile auseinanderzufallen. Gewöhnlich werden diese getrennt voneinander untersucht. Der erste Teil, der mit der modernen Problematik der Willensschwäche assoziiert wird, gilt heute unter vielen als eine der großen Leistungen der *Nikomachischen Ethik* und wird auch unter systematischen Gesichtspunkten als hochrelevant eingeschätzt. Das war nicht immer so. Bis vor wenigen Jahren wurde Aristoteles' Position als unverständlich oder krude intellektualistisch abqualifiziert.

Im Fokus liegt vor allem das extrem dichte fünfte Kapitel: Es wird kontrovers diskutiert, wie genau dieses Kapitel aufgebaut ist. Unklar ist bereits, wie viele Argumente Aristoteles eigentlich liefert. Handelt es sich um ein einziges verschachteltes Argument? Oder führt er viele, teils oder vollkommen voneinander unabhängige Überlegungen an? Und wie genau verhalten sich die vorgestellten Überlegungen zur Behandlung der Klugheit im sechsten Buch? Verwendet Aristoteles an dieser Stelle ein praktisches Schlussverfahren, das verschiedene Urteile über einzelne und allgemeine Sachverhalte vereint? Und wenn ja: Wie sehen die Prämissen dieses Schlusses aus und warum sind sie unvollständig?

Entscheidend für die Beantwortung dieser Fragen ist nicht zuletzt, wie genau man sich das Verhältnis von Streben und Denken bei Aristoteles vorstellt oder wie Lust mit dem Denken zusammenhängt. Der sachliche Bezugspunkt zur Untersuchung der Lust ist offenkundig. Dennoch stellt der zweite Teil des Buches die Interpretinnen und Interpreten vor zahlreiche Probleme. Eine der großen Fragen der Forschung lautet deshalb auch, warum die *Nikomachische Ethik* überhaupt zwei Abhandlungen zur Lust enthält, und zwar auch aus dem Grund, weil beide zu unterschiedlichen Ergebnissen bzw. Einschätzungen in Bezug auf die Lust zu kommen scheinen.

Nach diesem kurzen Überblick über die Hauptpunkte und

Schwierigkeiten des siebten Buches schauen wir uns den systematischen Aufbau und inhaltlichen Beitrag der einzelnen Kapitel etwas genauer an:

(1145a15–1145b7) Das erste Kapitel stellt die Unbeherrschtheit als eine Disposition vor, die man meiden muss. Außerdem liefert Aristoteles eine wichtige Erläuterung zum methodischen Vorgehen, die bis heute viel Aufmerksamkeit in der Forschung erfährt.

(1145b8–1145b20) Im zweiten Kapitel präsentiert er sechs Phänomene, die allgemein angenommene oder bezeugte Aussagen über die Unbeherrschtheit wiedergeben.

(1145b21–1146b4) Das dritte Kapitel listet sechs Schwierigkeiten auf, die sich aus einer Kombination der Phänomene untereinander und mit den Meinungen einiger Vorgänger ergeben. Besondere Bedeutung für die nachfolgende Diskussion hat Sokrates' Position, dass niemand wissentlich Schlechtes wählt.

(1146b6–1146b24) Im vierten Kapitel wird der Plan für die nachfolgende Untersuchung dargelegt. Schwerpunkte sollen jeweils auf der Bedeutung des Wissens für unbeherrschtes Handeln sowie auf der Abgrenzung der Unbeherrschtheit vom Laster der Zügellosigkeit liegen.

(1146b24–1147b19) Im wichtigen und umfangreichen fünften Kapitel diskutiert Aristoteles ausgehend von der sokratischen Position, dass niemand wissentlich Schlechtes tut, die genaue Form und Wirksamkeit des Wissens bei einer Handlung. Unbeherrschte handeln entsprechend der Begierde gegen die von der Vernunft bestimmte Erkenntnis. Sie führen die Handlung aufgrund ihres eigenen minderwertigen Charakters der Begierde gemäß aus. Die Unbeherrschten folgen somit nicht ihrem vernünftigen Wollen, sondern missachten wegen ihren Begierden das, was sie selbst eigentlich für das Beste halten.

(1147b20–1149a20) Das sechste Kapitel identifiziert bestimmte Arten der sinnlichen Lust als Gegenstand der Unbeherrschtheit und setzt schlechthin unbeherrschtes Verhalten von Formen der Unbeherrschtheit ab, die nur in einem übertragenen Sinn so genannt werden. Ferner wird die tierische Rohheit als spezielle Art der Schlechtigkeit diskutiert.

(1149a21–1150a8) Das siebte Kapitel ist dem sich ereifernden Handeln gewidmet. Aristoteles stellt heraus, dass man auch in diesem Fall nur in einem übertragenen Sinn von Unbeherrschtheit sprechen kann und dass es sich um eine weniger schlimme Verfehlung handelt.

(1150a9–1150b28) Im achten Kapitel fährt Aristoteles fort, die Unbeherrschtheit und die Beherrschtheit gegenüber verwandten Dispositionen abzugrenzen, die ebenfalls Lust zum Gegenstand haben.

(1150b29–1151a28) Das neunte Kapitel betont, dass die Zügellosigkeit schlimmer als die Unbeherrschtheit ist, weil bei den Unbeherrschten zumindest ein Handlungsprinzip nicht verdorben ist, auch wenn aufgrund ihrer charakterlichen Fehler ihr vernünftiges Wollen nicht wirksam werden kann.

(1151a29–1151b22) Das zehnte Kapitel beantwortet die Frage, welche Form von Standhaftigkeit für Beherrschtheit gefordert ist. Entscheidend ist, dass an einer wahren Überzeugung festgehalten wird.

(1151b23–1152a36) Im elften Kapitel werden die Berührungspunkte zwischen der Beherrschtheit und der Tugend der Besonnenheit thematisiert.

(1152b1–1152b24) Im zwölften Kapitel geht Aristoteles dazu über, Lust genauer zu untersuchen, und demonstriert die Bedeutung der Thematik. Die allgemein sehr skeptische Haltung seiner Vorgänger gegenüber der Lust wird mit einer Reihe von Argumenten begründet.

(1152b25–1153a35) Das dreizehnte Kapitel widerlegt Schritt

für Schritt die Kritikpunkte der Vorgänger an der Lust als höchstem Gut. Wesentlich ist die Unterscheidung zwischen akzidentellen und vollkommenen Lüsten.

(1153b1–1154a21) Das vierzehnte Kapitel stellt die Bedeutung der Lust für das Glück des Menschen heraus und korrigiert außerdem die Ansicht, dass körperliche Lüste insgesamt schlecht sind. Entscheidend ist, das rechte Maß einzuhalten.

(1154a22–1154b34) Das fünfzehnte Kapitel erklärt die falsche Einschätzung in Bezug auf körperliche Lüste und demonstriert die Überlegenheit der vollkommenen Lust.

VII.1 Gegenstand und Methode des siebten Buches (1145a15–1145b7)

Aristoteles will einen neuen Anfang machen. Mit einer solchen Bemerkung leitet er normalerweise ein, dass eine besondere Thematik tiefergehend behandelt werden muss. Das erklärt den Aufbau der ersten Kapitel, die die Fragestellung motivieren, ihre Bedeutung herausstellen und die Phänomene bzw. allgemein angenommene Meinungen (*endoxa*) wiedergeben.

Zu Beginn stellt Aristoteles drei Dispositionen heraus, die man meiden sollte, nämlich 1. Schlechtigkeit, 2. Unbeherrschtheit und 3. tierische Rohheit. Ihre erstrebenswerten Gegensätze lauten: 1. Tugend, 2. Beherrschtheit und 3. übermenschliche oder göttliche Tugend. Strenggenommen kann es jedoch weder Schlechtigkeit bei den Tieren noch Tugend bei den Göttern geben. Auch finden sich tierische Rohheit und übermenschliche Tugend nur selten bei Menschen. Der Fokus liegt somit vor allem auf der Unbeherrschtheit sowie ihrem Gegenteil, also der Beherrschtheit, die beide von mit ihnen verwandten Dispositionen zu unterscheiden sind. Die Unbeherrschtheit ist zwar keine Schlechtigkeit und die Beherrschtheit keine Tugend, doch gehören sie zur selben Gattung wie die Tugend: Es handelt sich somit ebenfalls um seelische Dispositionen.[1]

Das erste Kapitel wird mit einer kurzen aber wichtigen Erläuterung zum weiteren methodischen Vorgehen beendet. Aristoteles erklärt, dass man zuerst die Erscheinungen oder Phänomene untersuchen muss. Im Anschluss sollen die Probleme entwickelt und möglichst viele anerkannte Meinungen erhalten bleiben. Zu den Erscheinungen rechnet Aristoteles auch das, was allgemein über eine Sache ausgesagt wird. Mit dem Begriff »anerkannte Meinungen« (*endoxa*) sind die Positionen von Vorgängern gemeint.

VII.2 Sechs Phänomene (1145b8–1145b20)

Aristoteles präsentiert sechs Phänomene, die die Unbeherrschtheit betreffen und bei denen es sich zum Teil um das handelt, was so zu sein scheint (*dokei* VII.2, 1145b8) oder allgemein so gesagt wird (*legontai, ta legomena* VII.2, 1145b19–20):

1. Beherrschtheit und Standhaftigkeit werden gelobt, ihr Gegenteil getadelt (VII.2, 1145b8–10).
2. Man geht davon aus, dass die Beherrschten dazu disponiert sind, ihrer Überzeugung treu zu bleiben, was für die Unbeherrschten nicht gelten soll (VII.2, 1145b10–12).
3. Die Unbeherrschten wissen zwar, dass ihre Handlungen schlecht sind, sie handeln aber aufgrund eines starken Affektes. Die Beherrschten folgen dem Affekt nicht wegen ihrer Überzeugung (VII.2, 1145b12–14).
4. Einige nennen die Besonnenen »beherrscht« und »standhaft«. Von diesen sind einige der Ansicht, dass alle gleicher-

1 Zur Gattung der Tugend siehe II.4, 1105b19–1106a13.

maßen besonnen sind. Einige andere setzen Zügellosigkeit und Unbeherrschtheit gleich, wieder andere unterscheiden sie (VII.2, 1145b14–17).

5. Einige nehmen an, dass die Klugen nicht unbeherrscht sind. Andere glauben, dass kluge und geschickte Menschen auch unbeherrscht sein können (VII.2, 1145b17–19).
6. Unbeherrscht kann man auch mit Blick auf sich Ereifern, die Ehre und den Gewinn sein (VII.2, 1145b19–20).

VII.3 Sechs Schwierigkeiten (1145b21–1146b4)

Aus diesen sechs Phänomenen entwickelt Aristoteles teils in Verbindung mit den Meinungen der Vorgänger sechs Schwierigkeiten (*Aporien*), die in den folgenden Kapiteln diskutiert werden:

a. Wie kann ein Mensch mit richtiger Überzeugung unbeherrscht sein? Für Sokrates kann es keine Unbeherrschtheit geben, da niemand wissentlich, sondern nur aus Unwissenheit das Schlechtere wählt. Aristoteles zufolge widerstreitet diese Ansicht den Phänomenen. *Schwierigkeit a* ergibt sich somit aus der Verbindung von Phänomen 3 und Sokrates' Meinung. Aristoteles' erste Vermutung, um die Schwierigkeit zu beheben, lautet, dass es sich um eine besondere Art des Wissens handeln muss. Die unbeherrschte Person meint nämlich, der Begierde nicht nachgeben zu dürfen, bevor sie der Begierde auch wirklich ausgesetzt ist. Als Reaktion haben einige zwischen Wissen und Meinung unterschieden. Ihrer Ansicht nach haben die Unbeherrschten kein Wissen, sondern bloße Meinungen. Dem widerspricht aber *Phänomen 1*, da man unter diesen Voraussetzungen nachsichtig mit den Unbeherrschten wäre, weil sie mit einer schwachen Überzeugung von starken Begierden überwältigt werden würden. Einer anderen Variante zufolge soll die Klugheit und nicht das Wissen überwältigt werden. Diese Möglichkeit schließt Aristoteles jedoch aus, weil die Klugen bereits die Tugenden besitzen und folglich auch nicht unbeherrscht handeln (können) (VII.3, 1145b21–1146a9).

b. Wie können die Begierden der Beherrschten und Unbeherrschten beschaffen sein? Angenommen, die Beherrschten hätten starke und schlechte Begierden: Unter dieser Voraussetzung können sie nicht zugleich besonnen sein, weil die Besonnenen weder schlechte noch starke Begierden haben. Dass die Beherrschten aber schlechte und starke Begierden haben müssen, folgt daraus, dass es andernfalls nicht gut und verdienstvoll wäre, beherrscht zu sein. Das Problem entsteht folglich aus einer Verbindung der *Phänomene 1, 3 und 4* (VII.3, 1146a9–16).

c. An welcher Art von Meinungen halten die Beherrschten fest? Wenn es sich um falsche Meinungen handeln würde, dann wäre auch die Beherrschtheit nicht gut. Würde es dann eine gute Form der Unbeherrschtheit geben? *Schwierigkeit c* folgt aus den *Phänomenen 1 und 2* (VII.3, 1146a16–21).

d. An dieser Stelle schließt ein sophistisches Argument an: Ist Unbeherrschtheit immer dann, wenn sie mit Unverstand auftaucht, eine Tugend, wenn die Unwissenden aus Unbeherrschtheit gut handeln, indem sie von ihren schlechten Vorsätzen ablassen (VII.3, 1146a21–31)?

e. Was ist schlimmer: Aus falscher Überzeugung das Schlechte zu tun oder gegen die bessere Einsicht zu handeln? Die das Erstere tun, lassen sich durch Argumente überzeugen, nicht so die Letzteren (VII.3, 1146a31–b2).

f. Wie kann jemand ganz und gar oder schlechthin (*haplôs*) unbeherrscht sein? Mit dieser Frage bezieht sich Aristoteles auf *Phänomen 6*: Die Unbeherrschtheit betrifft scheinbar verschiedenartige Gegenstände (VII.3, 1146b2–5).

VII.4 Plan der Untersuchung (1146b6–1146b24)

Im vierten Kapitel stellt Aristoteles programmatisch die Auflösung der aufgezeigten Schwierigkeiten für die nächsten Kapitel in Aussicht. Die systematische Einordnung des Kapitels erschwert der Umstand, dass er sich so wie in den vorausgegangenen beiden Kapiteln nicht an die selbst vorgegebene Reihenfolge hält. Wie also die Schwierigkeiten nicht der Reihe nach aus den Phänomenen entwickelt wurden, folgt auch die Behandlung der Schwierigkeiten nicht der Reihenfolge, in der sie präsentiert wurden, sondern der sachlich geforderten Ordnung.[2]

Den Anfang macht die Behandlung von *Schwierigkeit a*, und Aristoteles will prüfen, ob Menschen wissentlich unbeherrscht handeln können oder nicht, und wenn ja, auf welche Weise oder »wie sie wissen« (VII.4, 1146b9). Unklar ist, was Aristoteles mit der Präzisierung »wie sie wissen« genau meint. Wir werden sehen, dass seine Lösung der Schwierigkeit maßgeblich von diesem abhängt.

Im Anschluss soll überlegt werden, mit welchen Lüsten es die Beherrschten und Unbeherrschten zu tun haben. Handelt es sich um alle Formen von Lust und Unlust (bzw. Schmerz) oder um einige spezifische Formen von Lust (*Schwierigkeit f*)? Unterscheiden sich die Beherrschten und die Standhaften voneinander (*Phänomen 4*)? Eine Gemeinsamkeit zwischen den

2 Dieses Vorgehen, dass sich bei Aristoteles immer wieder feststellen lässt, ist für moderne Leser nicht nachvollziehbar, die mit der Erwartung an den Text gehen, dass man die Ankündigungen auch in der vorgelegten Reihenfolge einlöst. Eine Reaktion darauf, dass man dem aristotelischen Vorgehen ratlos gegenübersteht, ist wie so oft auch hier die Vermutung, dass Kapitel vier unecht sein könnte oder dass es sich um eine unfertige Überarbeitung handelt, die aus einer älteren Version stammt.

Zügellosen und den schlechthin Unbeherrschten besteht scheinbar darin, dass sie vor allem der Lust folgen. Sie unterscheiden sich aber insofern, als die Zügellosen fest entschlossen (mit Vorsatz, *prohairoumenos* VII.4, 1146b22) handeln.

VII.5 Der Grund der Unbeherrschtheit (1146b24–1147b19)

Wir haben gesehen, dass einige einen Unterschied zwischen Wissen und Meinung als Reaktion auf die Einwände gegen Sokrates' Position (*Schwierigkeit a*) gemacht haben. Aristoteles hatte bereits zuvor Bedenken an dieser Einteilung angemeldet.

Er betont nun, dass es zur Erklärung der Unbeherrschtheit nichts beiträgt, zwischen wahrer Meinung und Wissen zu unterscheiden: Oft ist den Menschen der Unterschied zwischen Meinung und Wissen nicht bewusst. Oft haben sie nur Meinungen und glauben nur deshalb etwas zu wissen, weil sie nicht an dem Gewussten zweifeln. Das Beispiel Heraklit (der die Realität des Wissens bestritten hat) zeigt, dass man mit derselben Überzeugungskraft an Meinungen festhalten kann (VII.5, 1146b24–31).

Nach dieser einleitenden Präzisierung entwickelt Aristoteles seine Erklärung und damit die Auflösung der im Zusammenhang mit Sokrates' Position gesehenen Schwierigkeiten. Zuerst merkt er an (was er bereits an anderer Stelle ausgeführt hatte: *An.* II.1, 412a21–28; II.5, 417a25–28; *Met.* 1048a34), dass Menschen (aufgrund ihrer an die Zeit gebundenen Natur) auf zweierlei Weisen wissend sein können:

1. Es ist möglich, dass sie zwar über ein Wissen verfügen, das sie aber gerade im Moment nicht anwenden, ähnlich wie man eine Fremdsprache beherrschen kann, ohne tatsächlich Englisch zu sprechen.

2. Man nennt sie wissend, sobald sie ihr Wissen aktiv anwenden oder aktualisieren (VII.5, 1146b31–34). Es ist also notwendig, zwischen dem Besitz eines Wissens und dessen Gebrauch zu unterscheiden. Auf Sokrates' Position bezogen bedeutet das, dass auch die Wissenden gegen ihr Wissen handeln können, wenn sie dieses Wissen nicht aktualisieren oder nicht beachten. Sie verfügen also über das Wissen, in einem konkreten Einzelfall wird es allerdings nicht angewandt. Seltsam findet Aristoteles die Idee, man könne gegen aktuales Wissen handeln. Sehr gut vorstellbar ist hingegen, dass man zwar über ein Wissen verfügt, dieses aber aufgrund irgendwelcher Umstände nicht wirksam wird (VII.5, 1146b35).

Die Unterscheidung zwischen zwei Arten des Wissens (einem potentiellen und einem aktualen) ermöglicht es nun, die Schwierigkeiten zu beheben:

Entscheidend für die Auflösung sind die *Art des Wissens*, die *Aktualisierung des Wissens* und die *Disposition des Unbeherrschten*. Als erstes wird die Art des Wissens bestimmt, um zu erläutern, wie man im konkreten Fall wissend sein kann, ohne das Wissen zu aktualisieren. So soll es zwei verschiedene Arten von Prämissen oder Vordersätzen geben, die man zwar beide besitzen kann, von denen jedoch nur eine gebraucht wird. Eine der beiden Prämissen ist allgemeiner Art, die andere soll auf einen einzelnen Fall bezogen sein. So wird es nun möglich, dass der Mensch bei einer konkreten Gegebenheit nur die allgemeine, aber nicht die auf das Einzelne bezogene Prämisse in Betracht zieht (VII.5, 1146b35–1174a4). Weil aber Letztere, wie wir gleich ausführlicher sehen werden, maßgeblich für das Handeln ist, kann die Erkenntnis nicht wirksam werden. Folglich handelt die Person gegen das in der allgemeinen Prämisse enthaltene Wissen.

Im Anschluss kommt Aristoteles auf die notwendige Aktualisierung des Wissens zu sprechen. In diesem Zusammenhang ist es notwendig, sich die Natur des Allgemeinen etwas genauer anzuschauen, da dieses, wie wir zuvor gesehen haben, nicht in jedem Fall wirksam wird. Das Allgemeine kann auf zwei verschiedene Weisen verstanden werden: Zum einen so, wie es »an sich selbst« ist[3]: »Jedem Menschen ist das Trockene zuträglich« (VII.5, 1147a5–6). »An sich selbst« bedeutet somit ›ohne unmittelbaren Bezug zum Handelnden‹. Zum anderen kann mit dem Allgemeinen aber auch gemeint sein, wie das Allgemeine auf einen konkreten Einzelfall angewandt wird, z. B. »Dies[4] ist ein Mensch« oder »Diese Nahrung ist trocken«. Handlungsrelevant sind vor allem die zweiten Fälle, in denen das Allgemeine auf einen konkreten Einzelfall bezogen wird, so dass das Wissen des Allgemeinen an sich kaum weiterhelfen kann, wenn es darum geht, eine wirkliche oder aktive Wahrnehmung unter eine allgemeine Prämisse zu subsumieren. Wenn das Wissen des Allgemeinen an sich nicht durch die Erfahrung des Allgemeinen in konkreten Einzelfällen ergänzt wird, kann dieses Wissen auch nicht in der Handlung aktualisiert werden, »so dass hier (im Fall des Allgemeinen an sich) etwas zu wissen durchaus nicht befremdlich erscheint«, sollte man wider dieses Wissen handeln, »während es im anderen Fall (des Allgemeinen, das auf einen konkreten Einzelfall be-

3 VII.5, 1147a4–5: »τὸ μὲν γὰρ ἐφ' ἑαυτοῦ […]«. Die meisten Übersetzungen verstehen Aristoteles hier so, dass der Handelnde in Kontrast zu den Objekten gesetzt wird. Entsprechend soll sich ἐφ' ἑαυτοῦ auf den Handelnden selbst beziehen: »Einerseits bezieht es sich auf die Person, die handelt, andererseits auf die Sache« (Krapinger). Ähnlich übersetzen Frede und Gigon sowie Crisp, Rowe und Irwin ins Englische. Einzig Nickel übersetzt mit: »Es ist entweder an sich oder am Gegenstand.«

4 Ich lese »οὗτος« anstelle von »αὐτὸς«.

zogen ist) erstaunlich ist« (VII.5, 1147a7–10; vgl. VI.8, 1141b14–21).

Schließlich gilt es, die Disposition der Unbeherrschten genauer in den Blick zu nehmen, da sich die Unbeherrschten von den Klugen vor allem durch ihre Disposition unterscheiden. Aristoteles zufolge gibt es verschiedene Arten des »Habens von Wissen« (VII.5, 1147a10). Wir haben gesehen, dass Klugheit notwendig mit ethischer Tugend verbunden ist. Die Disposition des klugen Menschen ist somit aufgrund mannigfaltiger Erfahrungen und eines lange währenden Prozesses der Ausbildung seiner Vermögen dazu in der Lage, in jedem einzelnen Fall das durch das rationale Urteil Gebotene auch wirklich zu treffen und die mit diesem verknüpfte spezifische Lust zu erstreben.

Ganz anders sieht es bei den Unbeherrschten aus: Sie fällen zwar auch ein richtiges Urteil, nur wird dieses aufgrund ihrer nur schwach ausgebildeten oder defizitären Disposition von fremden Lüsten, die mit einer konkreten Wahrnehmung verknüpft sind, überwältigt.

Diesen Zustand der Disposition vergleicht Aristoteles mit der gehemmten Disposition von Schlafenden oder Betrunkenen, die zwar gewissermaßen über ein allgemeines Wissen verfügen, es aber aufgrund ihres Zustandes nicht anwenden können (VII.5, 1147a13–14). Unter Alkoholeinfluss können bekanntlich selbst rudimentäre Vermögen, wie gerader Gang oder die fehlerfreie Verwendung der Sprache, stark beeinträchtigt und kompliziertere Tätigkeiten nahezu unmöglich gemacht werden.

Vor diesem Hintergrund ließe sich nun aber gegen den Vergleich der Unbeherrschtheit mit den gehemmten Dispositionen vorbringen, dass die Unbeherrschten sehr wohl wissen, was richtig ist, und ihr Wissen auch im Detail darlegen können (VII.5, 1147a18–19). Doch diesen Einwand lässt Aristoteles nicht gelten. So verhindern die Affekte zwar nicht das Hersagen von Beweisen, wie auch Wahnsinnige oder Kinder die Verse des Empedokles aufsagen können, ohne diese doch wirklich durchdrungen zu haben. Tatsächlich ist theoretisches Einsehen aber mehr als bloßes Nachsprechen. Ebenso ist auch die für das Handeln relevante Aktualisierung des Allgemeinen voraussetzungsreich, da Folgerungen und Aspekte in Einzelfällen erfahren und durchdacht werden müssen.

Das »Zusammenwachsen« (VII.5, 1147a22) der Erkenntnisse bedeutet im Praktischen, dass diese in »Fleisch und Blut übergehen müssen«, wie Thomas von Aquin treffend in seinem Kommentar zur Stelle erläutert (053CTC lb7 lc3, no.17). Denn auch dann, wenn man frei zugibt, dass es der Gesundheit nicht zuträglich ist, noch einmal in die Chips-Tüte zu greifen oder ein weiteres Glas Wein zu trinken, fühlt man das gedachte allgemeine Wissen aufgrund der defizitären Disposition nicht so, wie man sollte, damit es handlungswirksam werden kann, sondern stellt sich das Allgemeine nur unbeteiligt vor, um »so [zu] sprechen, wie es die Schauspieler tun« (VII.5, 1147a23–24).

Im Anschluss fügt Aristoteles die einzeln herausgestellten Aspekte der Unbeherrschtheit (die *Art des Wissens*, die *Aktualisierung des Wissens* und die *Disposition des Unbeherrschten*) zusammen und betont die Bedeutung der Wahrnehmung für das Zustandekommen einer aus Unbeherrschtheit entspringenden Handlung.

An dieser Stelle kommt das zuvor von Aristoteles eingeführte praktische Schlussverfahren zur Anwendung (siehe VI.8, 1141b14–21). Wie genau trägt das Schlussverfahren zum Verständnis der Unbeherrschtheit bei? Aristoteles erinnert daran, dass es zwei Meinungen bzw. Urteile (*doxai*) gibt. Das erste Urteil ist allgemein und das zweite wird auf einen konkreten Einzelfall bezogen. Auf das zweite Urteil wirkt sich die Wahrnehmung aus (VII.5, 1147a25–26). Hat man zum Beispiel die allgemeine Meinung: ›Alles Süße (schmeckt gut und) muss probiert werden‹, und tritt nun die Wahrnehmung hinzu und berichtet: »Dieses hier ist süß« (VII.6, 1147a33), dann wird die Wahrnehmung durch das zweite Urteil bestimmend, so dass man zur Schokolade greifen wird.

Schauen wir uns den speziellen Fall der Unbeherrschtheit genauer an. Auch hier gibt es ein allgemeines Urteil. Dieses beruht auf vernünftiger Prüfung und verbietet nach Abwägung der Folgen, am Abend etwas Süßes zu probieren. Zugleich hat man aber eine zweite, durch die Wahrnehmung vermittelte Meinung, dass ›alles Süße lustvoll ist‹. Tritt nun das auf das Einzelne bezogene Urteil hinzu, dass ›dieses hier süß ist‹, wird die durch die Wahrnehmung erregte Vorstellung die Lust an der Schokolade vor unsere Augen stellen, so dass wir das Süße schon am Gaumen zu schmecken meinen. Als Konsequenz stellt sich die Begierde ein und schlägt das zweite Urteil vor, dass »alles Süße lustvoll ist« (VII.6, 1147a32–33). Auf diese Weise nimmt die Begierde dem allgemeinen Urteil über die gesundheitsschädliche Wirkung des Schokoladengenusses am Abend jegliche Kraft. Stattdessen dominiert aufgrund der Präsenz der Wahrnehmung das zweite Urteil, so dass man sofort das Süße schmecken will. Folglich »treibt die Begierde uns an; denn sie kann jedes Körperteil in Bewegung setzen« (VII.5, 1147a34–35). Die Begierde bindet also – geleitet von der Vorstellung – die Vernunft, so dass nicht das allgemeine (und in gewisser Hinsicht leere, weil abstrakte) Urteil der Vernunft, sondern die von der Begierde favorisierte Meinung angenommen wird. Der Gegensatz entspringt somit nicht aus der Vernunft selbst, sondern nur in einem akzidentellen Sinn aus der Vernunft, insofern nämlich nicht die Meinung, sondern die Begierde dem rationalen Urteil (*orthô logô*) entgegengesetzt ist (VII.5, 1147a35–b3). Daraus folgt nun unmittelbar, dass Tiere nicht beherrscht oder unbeherrscht sein können, weil sie nämlich überhaupt keine allgemeinen Urteile fällen, denen ihre Begierde widersprechen könnte, sondern sie einzig durch Vorstellung und Erinnerung des Einzelnen bewegt werden (VII.5, 1147b3–5). Dieser Zustand hört erst dann für den Menschen auf, wenn die Begierde aufgelöst oder befriedigt worden ist: Die Ehebrecherin gewinnt ihre Beherrschung unmittelbar nach ihrem Orgasmus zurück, so wie auch die Berauschte erst dann wieder einen klaren Gedanken fassen kann, wenn sie ihren Rausch ausgeschlafen hat.

Zum Schluss kommt Aristoteles auf das sokratische Problem zurück und fasst das bisher Gesagte gewissermaßen zusammen, wenn er daran erinnert, dass das letzte und handlungswirksame Urteil (bzw. die letzte Proposition: *teleutaia protasis*, VII.5, 1147b9) zugleich eine *Meinung über Wahrgenommenes* ist (*doxa te aisthêtou*, VII.5, 1147b9–10) und daher auch mit Lust und Unlust verbunden die Handlung bestimmt. Diese Meinung fehlt den Unbeherrschten aber, da sie unter dem Einfluss der Affekte stehend unfähig sind, das Allgemeine im Einzelnen zu erkennen. Sie haben nur eine gehemmte Disposition zur Aktualisierung des allgemeinen Urteils entwickelt und sehen deshalb die negativen Konsequenzen nicht wirklich ein. Aristoteles zufolge sprechen sie nur so daher wie Betrunkene oder Kinder, die die Verse des Empedokles zitieren (VII.5, 1147b9–12).

Weil nun dieses letzte oder mit Wahrnehmung verknüpfte Urteil nicht in dem Sinn allgemein ist, wie das wissenschaftlich allgemeine Urteil (da es sich bei dem Wahrnehmungsurteil um eine akzidentelle Verbindung von Elementen handelt, die nicht der Sache nach zusammengehören), ist auch Sokrates' Behauptung richtig. Denn der Affekt beherrscht nicht das Allgemeine an sich, bei dem er überhaupt nicht vorhanden ist. Noch einmal: Die Affekte berühren unser allgemeines Urteil über die gesundheitsschädigende Wirkung der Schokolade überhaupt nicht. Die Geltung dieses Urteils bleibt unangetastet. Wirksam wird der Affekt nur bei der auf den Einzelfall bezogenen Meinung (VII.5, 1147b15–16). Der Unbeherrschte kann aufgrund einer defizitären charakterlichen Disposition das durch die Vernunft gebotene Allgemeine nicht im Einzelnen erkennen, so dass er nicht durch die Erkenntnis des Allgemeinen, sondern nur durch die Bewertung der Wahrnehmung, die durch den Affekt bestimmt wird, bewegt wird.

VII.6 Der Gegenstand der Unbeherrschtheit (1147b20–1149a20)

Nachdem Aristoteles die Existenz der Unbeherrschtheit und die entscheidende Art der Unwissenheit herausgestellt hat, wendet er sich genauer dem Gegenstand der Unbeherrschtheit zu und beantwortet damit zugleich *Schwierigkeit f*: Kann jemand einfach oder schlechthin unbeherrscht sein? Oder nennt man Personen immer nur unbeherrscht mit Bezug auf eine bestimmte Sache? Aus der Bestimmung des Gegenstandes folgt somit auch eine genauere Beschreibung der Unbeherrschtheit.

Offensichtlich (*phaneron* VII.6, 1147b23) beziehen sich sowohl die Beherrschtheit als auch die verwandte Disposition der Standhaftigkeit (die der Weichlichkeit entgegengesetzt wird) auf Lust und Schmerz. Die lusterregenden Gegenstände unterscheidet Aristoteles anschließend im Hinblick auf ihre spezifischen Qualitäten voneinander. So sind sie entweder notwendig oder nicht-notwendig.

Die nicht-notwendigen Dinge können außerdem an sich betrachtet wählenswert (oder auch nicht-wählenswert) sein. Notwendig sind nun solche Lustzustände, die mit körperlichen Bedürfnissen einhergehen, also unmittelbar mit der

Selbsterhaltung zusammenhängen. Hierunter fallen natürlich die Nahrungsaufnahme zur Erhaltung des Individuums sowie der Geschlechtsverkehr zur Erhaltung der Gattung. Dass es hier Übermaß und Mangel gibt, folgt bereits aus der relativen Struktur und wird daher von Aristoteles auch nicht weiter erläutert.

Das gilt aber nicht für die zweite Art von Gegenständen, d.h. die nicht-notwendigen aber an sich wählenswerten Dinge. Bei dieser Art Gegenstände kann man nicht schlechthin unbeherrscht sein. Aristoteles liefert dafür zwei Gründe:

1. Dies wird phänomenal durch den in der (griechischen) Sprache verwandten Zusatz angedeutet, »unbeherrscht in Bezug auf [sich zu ereifern, Gewinn, Ehre, etc]«.
2. Unbeherrschtheit selbst wird »nicht nur als ein Fehler, sondern auch als *eine Art*[5] Laster getadelt« (VII.6, 1148a2–3), und dies trifft bei diesen Fällen nicht zu. Folglich wird man bei ihnen nur in einem übertragenen Sinn von Unbeherrschtheit sprechen.

Aristoteles konzentriert sich daher auf die notwendigen Dinge und stellt fest, dass man in ihrem Fall die Unbeherrschten ohne einschränkenden Zusatz auch so bezeichnet (VII.6, 1148a10–11). Schlechthin unbeherrscht ist somit derjenige, der ein Übermaß (also nicht das durch rationales Urteil angeordnete Maß) an Lustvollem gegen seine Entscheidung (*para tên prohairesin*, VII.6, 1148a9) sucht oder den Schmerz übermäßig meidet, und zwar bei »Hunger, Durst, Hitze, Kälte und alle[m], was Gegen-

5 Es handelt sich freilich nicht um ein Laster im engeren Sinne, da auch die Beherrschtheit keine Tugend ist. Wie wir aber oben gesehen haben, gehören beide als seelische Dispositionen zur selben Gattung wie die Tugend.

stand des Tastens und Schmeckens ist« (VII.7, 1148a8–11). Dass diese Bestimmung richtig ist, folgt auch daraus, dass die verwandten Dispositionen (wie die Weichlichkeit bzw. die Tugend der Besonnenheit und das Laster der Zügellosigkeit) die notwendigen und nicht die an sich wählenswerten Dinge betreffen.

Ein wichtiger Unterschied zur Zügellosigkeit, die sich auf dieselben Gegenstände bezieht, besteht darin, dass die Zügellosen entschieden (oder vorsätzlich) ein Übermaß des Lustvollen und somit, ohne dass eine starke Begierde beteiligt ist, suchen (VII.6, 1148a19–20).

Nachdem klar geworden ist, was das an sich oder schlechthin unbeherrschte Verhalten auszeichnet, können noch einmal die Unterschiede zum unbeherrschten Verhalten bei an sich wählenswerten Dingen genauer erfasst werden und bestimmt werden, in was genau der falsche Umgang mit den entsprechenden Lüsten besteht (VII.6, 1148a22–b14). Entscheidend ist, dass man diese Dinge nicht so betreibt, wie man sollte, sondern ihnen übermäßig erlegen ist (VII.6, 1148b4).

Einen besonderen Status räumt Aristoteles dem sich ereifernden Verhalten (*thymou*, VII.6, 1148b13–14) ein, weshalb er im nächsten Kapitel hierauf zurückkommt. Doch zuvor wendet er sich einer speziellen Form der Unbeherrschtheit zu, die in der Nähe tierischen Verhaltens steht und die er aus diesem Grunde auch als eine Art tierische Schlechtigkeit bezeichnet. Bisher wurden die Lüste in notwendige und nicht-notwendige unterschieden. In der Behandlung der tierischen Schlechtigkeit ist eine andere Einteilung wichtig: Nun werden die Lüste in natürliche und nicht-natürliche Lüste aufgeteilt. Die Einteilung ergibt sich aus der für die Lusterfahrung zugrundeliegenden Disposition. Mit »natürlich« ist also nicht dasselbe wie mit »notwendig« gemeint. Alle Lebewesen genießen gleichermaßen natürliche Lüste, obwohl es auch artspezifische Unterschiede gibt (VII.6, 1148b15–16). Unnatürlich sind hingegen solche Lüste, die sich aus einer für Menschen nicht gesunden Disposition ergeben. Aristoteles betont, dass nur Menschen solche unnatürlichen Lüste haben. Drei Ursachen werden genannt:

1. Einige Lüste sollen durch krankhafte Veränderungen reizvoll werden. Gemeint sind wohl körperliche Beeinträchtigungen oder Verstümmelungen (VII.6, 1148b25–26; siehe auch *An.* III.9, 432b21–26).
2. Solche Lüste entwickeln sich durch schlechte Gewohnheiten (VII.6, 1148b27–29), die eine Quasi-Natur hervorbringen.
3. Sie entwickeln sich auch aufgrund einer schlechten Veranlagung (VII.6, 1148b29–30). Niemand wird Menschen mit einer bestialischen Natur unbeherrscht nennen (VII.6, 1148b31–32). Vielmehr besteht hier eine Ähnlichkeit zu Tieren, die als Tiere, wie gesagt, nicht unbeherrscht sein können, da sie kein allgemeines Urteilsvermögen haben. So beschaffene Dispositionen liegen außerhalb der Grenzen der Schlechtigkeit. Von Beherrschtheit oder Unbeherrschtheit kann in diesen Fällen nur wegen einer gewissen Ähnlichkeit gesprochen werden. Das heißt, dass es sich bei dieser krankhaften oder tierischen Verhaltensweise nicht um eine gesteigerte Form der Unbeherrschtheit handelt, die wiederum am menschlichen Maß gemessen wird (VII.6, 1149a18–20).

VII.7 Sich Ereifern (1149a21–1150a8)

Zu Beginn des siebten Kapitels führt Aristoteles als wesentliches Ergebnis der vorausgegangenen Diskussion an, dass es Beherrschtheit und Unbeherrschtheit nur bei den Lüsten des Tastsinns und des Geschmacks gibt (auf die sich auch Zügellosigkeit und Besonnenheit richten). Ergänzen ließe sich noch: Sie gibt es nur, insofern sie durch gesunde und Menschen eigentümliche Dispositionen erfahren werden. In den anderen Fällen muss es sich um eine andere Art von Unbeherrschtheit handeln, die nur in einem übertragenen Sinn so genannt wird. Bereits zuvor hat Aristoteles als ein Beispiel auf das sich ereifernde Handeln (*thymos*) hingewiesen (VII.6, 1149a3–4).

Mit »sich ereifern« wird ein schillernder Begriff übersetzt,[6] der unter Aristoteles' Zeitgenossen wohlbekannt war und eine wichtige Rolle in Platons Philosophie spielt (Schmitt 2008, S. 304–306). Aristoteles verwendet den Begriff an zahlreichen Stellen (*Pol.* VII.7, 1327b37; *EE* 1229a21; *An.* I.1, 403b17). Analog zu Platon unterscheidet er drei Formen des Strebens, die er mit Begierde, Vernunft und *thymos* verbindet (*An.* III.9, 432b6; *EE*, II.9, 1225b25).

Entscheidend für die Argumentation in der *Nikomachischen Ethik* ist, dass *thymos* der Vernunft näher steht als die sinnliche Begierde (VII.7, 1149a25–26), da bereits eine Form des rationalen Erkennens beteiligt ist, auch wenn diese in einer an die Wahrnehmungen gebundenen Form vorliegt. Wie ist das gemeint? Den *thymos* setzt beispielsweise die Meinung in Bewegung, dass man ein Unrecht erfahren hat. Das Unrecht als solches kann freilich weder gesehen noch geschmeckt werden und bedingt somit eine höhere Erkenntnisleistung. Der sich Ereifernde hört also irgendwie auf die Vernunft, insofern er nämlich auch auf das Gute zielt, »aber er hört nicht richtig« (VII.7, 1149a26). Die im sich Ereifern unbeherrschten Menschen werden bis zu einem gewissen Grad von der Vernunft gelenkt, im Gegensatz zu jenen, die der Begierde folgen und unmittelbar auf die Vorstellung des Lust-

6 Andere Möglichkeiten zur Übersetzung wären: »Mut«, »Wallung«, »Zorn«.

vollen reagieren (VII.7, 1149a34–1149b1). Aristoteles spricht zwar davon, dass auch die Begierde durch die Überlegung des Verstandes in Bewegung gesetzt wird (VII.7, 1149a35), gemeint ist damit aber wohl eher, dass die Begierde auf den Verstand nur insofern hört, als Lustvolles oder Schmerzhaftes angekündigt wird.

Aristoteles stützt seine These, dass sich zu ereifern weniger schlimm als Begierde ist, mit drei weiteren Argumenten, die sich auf allgemein anerkannte Meinungen oder die Phänomene berufen.

1. Man ist nachsichtig mit Menschen, die, indem sie sich ereifern, einem natürlichen Streben folgen, im Gegensatz zu denen, die sich unnatürlich übermäßigen Begierden ergeben. Sich über ein Unrecht zu empören, ist für Menschen natürlich, im Gegensatz zur übermäßigen Begierde nach notwendigen Dingen (VII.7, 1149b4–8).
2. Hinterlistige Personen sind ungerechter und deshalb auch schlechter, weil sie nicht nur Schaden verursachen, sondern zudem auch noch andere täuschen. Die sich Ereifernden handeln aber nicht hinterlistig, sondern suchen offen ihre Rache. Hinterlistig soll hingegen die Begierde sein (VII.7, 1149b13–20).
3. Niemand schädigt mit Unlust. Was man aber mit Unlust oder Traurigkeit tut, das geschieht nicht aus bösem Willen. Die sich Ereifernden handeln mit Schmerzen, weil sie sich verletzt fühlen. Man hätte es also eher mit einer gemischten als mit einer freiwilligen Handlung zu tun, die deshalb auch verdient, entschuldigt zu werden (VII.7, 1149b20–23). Aus diesen Gründen folgt für Aristoteles, dass die Unbeherrschtheit aus Begierde schändlicher ist als die aus dem sich Ereifern.

Man muss auch beachten, dass es relevante Unterschiede zwischen den Begierden gibt. Wie gesagt, sind die Lüste teils menschlich und natürlich, aber auch teils unnatürlich und tierisch. Besonnenheit und Zügellosigkeit beziehen sich, wie wir gesehen haben, nur auf menschliche und natürliche Begierden. Das erklärt, warum Tiere weder als besonnen noch zügellos bezeichnet werden (VII.7, 1149b31–32).

Im Anschluss wirft Aristoteles die Frage auf, ob tierische Rohheit oder menschliche Schlechtigkeit schlimmer sei. Vermutlich meint er hier beides, sowohl die im vorhergehenden Kapitel diskutierte tierische Disposition einiger Menschen als auch tierisches Verhalten als solches. Für beide gilt, dass ihr Handeln in gewisser Hinsicht nicht freiwillig oder vorsätzlich geschieht. Dies liefert auch den Grund dafür, warum für Aristoteles das Tierische zwar furchteinflößender, aber letztlich weniger schlimm als die Schlechtigkeit ist. Wegen seiner Vernunftfähigkeit (die zwar verdorben aber anwesend ist) kann der schlechte Mensch viel mehr Schaden anrichten als jedes Tier (VII.7, 1150a7–8).

VII.8 Verwandte Dispositionen im Umgang mit der Lust (1150a9–1150b28)

Im achten Kapitel fährt Aristoteles damit fort, die Unbeherrschtheit und die Beherrschtheit von jenen verwandten Dispositionen, die ebenfalls die Lust zum Gegenstand haben, abzugrenzen. Zuerst zeigt er, wie sich die Beherrschten und Unbeherrschten von den Standhaften und Verweichlichten einerseits und von den Besonnenen und Zügellosen andererseits unterscheiden. Damit wird auch *Schwierigkeit b* aufgelöst, die das Verhältnis der Beherrschtheit zur Besonnenheit betrifft.

Bemerkenswert ist hierbei zweierlei:

1. Aristoteles verweist auf die Mehrheit der Menschen als Maßstab dafür, die durch die Begierde gestellte Versuchung zu ertragen. Denn unbeherrscht sind diejenigen, die dem nachgeben, was die Mehrheit erträgt. Die dem standhalten, sind hingegen beherrscht.
2. Die Konzeption wird ausdrücklich auf Schmerzen ausgedehnt. Die Weichlichen können weniger ertragen als die meisten, die Standhaften hingegen mehr (VIII.8, 1150a9–15). Mit Bezug auf die Schändlichkeit ist die Zügellosigkeit schlimmer als die Unbeherrschtheit (*Schwierigkeit e*), da die Zügellosen vorsätzlich das Übermaß der Lust suchen (dem Schmerz ausweichen) und ihr Handeln folglich auch nicht bedauern. Aus diesem Grund ist die Zügellosigkeit unheilbar (VII.8, 1150a21–22). Umgekehrt soll die Standhaftigkeit weniger gut als die Beherrschtheit sein, da sie der Versuchung nur widersteht, diese aber nicht überwindet (VII.8, 1150a33–37).

VII.9 Zügellosigkeit im Vergleich mit Unbeherrschtheit (1150b29–1151a28)

Im Anschluss diskutiert Aristoteles *Schwierigkeit e*, also die Frage, ob Zügellosigkeit weniger schlimm als Unbeherrschtheit ist, da man zügellos aus Überzeugung handelt und sich folglich durch Argumente umstimmen lassen kann (VII.3, 1146a31–b2). Aristoteles ist vom Gegenteil überzeugt: Weil die Zügellosen entschieden handeln und ihr Ziel beharrlich verfolgen, bedauern sie im Gegensatz zu den Unbeherrschten ihre Fehler nicht. Bei den Unbeherrschten stellt sich hingegen Bedauern ein, sobald die Begierden vergangen sind (VII.9, 1150b30–32). Aristoteles vergleicht die Zügellosigkeit als Schlechtigkeit mit einer langwierigen Krankheit. Im Vergleich dazu entspricht Unbeherrschtheit eher kurzfristigen Anfällen (VII.9, 1150b32–35).

Ein weiterer wichtiger Unterschied besteht darin, dass die Zügellosigkeit als Schlechtigkeit den schlechten Menschen selbst verborgen bleibt, was nicht für die Unbeherrschtheit gilt (VII.9, 1150b36). Aristoteles bemerkt, dass die Unbeherrschtheit zwar keine unqualifizierte Schlechtigkeit ist, da sie der Entscheidung widerspricht, im Handeln stimmt sie jedoch mit der Zügellosigkeit überein (VII.9, 1151a6–8).

Der letztlich entscheidende Unterschied besteht darin, dass die Unbeherrschten die richtige Überzeugung haben, auch wenn sie gegen diese handeln (VII.9, 1151a13–14). Sie sind vernünftigen Gründen gegenüber somit prinzipiell offen, da ihr Anfangsgrund oder Prinzip der Handlung (*hou heneka*, das »worumwillen« oder Zweck, VII.9, 1151a16) noch nicht vollständig durch die Schlechtigkeit wie bei den Zügellosen verdorben ist, die aus Überzeugung den Begierden folgen und nicht ohne weiteres von ihrem Urteil abweichen werden.

Wie bei den mathematischen Prinzipien werden auch die Handlungsprinzipien nicht erschlossen, sondern von etwas anderem her genommen. Die Mathematik nimmt ihre Prinzipien vom *nous*, und das Handeln gewinnt seine Zwecke durch Gewöhnung, die das »richtige Meinen« (*orthodoxein*, VII.9, 1151a19) den Zweck betreffend lehrt. Da die Unbeherrschten zumindest den Zweck richtig bewerten, sind sie besser und leichter heilbar als die Zügellosen, ihre Disposition ist also weniger schlecht. Entsprechend ist die Beherrschtheit eine gute Disposition, da jemand, der beherrscht handelt, eher dazu geneigt ist, dem vernünftigen Urteil zu folgen.

VII.10 Beherrschtheit (1151a29–1151b22)

Als Nächstes stellt Aristoteles sich die Frage, was für eine Form von Standhaftigkeit für Beherrschtheit gefordert ist. Was für Überzeugungen werden bewahrt und welche werden aufgegeben (*Schwierigkeiten c und d*)? Die Beantwortung dieser Fragen bietet Gelegenheit, näher auf die Disposition der Beherrschtheit einzugehen und sie von den mit ihr verwandten Fehlern abzugrenzen.

Zunächst stellt Aristoteles heraus, dass Beherrschtheit *an sich* (*kath' hauto* VII.10, 1151b1) bedeutet, dass man sich an eine wahre Überzeugung hält (und dies zeichnet das Wesen von Standhaftigkeit aus). In einem akzidentellen Sinn kann man an irgendeiner Überzeugung festhalten (VII.10, 1151b1–4). Wer allerdings an einer Überzeugung nicht aufgrund von Gründen, sondern wegen der Lust am Sieg festhält, der weist zwar eine gewisse Ähnlichkeit mit dem Beherrschten auf, der Sache selbst nach gesehen liegt dieser aber näher am Unbeherrschten, da man von seinen eigenen Begierden regiert wird (VII.10, 1151b16–17). Solche Menschen werden »starrsinnig« (*ischyrognômones*) genannt.

Zum Schluss des Abschnittes macht Aristoteles darauf aufmerksam, dass nicht die An- oder Abwesenheit von Lust darüber entscheidet, ob man beherrscht oder unbeherrscht ist, sobald man eine Überzeugung aufgibt. Gute Menschen empfinden Lust daran, sich von dem Richtigen überzeugen zu lassen.

VII.11 Beherrschtheit und Besonnenheit (1151b23–1152a36)

Im elften Kapitel diskutiert Aristoteles die Nähe der Beherrschtheit zur Tugend der Besonnenheit, da man diese wegen ihrer Ähnlichkeit miteinander identifiziert hat.

Zu Beginn geht Aristoteles auf die Gemeinsamkeiten ein und zeigt, dass die Beherrschtheit eine Art Mitte zwischen der Unbeherrschtheit und einer namenlosen Disposition darstellt. Da diese Disposition aber sehr selten ist, hat sie keinen eigenen Namen und wird für gewöhnlich als Gegenteil der Beherrschtheit übersehen (VII.11, 1151b30). Aus demselben Grund wird auch die Besonnenheit ausschließlich als Gegenteil der Zügellosigkeit wahrgenommen. Gemeinsam ist denjenigen, die besonnen, und denjenigen, die beherrscht handeln, dass sie sich nicht durch die körperliche Lust vom vernünftigen Urteil abbringen lassen (VII.11, 1151b36–1152a1). Ein wichtiger Unterschied besteht jedoch darin, dass die Besonnenen im Gegensatz zu den Beherrschten erst gar keine schlechten Begierden haben (VII.11 1152a1–2). Vergleicht man die Unbeherrschten mit den Zügellosen, ergibt sich, dass zwar beide körperliche Lüste begehren, die Zügellosen tun dies allerdings mit Überzeugung, wohingegen die Unbeherrschten gegen ihr Urteil handeln.

Aus diesem Grund kann Unbeherrschtheit nicht mit Klugheit zusammen bestehen (VII.11, 1152a6–7). Denn diese bedingt die Charaktertugenden, so dass der Kluge sittlich gut ist. Sollte man die Unbeherrschten trotzdem manchmal für klug halten, verwechselt man die Klugheit mit Geschicklichkeit oder Scharfsinn (*deinotês* VII.11, 1152a9–13; siehe VI.13, 1144a23–24).

Aristoteles beschließt die Untersuchung, indem er die bisher getroffenen Bestimmungen zur Unbeherrschtheit noch einmal nennt und einen Akzent auf die Frage nach der Beurteilung der Unbeherrschtheit sowie der möglichen Besserung legt.

VII.12 Meinungen über das Wesen und den Wert der Lust (1152b1–1152b24)

Nachdem Aristoteles seine Untersuchung von Beherrschtheit und Unbeherrschtheit abgeschlossen und gezeigt hat, dass beide es jeweils mit Lust und Schmerz zu tun haben, wendet er sich ausführlicher den Ursachen der Lust zu.

Obwohl die Lust bereits in verschiedenen Kontexten thematisiert und die Verbindung zwischen Glück und Lust hervorgehoben wurde (I.9, 1098b24–26), stand doch bislang eine detailliertere Behandlung der Lust selbst aus. Aus dem ersten Buch wissen wir, dass die Lust zu den Gütern gehört, die um ihrer selbst willen gewählt werden (I.5, 1097b2–3). Lustvoll soll die Ausübung der tugendhaften Dispositionen sein (I.9, 1099a14). Aristoteles hat die Lust aus diesem Grund sogar zu einem Indikator (*sêmeion*) für Tugend gemacht (II.2, 1104b3–5). Zugleich wird jedoch vor dem verderblichen Einfluss der Lust gewarnt (II.2, 1104b9–13; II.2, 1104b21–22, III.6, 1113a33–b2). Entscheidend für die ambivalente Einschätzung ist die Einteilung der Lüste in seelische und körperliche Lüste (III.13, 1117b28–29), mit der bislang vor allem gearbeitet wurde. Diese Einteilung geht einher mit einer ersten Bewertung, derzufolge vor allem das Urteil über die körperlichen Lüste negativ auszufallen scheint. Die Behandlung der Lust im siebten Buch schließt an diesem Punkt an. Im Fokus stehen daher vor allem die Ursachen und Objekte der Lust sowie ihre Beurteilung.

Wie immer, wenn Aristoteles zur Behandlung einer neuen Thematik übergeht, wird zuerst die Notwendigkeit der Untersuchung und die Wichtigkeit des Gegenstandes hervorgehoben. So unterstreicht Aristoteles die Bedeutung der Lust für die politische Wissenschaft, erinnert daran, dass sich Tugend und Schlechtigkeit des Charakters auf Lust und Schmerz beziehen, und hebt generell die enge Verbindung zwischen Lust und

Glück hervor (VII.12, 1152b1–8). Im Anschluss werden die allgemein anerkannten Meinungen (*endoxa*) über den Wert der Lust vorgestellt. Drei Positionen, die allerdings nicht namentlich genannt werden, sind für die nachfolgende Diskussion relevant:

1. Für die einen ist die Lust weder an sich noch akzidentell gut.
2. Eine zweite Gruppe nimmt an, dass einige Lüste gut sind, die meisten aber schlecht.
3. Schließlich wird behauptet, dass die Lust auch dann nicht das größte Gut sein könne, wenn alle Arten gut wären (VII.12, 1152b8–12).

Die erste Gruppe begründet ihre Ansicht mit sechs Punkten:

1. Aus der Bestimmung der Lust selbst soll folgen, dass die Lust weder an sich selbst noch akzidentell gut ist. Denn Lust soll ein Werden (*genesis*) hin zu einem natürlichen Zustand sein. So empfinden wir Lust, wenn wir Hunger oder Durst stillen. Da das Gute jedoch ein Zweck ist und kein Prozess, der auf einen Zweck hin ausgerichtet ist, kann die Lust kein Gut sein.
2. Die Besonnenen, die allgemein als tüchtig oder gut angesehen werden, meiden die Lust. Wird die Lust von ihnen gemieden, kann sie nicht gut sein.
3. Die Klugen sollen sich um Schmerzlosigkeit bemühen, aber nicht um Lust.
4. Lust behindert *das Werk* der Klugheit (*tô phronein*).
5. Jedes menschliche Gut sollte das Werk irgendeiner Kunst sein. Die Lust ist aber kein Werk einer menschlichen Kunst.
6. Die Lust wird von Kindern und Tieren als Gut gesucht, es kann sich somit nicht um das eigentümliche Gut des vernünftigen Menschen handeln (VII.12, 1152b12–20).

Die zweite Gruppe begründet ihre Annahme mit dem Hinweis darauf, dass einige Lüste schändlich sind und krank machen (VII.12, 1152b20–22). Dass aber keine Lust das höchste Gut sein kann, und zwar auch dann nicht, wenn alle Lüste gut wären, wird erneut dadurch bewiesen, dass sie nicht das beste Ziel, sondern ein Werden ist (VII.12, 1152b22–24).

VII.13 Widerlegung der Argumente gegen die Lust als höchstem Gut (1152b25–1153a35)

Aristoteles zeigt, dass die vorgelegten Argumente nicht schlüssig sind. Aus diesen Argumenten ergibt sich weder, dass die Lust kein Gut ist, noch, dass sie nicht das höchste Gut ist. Am meisten Aufmerksamkeit schenkt Aristoteles dem ersten Argument, nach dem die Lust kein Gut sein kann, weil es sich um ein Werden oder einen Prozess handelt, was der Natur des Guten widerspricht. Sein Name wird in diesem Zusammenhang zwar nicht genannt, doch verweist Platon auf ein ähnliches Argument (*Phil.* 53c–55c, siehe auch 31b–32b). Das Argument wird von der ersten und dritten Position benutzt, weshalb Aristoteles beide zusammen behandelt.

In seiner Erwiderung hebt Aristoteles zunächst hervor, dass man zwei unterschiedliche Bedeutungen von gut beachten muss: Zum einen kann etwas an sich gut, zum anderen kann es gut relativ zu anderen Dingen sein (VII.13, 1152b26–27). Dieselbe Unterscheidung gilt auch für Naturen und Dispositionen sowie für die aus diesen entstehenden und zu ihnen hinführenden Bewegungen und Prozesse des Werdens.

Setzt man nun mit dem ersten Argument der Gegner voraus, dass die Lust in einem Werden (*genesis*) oder einer Bewegung (*kinesis*) hin zu einem *guten* Zustand besteht, ergibt sich dieselbe Unterscheidung auch für die Lust. Folglich müsste es auch hier zwei Arten von Lüsten geben, nämlich an sich gute Lüste und solche, die nur relativ zu anderen Dingen gut sind. Ferner können Lüste nur für einen bestimmten Zeitpunkt gut sein. Schließlich ist es möglich, dass etwas nur vortäuscht, eine Lust zu sein, in Wirklichkeit dies aber gar nicht der Fall ist. Vermutlich meint Aristoteles Lüste, die sich nur aufgrund einer verkehrten Disposition oder Krankheit als Lust (mit Schmerzen) einstellen (VII.13, 1152b26–33).

Es ist wichtig, zwischen der Disposition und der Aktivität zu unterscheiden (VII.13, 1152b33). Das bessere Gut liegt in der Aktivität, weil sie eine höhere Vollkommenheit als die nicht aktualisierte Disposition besitzt. Bewegungen, die eine natürliche Disposition wiederherstellen, sind zwar lustvoll, sind dies aber nur in einem akzidentellen Sinn (VII.13, 1152b34), weil es sich um Aktivitäten (»der übrigen Disposition und Natur«, VII.13, 1152b35–36) handelt, die in einem Zustand des Begehrens stattfinden (die Begierde ist *an sich* Zeichen einer mangelhaften Natur, da etwas Fehlendes begehrt wird). Eine Lust, die man durch die Aktivität einer bereits ausgebildeten oder intakten Disposition erfährt, ist eher vollkommen, als die Lust, die sich bei der Ausbildung oder Wiederherstellung der Disposition einstellt. Dass es einen wichtigen Unterschied zwischen diesen beiden Arten von Lüsten gibt, wird auch daran deutlich, dass man bei der Wiederherstellung (bzw. dem Wiederauffüllen) dessen, was zur Natur des Lebewesens gehört, an solchen Dingen Lust erfährt, die unter normalen Umständen nicht oder nicht in demselben Maße lustvoll wären (VII.13, 1152b33–1153a7).

Auf dieser Grundlage widerlegt Aristoteles das Hauptargument der ersten und dritten Position, entsprechend denen die Lust kein Gut bzw. nicht das höchste Gut sein kann, weil sie mit dem Werden verbunden ist. Wir haben gesehen, dass nicht alle Lüste im Werden bestehen oder von einem Prozess der

Widerherstellung begleitet werden. Nur die akzidentellen Lüste beruhen auf der Wiederherstellung der natürlichen Dispositionen. Es gibt aber auch Lüste, die in einer vollkommenen Tätigkeit bestehen und somit gewissermaßen selbst Zweck oder Ziel sind. Folglich ist die Lust an sich auch kein wahrnehmbares oder sinnliches Werden (was nur für die akzidentellen bzw. unvollkommenen Lüste gilt), vielmehr ist Lust im eigentlichen Sinn eine ungehinderte Tätigkeit einer naturgemäßen Disposition (VII.13, 1153a14–15). Und dies kongruiert mit der vollkommenen Lust.

Im Anschluss widerlegt Aristoteles die zweite Position: Es sei dasselbe, zu behaupten, dass Lust deshalb schlecht ist, weil einige lustvolle Dinge krank machen, wie zu behaupten, dass die Medizin deshalb schlecht ist, weil sie zu teuer ist. Weder die Medizin noch die Lust sind aber an sich schlecht. Entsprechend wäre auch das Denken schlecht, weil es manchmal der Gesundheit schadet (VII.13, 1153a17–20).

Bis zum Schluss des Kapitels widerlegt Aristoteles die übrigen Argumente, die von der ersten Position vorgebracht wurden, der Reihe nach:

So sollen weder das Werk der Klugheit noch irgendeine andere Tugend durch die Lust behindert werden, die mit der jeweiligen Disposition übereinstimmt. Hinderlich sind nur solche Lüste, die nicht durch die Aktualisierung der jeweiligen Disposition selbst erzeugt werden.

Die eigentümlichen Lüste verstärken hingegen die jeweiligen Dispositionen (VII.13, 1153a20–23). So bewirkt die Lust am Klavierspielen, dass man noch mehr Klavier spielt. Es bedeutet jedoch gar nichts, dass es keine Künste gibt, die speziell der Lust gewidmet sind, da sich Künste nicht mit Aktivitäten, sondern mit der Herstellung von Produkten beschäftigen. Auch Künste, die scheinbar der Lust gelten (wie die Kochkunst und die Parfumherstellung), sind in erster Linie auf bestimmte

Objekte ausgerichtet, die dann Lust erzeugen sollen (VII.13, 1153a27–27).

Schließlich erklärt Aristoteles mittels der Unterscheidung zwischen akzidentellen und vollkommenen Lüsten, warum die Besonnenen die Lust meiden, die Klugen ein Leben ohne Schmerzen und Kinder und Tiere die Lust suchen. So streben die Kinder vor allem nach akzidentellen Lüsten, die sich durch Wiederherstellung der Dispositionen und in Verbindung mit Schmerzen ergeben. Diese Lüste meiden aber die Klugen. Weil es sich hierbei vor allem um körperliche Lüste handelt, deren Übermaß die Menschen zügellos werden lässt, werden diese auch von den Besonnenen gemieden.

Daraus folgt aber nicht, dass nicht auch die Besonnenen eine eigentümliche Art von Lusterfahrung hätten, die aus der Aktualisierung ihrer Disposition folgt und diese Disposition daher weiter verstärkt (VII.13, 1153a27–35).

VII.14 Das richtige Maß für die Lust (1153b1–1154a21)

Nachdem Aristoteles die Einwände gegen die Lust als Gut zurückgewiesen hat, geht er noch einmal genauer auf den Ursprung der verschiedenen Meinungen in Bezug auf Lust ein. Wir erinnern uns, grundsätzlich versucht Aristoteles, von den allgemein angenommenen Meinungen so viel wie möglich zu bewahren. Dass seine Zurückweisung so entschieden ausgefallen ist, zeigt auch, wie wichtig es ihm ist, die Rolle, die die Lust für das Glück des Menschen spielt, angemessen zu bewerten. Er sucht daher nach einem gemeinsamen Ausgangspunkt, über den sich die meisten Menschen verständigen können: Jeder gibt zu, dass Schmerzen schlecht sind und gemieden werden sollten (VII.14, 1153b1–2). Das gilt in zweifacher Hinsicht, und zwar sind Schmerzen entweder an sich oder aber, insofern sie das Gute behindern, schlecht. Vorausgesetzt, das Gegenteil des Schlechten ist gut und das Schlechte wird gemieden, so folgt, dass die Lust ein Gut ist (VII.14, 1153b3–4). Gegen die Lust als höchstes Gut spricht ebenfalls nicht, dass einige Lüste schlecht sind. Für alle Dispositionen gilt gleichermaßen, dass es ungehinderte Aktivitäten gibt, und zwar insofern die Aktualisierung der Disposition für Aristoteles in einer Aktivität besteht, die abhängig von der Beschaffenheit der Disposition selbst oder der an der Aktualisierung beteiligten Gegenstände unterschiedlich ausfallen kann. Das Glück selbst besteht, wie Aristoteles an dieser Stelle hervorhebt, in einer ungehinderten Tätigkeit entweder aller guten Dispositionen oder aber nur einer Disposition. Die Entscheidung, was in diesem Falle gelten sollte, wurde bislang nicht getroffen. Nun können wir aber beobachten, dass auch Lust eine ungehinderte Aktivität ist (VII.14, 1153b9–11). Es ist also anzunehmen, dass es eine höchste Lust gibt, die wesentlich für das Glück des Menschen ist, und zwar auch dann, wenn zugleich viele andere Lüste an sich schlecht sind (VII.14, 1153b12–13).

Es hat wenig Sinn, die von Aristoteles vorgetragene Gleichsetzung von Lust und Glück zu bestreiten oder irgendwie wegzuerklären. Alles andere würde den offensichtlichen Phänomenen widersprechen, wie Aristoteles im unmittelbaren Anschluss mit dem Hinweis verdeutlicht, dass für die meisten Menschen ein glückliches Leben lustvoll sein muss (VII.14, 1153b14–15).

Damit ist die Erklärung der Bedeutung der Lust für die Tugend freilich noch nicht abgeschlossen, wie wir in den nächsten Kapiteln sehen werden. An dieser Stelle ist es jedoch wichtig, die ungehinderte Aktivität selbst, aus der sich die Lust ergibt, in den Blick zu nehmen. So macht Aristoteles auf eine andere Konsequenz aufmerksam: Weil nämlich das Glück in einer ungehinderten, vollkommenen Aktivität besteht, werden auch die Güter des Körpers, d.h. äußere Güter und sogenannte Glücksgüter, benötigt. Ein Mangel an ihnen behindert die Menschen in ihrer Aktivität (VII.14, 1153b16–19). Das gilt auch für die tugendhaften Menschen, die zwar in einem gewissen Sinn unglücklichen Umständen widerstehen können, dies aber nur bis zu einem bestimmten Grad. Gleichwohl ist das Glück nicht identisch mit dem glücklichen Zufall, da zu viele oder große Glücksgüter unglücklich machen können (VII.14, 1153b23–24 – man denke nur an die bekannten Fälle von Lottogewinnern, deren vermeintliches Glück sich zu ihrem größten Unglück entwickelt hat).

Die Tatsache, dass jeder nach Lust strebt, ist also für Aristoteles ein starkes Indiz dafür, dass die Lust »*in gewisser Weise* (*pôs*) das höchste Gut ist« (VII.14, 1153b25–26; »in gewisser Weise« aus dem Grunde, weil sich die Bestimmung des Glücks nicht in Lust erschöpft). Denn eine Sache, über die sich zumindest viele einig sind, kann nicht völlig falsch sein. Man muss jedoch beachten, dass sich die Lebewesen in ihrer Natur und folglich in ihren Dispositionen voneinander unterscheiden, so dass dasselbe nicht für alle gut und auch nicht lustvoll sein kann. Folglich suchen zwar alle Lust, aber nicht dieselbe Lust (VII.14, 1153b29–31).

Doch nimmt Aristoteles diese Einschätzung im unmittelbar folgenden Satz zum Teil zurück. Stattdessen bemerkt er, dass sich die Menschen zwar in ihrem Urteil unterscheiden, in letzter Konsequenz suchen sie aber doch dieselbe Lust, da sie alle das Göttliche, soweit es in ihrer Macht steht, begehren (VII.14, 1153b31–32; siehe auch *An.* II.4, 415a29–b2). Auf diesen Punkt werden wir im letzten Kapitel zurückkommen. An dieser Stelle interessiert sich Aristoteles, wie gesagt, vor allem dafür, wie die Lust von seinen Vorgängern, die mit seinen Ausführungen in Konflikt stehen, eingeschätzt wurde. Ein wichtiger Grund für diese unterschiedlichen Sichtweisen besteht darin, dass die körperlichen Lüste den Namen der Lust für sich vereinnahmt haben, weil sie allen Menschen leicht zugänglich sind und diese den körperlichen Lüsten von Natur aus zugeneigt sind (VII.14, 1153b33–35). Das hat wiederum viele zu der Ansicht verleitet, dass es sich hierbei um die einzige Art von Lust handelt. Würde man hieraus jedoch den Schluss ziehen, dass die Lust kein Bestandteil des Glücks wäre, dann würde es auch keinen Sinn ergeben, den Schmerz zu meiden. Auch wäre das Leben des Glücklichen nicht lustvoll (VII.14, 1154a1–6). Diese Ansicht wurde oben bereits zurückgewiesen.

An dieser Stelle geht Aristoteles nicht weiter auf die besondere Lust des Guten ein, sondern konzentriert sich auf die Natur der körperlichen Lüste, die mit Blick auf die im siebten Buch verhandelte Thematik entscheidend sind. Aus der Behandlung der Zügellosigkeit und der Unbeherrschtheit könnte man den Schluss ziehen, dass die körperlichen Lüste an sich schlecht sind, denn sie werden immerhin von den Besonnenen gemieden.

Aristoteles sieht aber auch an dieser Ansicht Korrekturbedarf: Dasselbe Argument, das für die Lust als ein Gut allgemein spricht (dass sie nämlich dem Schmerz als Übel entgegengesetzt ist), gilt für die körperlichen Lüste im Besonderen. So müssen auch diese Lüste gut sein, da die entgegengesetzten Schmerzen schlecht sind (VII.14, 1154a10–13). Allerdings ist zu beachten, dass das nur mit der Einschränkung gilt: *insofern sie das richtige Maß einhalten.* Erinnern wir uns: Jede Lust folgt auf eine Aktivität, die darin besteht, entweder eine Disposition wiederherzustellen bzw. auszubilden oder sie zu aktualisieren. Wenn es bei diesen Aktivitäten kein Übermaß gibt, dann kann es auch kein Übermaß in der auf diese Aktivitäten folgenden Lust geben. Gibt es allerdings ein Zuviel des Guten, dann gilt solches auch für die Lust (VII.14, 1154a13–15). Nun ist offensichtlich, dass es im körperlichen Bereich zu einem Übermaß kommen kann. Folglich sind auch die körperlichen Lüste nur bis zu einem bestimmten Punkt gut. Wenn dieser Punkt allerdings überschritten wird, werden sie schlecht. Schlechte Menschen sollen sich deshalb auch dadurch auszeichnen, dass sie bei den körperlichen Lüsten nicht das richtige Maß einhalten. Für den Schmerz gilt hingegen, dass nicht nur ein Übermaß, sondern alle Schmerzen gemieden werden. Schmerz stellt also nicht nur das Gegenteil von übermäßiger körperlicher Lust dar.

VII.15 An sich und in akzidenteller Weise gut (1154a22–1154b34)

Aristoteles zufolge ist es notwendig, den Grund eines Irrtums anzugeben, weil auch das einen Beitrag zur Überzeugung leistet. Mit Irrtum meint Aristoteles die falsche Einschätzung der Lust insgesamt, insbesondere aber der körperlichen Lüste.

Warum erscheinen die körperlichen (also die durch den Körper in einem engeren Sinn erzeugten) Lüste der Mehrheit als eher wählenswert als andere Lüste? Ein Grund dafür besteht in ihrer Natur als Heilmittel für Schmerzen. Besonders wirksam ist die übermäßige Lust (VII.15, 1154a25–29). Wir haben gesehen, dass es zwei Arten körperlicher Lüste gibt: Die einen sind von Natur aus schlecht, da sie aus den Tätigkeiten einer schlechten oder verdorbenen Disposition folgen. Die anderen ergeben sich hingegen aus der Wiederherstellung einer natürlichen Disposition und sind daher notwendig mit Schmerzen verknüpft, insofern der Mangel schmerzhaft ist.

Schmerzhaft sind für den Menschen aber auch viele natürliche Aktivitäten, da sie Anstrengung erfordern und ermüdend sind. Aus diesem Grund können körperliche Lüste auch nicht an sich gut sein, sondern nur in akzidenteller Weise, da sie den Schmerz aufheben (VII.15, 1154a31–b2).

Hinzu kommt, dass die körperlichen Lüste wegen ihrer Intensität vor allem von Personen gesucht werden, die wegen ihres minderwertigen Charakters keine anderen Lüste genießen können. Diese Menschen erzeugen sozusagen einen künstlichen Durst, den sie befriedigen. Aristoteles verurteilt ihr Verhalten nicht, solange sie sich selbst und anderen damit nicht schaden (VII.15, 1154b4–5). Natürliche körperliche Lüste werden erst dann problematisch, wenn sie einen Schaden bewirken. Es ist nicht verkehrt, wenn die Menschen körperliche Lüste genießen, da Lust notwendig zur Erholung ist und ein Mittel gegen den Schmerz darstellt. Vor allem junge Menschen bedürfen körperlicher Lüste, weil sie aufgrund ihres instabilen körperlichen Zustandes (bedingt durch ihr Wachstum) leichter erregbar und verwirrter sind. In diesem Zustand hilft ihnen die Lust (VII.15, 1154b9–13).

Aus dieser Bestimmung der körperlichen Lüste folgt unmittelbar, warum die mit einer vollkommenen Aktivität verbundenen Lüste besser sind: Ihnen fehlt der entgegengesetzte Schmerz. Folglich kann es bei ihnen auch kein Übermaß geben (VII.15, 1154b15–16). Durch das Übermaß werden die Menschen zügellos und schlecht. Und dies geschieht nicht durch körperliche Lust als solcher, die sogar notwendig ist, wie wir gesehen haben. Die vollkommenen Lüste sind somit an sich und immer lustvoll, sind dies also nicht nur unter bestimmten Bedingungen oder Zeiten oder weil sie heilsam gegen Schmerzen sind.

Trotzdem brauchen Menschen eine gewisse Abwechslung. Der Grund dafür besteht darin, dass die menschliche Natur nicht einfach, sondern zusammengesetzt ist (VII.15, 1154b21–22). Wenn Menschen also mit einem Teil aktiv werden, kann ein anderer Teil in ihrer Aktivität behindert werden. Wer den ganzen Tag vor seinem Rechner sitzt und arbeitet, riskiert gesundheitliche Schäden aufgrund eines Bewegungsmangels.

Wären die Menschen ihrer Natur nach nicht körperlich (also zusammengesetzt und daher auch vergänglich), sondern einfach und unveränderlich, dann wäre dieselbe Aktivität immer lustvoll. Einfach und unveränderlich ist für Aristoteles Gott. Aus diesem Grund erfreut sich dieser auch an einer andauernden einfachen Lust (VII.15, 1154b26).

Das scheint aber auf den ersten Blick der Beobachtung zu widersprechen, dass die jeweilige Lust aus einer ungehinderten Aktivität hervorgeht. An dieser Stelle muss man zwischen Bewegung und Aktivität unterscheiden: Eine Bewegung (*kinêsis*) ist an sich unvollkommen, wohingegen die Aktivität (*energeia*) für Aristoteles an sich vollkommen und daher in einem gewissen Sinn auch unbewegt ist. Das beste Beispiel hierfür liefert die Aktivität des Geistes, bei der es sich nicht um eine gewöhnliche Bewegung handelt. Aus genau diesem Grund wird diese Art von Bewegung auch nicht durch die Gesetze der Ortsbewegung hinreichend erfasst. Die Lust, die sich durch die Aktivität einstellt, ist größer und besser als die Lust, die auf die Bewegung (wie bei der Widerherstellung einer körperlichen Disposition) folgt. Dass Menschen jedoch in erster Linie körperliche Bewegungen oder Veränderungen als lustvoll erfahren, liegt an ihrer mangelhaften Natur (VII.15, 1154b29–31), die vieles benötigt und teils Gegensätzliches erstrebt.

Kapitel 8

Freundschaft (Bücher VIII.1–16 und IX.1–12)

In den Büchern acht und neun diskutiert Aristoteles die Freundschaft. Die beiden Bücher bilden eine zusammenhängende Abhandlung, die wegen ihrer Länge von den ersten Herausgebern geteilt worden sein könnte.

Wie gewohnt beginnt Aristoteles damit, dass er die Bedeutung der Untersuchung hervorhebt. Im Anschluss zeigt er die mit dem Untersuchungsgegenstand verbundenen Probleme auf und stellt eine erste Bestimmung der Freundschaft vor, die im Laufe der Untersuchung weiter modifiziert wird. Auf die Nähe der Freundschaft zur Disposition der Tugend weist Aristoteles gleich zu Beginn des achten Buches hin. Später werden wir erfahren, dass es sich bei der Freundschaft ebenfalls um eine Disposition handelt, die mit Überlegung und Entscheidung verbunden ist.

Es bestehen aber wichtige Unterschiede zur Tugend. So spielt für freundschaftliche Beziehungen nicht nur die Wechselseitigkeit eine essentielle Rolle, sondern es fehlt auch der Bezug zur Mitte. Wesentlich für die Freundschaft ist die Aktivität der Liebe, die sich auf verschiedenartige Objekte richten kann, was wiederum die Grundlage für unterschiedliche Freundschaften bildet.

In der Forschung wird betont, dass Aristoteles damit einen recht weiten Begriff von Freundschaft voraussetzt, der etwa auch Geschäftsbeziehungen miteinschließt, denen es primär um einen wirtschaftlichen Nutzen geht. Im Laufe der Untersuchung wird der Freundschaftsbegriff jedoch weiterentwickelt und durch einen sehr restriktiven Begriff von Freundschaft ersetzt. Schließlich sollen nur tugendhafte Menschen als Freunde im eigentlichen Sinn gelten.

Beides wird von modernen Kritikern moniert. Ihnen erscheint der aristotelische Begriff der Freundschaft entweder zu weit oder aber zu eng gefasst. Außerdem sollen sich Widersprüche aus der Anwendung der zu Beginn herausgestellten Kriterien der Freundschaft ergeben. Problematisch eingeschätzt wird sowohl die von Aristoteles herangezogene Selbstliebe als Grundlage der Freundschaft als auch das auf dieser Basis entwickelte freundschaftliche Verhältnis der Guten zueinander. Widersprüchlich erscheint vor allem die Forderung, dass auch die Glücklichen, die der Voraussetzung nach autark sind, Freunde brauchen, um sich an ihren eigenen Aktivitäten größtmöglich zu erfreuen.

Die Schwierigkeiten tauchen in wenigen Kapiteln des achten und neunten Buches auf. Die meisten Kapitel bereiten hingegen nur wenige Probleme. Das achte Buch gliedert sich in sechzehn Kapitel, das neunte Buch fügt zwölf weitere Kapitel hinzu.

(1155a3–1155a31) Das erste Kapitel hebt die Bedeutung der Freundschaft für das gute Leben sowie die Nähe zur Tugend hervor und begründet damit die Notwendigkeit, das Phänomen der Freundschaft näher zu untersuchen.

(1155a32–1156a5) Das zweite Kapitel stellt einige *endoxa* vor und entfaltet die Fragestellungen der Untersuchung. Eine zentrale Rolle in der Beantwortung der Fragen wird die Liebe als Aktivität der Freundschaft in Abhängigkeit von ihren Objekten spielen.

(1156a6–1156b6) Im dritten Kapitel werden drei Arten der Freundschaft aus der Einteilung der geliebten Objekte heraus entwickelt. Alle drei erfüllen die Kriterien der Freundschaft, unterscheiden sich aber darin, dass in den nützlichen und lustvollen Freundschaften die Freunde nicht an sich, sondern wegen eines anderen Gutes geliebt werden, was sie wiederum zu akzidentellen Freundschaften macht.

(1156b7–1156b32) Das vierte Kapitel setzt die akzidentelle Freundschaft gegen die vollendete Freundschaft. Diese zeichnet sich dadurch aus, dass die Freunde das Gute lieben, was diese Form der Freundschaft besonders beständig macht.

(1156b33–1157a36) Im fünften Kapitel erläutert Aristoteles die Ähnlichkeiten und Differenzen zwischen den beiden akzidentellen Freundschaften und der vollkommenen Freundschaft.

(1157b1–1157b24) Das sechste Kapitel diskutiert den wichtigen Unterschied zwischen der Disposition der Freundschaft und ihrer Ausführung und stellt das Zusammenleben der Freunde als Bedingung der Aktualisierung und somit der Erhaltung der Freundschaft heraus.

(1157b25–1158a36) Das siebte Kapitel differenziert gründlicher zwischen dem Affekt der Liebe und der zugrundeliegenden Disposition. Das erläutert auch die zuvor mit der vollendeten Freundschaft verknüpfte Liebe zum Freund an sich und damit den zentralen Unterschied zwischen vollendeten und akzidentellen Freundschaften.

(1158b1–1158b28) Das achte Kapitel betont zwar einerseits die Bedeutung der Gleichheit als Voraussetzung der Freundschaft, weist aber auch auf die Möglichkeit ungleicher Freundschaften hin, die besondere Voraussetzungen erfüllen müssen.

(1158b29–1159a33) Das neunte Kapitel schließt zunächst an die Diskussion der Gleichheit an und stellt Unterschiede zur Gleichheit in der Gerechtigkeit heraus. Im Anschluss wendet sich Aristoteles der Liebe unter Freunden zu und erläutert die Lust, die durch das Geliebtwerden erfahren wird.

(1159a33–1159b24) Im zehnten Kapitel nimmt Aristoteles die Frage der Gleichheit und Ungleichheit unter Freunden wieder auf und zeigt, inwiefern Gleichheit die Freundschaft befördert bzw. welche Rolle Ungleichheit spielt.

(1159b25–1160a30) Das elfte Kapitel verschiebt den Fokus

der Behandlung von der Beziehung zwischen zwei Individuen auf soziale Verbindungen. Damit rückt das Verhältnis zwischen Gerechtigkeit und Freundschaft in den Blick.

(1160a31–1161a9) Im zwölften Kapitel werden die unterschiedlichen Formen der politischen Gemeinschaft ihrer Güte nach geordnet und auf die häusliche Gemeinschaft übertragen.

(1161a10–1161b10) Das dreizehnte Kapitel macht deutlich, dass den politischen Verfassungen bestimmte Formen der Freundschaft entsprechen.

(1161b11–1162a33) Das vierzehnte Kapitel geht intensiv auf die familiären Beziehungen ein, die für jede häusliche Gemeinschaft entscheidend sind.

(1162a34–1163a23) Das fünfzehnte Kapitel behandelt Streit und Ausgleich in den Freundschaften. Besonders anfällig für Streit sind nützliche Freundschaften.

(1163a24–1163b28) Das sechzehnte Kapitel thematisiert den Ausgleich in ungleichen Freundschaften, der durch unterschiedliche Güter gestiftet werden kann.

(1163b32–1164b21) Das erste Kapitel des neunten Buches schließt unmittelbar an die vorhergehende Diskussion an und legt verschiedene Formen der für den Ausgleich nötigen Vergütung dar.

(1164b22–1165a35) Das zweite Kapitel diskutiert den begrenzten Nutzen von Verhaltensregen in Konfliktfällen.

(1165a36–1165b36) Im dritten Kapitel bespricht Aristoteles die jeweiligen Ursachen für die Auflösung der Freundschaft, die bei allen drei Formen von Freundschaft begegnen kann.

(1166a1–1166b29) Das wichtige vierte Kapitel stellt die Selbstliebe als Fundament der Freundschaft heraus.

(1166b30–1167a21) Das fünfte Kapitel thematisiert das Wohlwollen als Bedingung der Freundschaft.

(1167a22–1167b16) Das sechste Kapitel behandelt die Eintracht als weitere Bedingung und zeigt, wie wichtig diese als politische Freundschaft für den gesellschaftlichen Zusammenhalt ist.

(1167b17–1168a27) Das siebte Kapitel beschäftigt sich mit der Wohltätigkeit. Aristoteles erklärt die Liebe des Wohltäters zum Empfänger der Wohltaten durch das Werk der Wohltätigkeit.

(1168a28–1169b1) Das achte Kapitel erläutert die Form der Selbstliebe, die das Handeln der Guten bestimmt, und hebt diese von der schlechten Selbstliebe ab, die schädlich für die Gemeinschaft ist.

(1169b2–1170b19) Das neunte Kapitel diskutiert die Frage, ob die Guten Freunde für ihr Glück brauchen, was dem ersten Anschein nach der geforderten Autarkie widerspricht.

(1170b20–1171a20) Das zehnte Kapitel klärt, wie viele Freunde man haben kann. Für die Guten ist hierbei das Zusammenleben entscheidend.

(1171a21–1171b28) Das elfte Kapitel fragt, wann die Anwesenheit der Freunde besonders benötigt wird. Sowohl im Unglück als auch in Glücksfällen ist die Gegenwart des Freundes erfreulich, entweder, um Hilfe zu leisten oder um das Glück zu teilen.

(1171b29–1172a15) Das zwölfte Kapitel erklärt, weshalb die Freundschaft der Guten das Gute befördert und die der Schlechten zum Schlechten tendiert.

VIII.1 Die Notwendigkeit der Untersuchung der Freundschaft (1155a3–1155a31)

Als erstes stellt Aristoteles die Notwendigkeit und Bedeutung der Untersuchung der Freundschaft heraus. Bei der Freundschaft handelt es sich um eine Art Tugend (*aretê tis*, VIII.1, 1155a2), oder sie ist zumindest mit dieser eng verbunden.

Jedenfalls ist die Freundschaft extrem nützlich und bildet eine notwendige Bedingung für das gute Leben. Alle Menschen, unabhängig davon, welchen Standes, Vermögens oder Alters, brauchen gleichermaßen Freunde. Eine der Hauptfragen der Abhandlung bezieht sich darauf, worin der Nutzen der Freundschaft besteht (siehe IX.9). Wie es scheint, besteht Freundschaft von Natur aus zwischen den Menschen und sogar zu anderen Lebewesen (VIII.1, 1155a18–19). Beispiele hierfür sind die Beziehungen zwischen Eltern und Kindern sowie zwischen den Bürgern einer politischen Gemeinschaft.

Der politische Aspekt der Freundschaft und die Rolle der Freundschaft für die Erhaltung der Staaten, auf die Aristoteles hinweist, bilden einen weiteren wichtigen Gegenstand der nachfolgenden Untersuchung. Außerdem betont Aristoteles die enge Verbindung zwischen Gerechtigkeit und Freundschaft. Weil die Freunde aber über einen gemeinsamen Besitz verfügen, soll Gerechtigkeit, versteht man sie als Verteilungsgerechtigkeit, überflüssig sein. Der Versuch, die Frage nach der Gleichheit und Ungleichheit in der Freundschaft sowie die Bedeutung für die menschliche Gemeinschaft zu beantworten, wird ebenfalls einen großen Raum in der Abhandlung einnehmen. Die Freundschaft ist jedoch nicht nur notwendig für das menschliche Leben, sondern auch an sich gut, schön und lobenswert und fällt damit in den Bereich der Ethik.

VIII.2 Das geliebte Objekt (1155a32–1156a5)

Nach dieser oberflächlichen Sammlung von Ansichten über die Freundschaft, die vor allem die Notwendigkeit der Untersuchung aufzeigt und die Themen benennt, wendet sich Aristoteles den allgemein angenommenen Meinungen (*endoxa*) über das Wesen der Freundschaft zu und entwickelt aus diesen einige konkrete Probleme und Schwierigkeiten, die in den folgenden Kapiteln thematisiert werden. Außerdem überlegt Aristoteles, worin das Ziel und die Gründe für die Freundschaft bestehen. Aus diesen Überlegungen ergibt sich eine erste Definition von Freundschaft.

Die Vielfalt der Meinungen über die Freundschaft belegt sehr gut, wie unklar ihr Wesen ist. Für einige besteht Freundschaft in einer Art von Ähnlichkeit oder Gleichheit. Daher sind vor allem gleichartige Menschen miteinander befreundet (VIII.2, 1155a33). Andere betonen hingegen, dass gleichartige Menschen sich voneinander abstoßen, weil sie miteinander konkurrieren. Dieselbe Widersprüchlichkeit findet sich bei den Naturphilosophen, die das Konzept der Freundschaft benutzt haben.[1]

Die Frage der Gleichheit und Ungleichheit in der Freundschaft kann als eine der zentralen Fragestellungen der Untersuchung gelten. Fraglich ist aber auch, ob alle Menschen gleichermaßen fähig zu freundschaftlichen Beziehungen sind oder ob das für schlechte Menschen nicht zutrifft. Diese Frage impliziert in gewisser Weise die Frage, ob es nur eine Art oder viele Arten von Freundschaft gibt.

Zur Klärung der Probleme und Fragen ist es erforderlich, das geliebte Objekt (*to philêton*, VIII.2, 1155b17) genauer in den Blick zu nehmen. Dieser Schritt erklärt sich aus der hier zugrundeliegenden Aktivität der Freundschaft (*philia*), die darin besteht, zu lieben (*philein*), und sich auf ein als Gut erstrebtes Objekt bezieht. Aristoteles identifiziert drei unterschiedliche Objekte bzw. Arten von Gütern: 1. das Gute (an sich), 2. das Lustvolle und 3. das Nützliche (VIII.2, 1155b19; siehe auch II.2, 1104b30–31). Wichtig ist, dass es sich bei dem nützlichen Gut um ein Mittel handelt, die anderen beiden Güter zu erreichen.

1 Vgl. Empedokles, DK 31 Fr. B 21; 22; 26.

Also sind nur das Gute und das Lustvolle an sich vollendete Ziele.

Ferner ist zu beachten, dass es für die erste Bestimmung unerheblich ist, ob es sich um ein Gut an sich oder um ein Gut relativ zum Liebenden handelt, so dass die Menschen nur das jeweils gut Erscheinende lieben. Aus dem geliebten Objekt leitet sich der Grund der Freundschaft ab (VIII.2, 1155b27). Um von einer Freundschaft sprechen zu können, müssen aber noch weitere Bedingungen erfüllt sein, denn eingeschlossen sind bislang auch unbeseelte Objekte, die zwar geliebt werden, mit denen man aber nicht befreundet sein kann. Wichtige zusätzliche Eigenschaften der Freundschaften bilden daher die Gegenliebe durch den Freund (*antiphilêsis*, VIII.2, 1155b28) und die Tatsache, dass man dem anderen um seinetwillen Gutes wünscht (*boulesthai t'agatha ekeinou heneka*, VIII.2, 1155b31). Sollte dies durch den anderen nicht erwidert werden, handelt es sich um ein Wohlwollen (*eunoia*, VIII.2, 1155b33). Erst wenn dieses Wohlwollen erwidert wird und darüber hinaus es nicht verborgen bleibt, lässt sich von Freundschaft sprechen. Ob und wie diese drei Bedingungen erfüllt sein müssen, ist fraglich und wird im Folgenden weiter diskutiert.

VIII.3 Drei Arten der Freundschaft (1156a6–1156b6)

Aus der Unterscheidung der geliebten Objekte gewinnt Aristoteles drei Arten der Freundschaft (VIII.3, 1156a7). Alle drei erfüllen auf den ersten Blick die angeführten Kriterien: Es gibt eine Art von Gegenliebe, die nicht verborgen bleibt. Man wünscht sich gegenseitig das erstrebte Gut (VIII.3, 1156a8–10).

Aristoteles stellt jedoch einen wichtigen Unterschied zwischen den drei Freundschaften mit Hinblick darauf heraus, ob der Freund an sich oder ob etwas anderes geliebt wird. Dieser

Punkt wurde zuvor nicht ausdrücklich als Kriterium zur Beurteilung der Freundschaft angeführt.

Man sollte dabei die Liebe des Freundes an sich nicht mit dem zuvor als Kriterium für Freundschaft angeführten Wunsch des Guten für den anderen um seinetwillen verwechseln (*boulesthai t'agatha ekeinou heneka,* VIII.2, 1155b31). Zu wünschen und zu lieben ist nicht dasselbe, auch wenn sich beide auf das Gut als Ziel der Handlung erstrecken und daher auch gegebenenfalls übereinstimmen können.[2]

Für Aristoteles rechtfertigt der Unterschied allerdings eine wichtige Einteilung der verschiedenen Formen der Freundschaft: Bei den Freundschaften, die auf Lust und Nutzen beruhen, wird der andere nur insofern geliebt, als man etwas Gutes für sich selbst empfängt: ein nützliches oder ein lustvolles Gut. Geliebt wird der Freund folglich wegen seiner Nützlichkeit oder Annehmlichkeit (VIII.3, 1156a10–13; 19). Deshalb kann es sich bei diesen beiden Formen der Freundschaft auch nur um Freundschaften in einem akzidentellen, also nebensächlichen, Sinn handeln, weil sich die Liebe nicht auf den Freund als solchen, sondern nur auf ihn, insofern er Nutzen oder Lust bereitet, richtet (VIII.3, 1156a16–17).

Daraus folgt, dass Freundschaften dieser Art leicht zerbrechen, sobald man das geliebte Gut nicht mehr erhält (VIII.3, 1156a17–20): Menschen ändern sich und hören auf, einander angenehm zu sein. Das Nützliche ist hingegen an sich unbeständig (VIII.3, 1156a21–22). Aristoteles zufolge findet man nützliche Freundschaften eher bei älteren Menschen, da sie mehr Hilfe benötigen, wohingegen jüngere Menschen Lust und Vergnügen suchen. Zu diesem Bereich rechnet Aristoteles

2 Vgl. *Top.* IV.5, 126a12–13: »Ebenso kann aber die Liebe, wenn sie aus dem Begehren kommt, kein Wünschen sein. Denn alles Wünschen geht vom vernünftigen Teil der Seele aus.«

auch die erotischen Beziehungen (Erotik und Freundschaft schließen für Aristoteles also einander nicht aus). Vor allem diese zeichnen sich dadurch aus, dass die Freunde sehr viel Zeit miteinander verbringen wollen (VIII.3, 1156b3). Auch das ist wichtig für Freundschaft (siehe VIII.6).

VIII.4 Vollkommene Freundschaft (1156b7–1156b32)

Bei der Freundschaft, die dem Guten gilt, handelt es sich um eine vollkommene Freundschaft. Sie besteht zwischen guten und in der Tugend gleichwertigen Menschen, die sich gegenseitig das Gute wünschen, insofern sie selbst gut sind (sie sind aber an sich gut, VIII.4, 1156b9). Indem sie den Freunden um ihrer selbst willen das Gute wünschen, sind sie im höchsten Grade und nicht bloß akzidentell Freunde. Neben dem Guten streben sie nach keinem anderen Gut, und dieses Gute (verstanden als sittliche Vollkommenheit) ist auch wesentlich für die Freunde (VIII.4, 1156b9–11). Aus demselben Grund ist ihre Freundschaft auch beständig, da ihre gegenseitige Liebe dem Guten gilt und die Tugend eine dauerhafte Disposition ist.

Die vollkommene Freundschaft umfasst auch das, was in den anderen beiden Arten der Freundschaft geliebt wird (VIII.4, 1156b13). Denn solche Freunde sind für einander gut, nützlich und angenehm. Ihre Freundschaft ist die beste und liebenswerteste. Allerdings sind diese Freundschaften selten, weil es nur wenige wirklich tugendhafte Menschen gibt. Außerdem kann sich eine solche Freundschaft nur langsam ausbilden und muss sich erst gegenseitig über eine lange Zeit bewähren (VIII.4, 1156b31–2).

VIII.5 Ähnlichkeit zur vollkommenen Freundschaft (1156b33–1157a36)

Die anderen beiden Formen der Freundschaft weisen eine gewisse Ähnlichkeit mit der vollkommenen Freundschaft auf. Aus der genauen Bestimmung der Gemeinsamkeiten und Unterschiede ergibt sich ein differenzierterer Blick auf das Wesen der Freundschaft. Wie gesagt ist die Freundschaft zwischen tugendhaften Menschen besonders beständig. Bestand haben Freundschaften vor allem dann, wenn Gleiches mit Gleichem vergolten wird. Wichtig ist, dass beide Freunde nicht nur dasselbe, sondern dies auch aus denselben Gründen suchen (VIII.5, 1157a3–6). So kann die Freundschaft zwischen zwei Liebhabern wegen der Lust als geliebtes Objekt bestehen, doch einer von beiden empfindet Lust an der Schönheit des Geliebten, während der andere seine Lust an Schmeicheleien hat. Offensichtlich sind derartige Freundschaften besonders anfällig und können leicht zerbrechen, es sei denn, wie Aristoteles hier einräumt, die Liebe verlegt sich von den leicht vergänglichen Gütern auf den Charakter der Geliebten (VIII.5, 1157a10–11). Dann würden zwar beide immer noch Lust suchen, doch in diesem Falle aus einem beständigeren Grund. Denn der Charakter ist an sich beständiger, so dass auch die Liebe zu ihm dauerhafter sein muss. Das macht die Liebenden nicht besser, sondern bedeutet nur, dass sich Menschen eher aufgrund ähnlicher Gewohnheiten lieben werden, da man sich zu Ähnlichem hingezogen fühlt. Lust und Nutzen können hingegen die Grundlage für Freundschaften zwischen ganz unterschiedlichen Menschen unabhängig von ihrer sittlichen Beschaffenheit bilden (VIII.5, 1157a16–18). Doch allein die guten oder tugendhaften Menschen lieben den anderen an sich. Nur ihre Freundschaft ist sicher vor Verleumdung, da sie sich zuvor gegenseitig eingehend geprüft haben (VIII.5, 1157a21–22).

Schließlich erläutert Aristoteles, warum ganz unterschiedliche Beziehungen denselben Namen erhalten haben: Grund ist ihre Ähnlichkeit mit der Freundschaft *im primären Sinn*, also zwischen den tugendhaften Menschen (VIII.5, 1157a31–32).

VIII.6 Das Zusammenleben der Freunde (1157b1–1157b24)

Wir erinnern uns: Man kann auch tugendhaft sein, ohne eine tugendhafte Handlung auszuführen. Entscheidend ist die Disposition der Tugend. Der Tapfere ist auch dann tapfer, wenn er gerade nicht kämpft. So sind auch bei Freundschaften einige befreundet, indem sie lustvoll zusammenleben und einander Gutes tun. Andere aber verrichten die freundschaftlichen Aktivitäten nicht, obwohl sie durch ihre Disposition dazu veranlagt wären. Es kann sein, dass es die Freundinnen auf unterschiedliche Erdteile verschlagen hat. Die Trennung hebt die Freundschaft zwar nicht als solche, aber ihre Aktivität (als Aktualisierung der Disposition) auf (VIII.6, 1157b10–11). Die Disposition bleibt weiter bestehen, zumindest über einen gewissen Zeitraum. Wie andere Dispositionen muss auch die Freundschaft zu ihrer Erhaltung ausgeübt werden. Sonst besteht die Gefahr, dass sich die Disposition aus Mangel an freundschaftlichen Handlungen auflöst. Da die Ausübung der Disposition so wichtig ist, spielt auch das Zusammenleben als Bedingung für eine Verwirklichung der Werke der Freundschaft eine wichtige Rolle. Niemand will aber mit unangenehmen Menschen zusammenleben. Deshalb kann es laut Aristoteles auch keine wirkliche Freundschaft bei alten Menschen geben. Der Umgang mit ihnen ist wenig angenehm. Sie selbst sind, wie Aristoteles oben bereits angemerkt hat, mehr auf den Nutzen aus, und Freundschaften, die des Nützlichen wegen eingegangen werden, tendieren nicht dazu, Grundlage für ein

Zusammenleben zu sein. Wer aber nicht zusammenlebt, kann auch nicht Freund im eigentlichen Sinn sein. Aristoteles schlägt stattdessen die Bezeichnung »Wohlwollende« vor.

VIII.7 Disposition und Affekt (1157b25–1158a36)

Wir haben gesehen, dass die Grundlage der Freundschaft in der Liebe zu einem bestimmten Gut besteht. Im folgenden Kapitel geht Aristoteles genauer auf die Liebe ein und differenziert zwischen Affekt und Disposition. Freundschaft im eigentlichen Sinn umfasst sowohl den Affekt der Liebe als auch die richtige Disposition. Dass man scharf zwischen beiden unterscheiden muss, zeigt sich daran, dass man leblose Dinge lieben kann (VIII.7, 1157b29–30). Auch wenn man es wenig anstößig findet zu sagen, jemand liebt sein Auto, würde man kaum von einer freundschaftlichen Beziehung sprechen wollen. Zum Begriff der Freundschaft gehört die gegenseitige Liebe.

Aristoteles ergänzt nun, dass diese mit einer Entscheidung (*meta prohaireseôs*, VII.7, 1157b30), also vorsätzlich geschieht, was sich wiederum nur bei vernünftigen Wesen findet und eine Disposition voraussetzt (VIII.7, 1157b31).[3] Folglich kann die Freundschaft auch kein Affekt, sondern muss eine Disposition sein (VIII.7, 1157b29). Dass es sich bei der Freundschaft um eine Disposition handeln muss, folgt auch daraus, dass man den Freunden um ihretwillen Gutes wünscht (VIII.7, 1157b32).

Aristoteles stellt nun heraus, dass dies nicht für die Liebe gilt. Wir haben oben gesehen, dass sich die vollendete Freundschaft von den akzidentellen Freundschaften dadurch unter-

3 Das weist ebenfalls auf die Nähe zur Tugend hin, die Aristoteles zuvor als »Disposition zu Entscheidungen« (*hexis proairetiké*, II.6, 1106b36–37) definiert hat.

scheidet, dass in der Tugendfreundschaft der Geliebte an sich und nicht eine akzidentelle Eigenschaft an diesem als Gut erstrebt wird. Zu unserer Verwunderung streicht Aristoteles an dieser Stelle heraus, dass die Liebe nicht über das erstrebte Gut des Empfindenden hinausgehen kann. Vorausgesetzt, dass der Geliebte an sich geliebt wird, muss das so verstanden werden, dass er geliebt wird, insofern er dadurch dem Liebenden zum Gut wird. Wer also einen Freund liebt, der liebt das, was für ihn selbst gut ist (VIII.7, 1157b33). Gewinnt man einen guten Menschen zum Freund, dann wird er dem Freund zum Gut. Somit gilt beides: Jeder, der seinen Freund liebt, liebt das, was für ihn selbst gut ist, und erwidert dies dem Freund. Der Grund dafür liegt darin, dass die Freundschaft eine Art von Gleichheit ist (VIII.7, 1157b36), gerade weil sie gegenseitige Liebe voraussetzt.

Damit greift Aristoteles die Diskussion der Vorgänger über das Wesen der Freundschaft und die Frage, ob diese zwischen Gleichen oder Ungleichen besteht, auf und erläutert, inwiefern die Freundschaft Gleichheit bedingt. Ob und inwiefern Ungleichheit für die Freundschaft eine Rolle spielt, wird an dieser Stelle noch nicht entschieden. Stattdessen zieht Aristoteles einige Schlüsse aus dieser Feststellung: Auf diese Weise lässt sich nämlich erklären, warum einige Personengruppen untauglich zur Freundschaft sind. Wir haben schon gehört, dass unangenehme und alte Menschen ungeeignet zur Freundschaft sein sollen, weil sie zu sehr mit sich beschäftigt sind und wenig Freude am Umgang mit Menschen haben. Das gilt nicht für die Jugend, die gemeinschaftlichen Umgang sucht. Außerdem folgt, dass man nicht viele gute oder vollkommene Freunde haben kann, da man die geforderte Liebe naturgemäß nicht für viele empfinden kann (VIII.7, 1158a12–13). Vergleichsweise schwer ist es auch, viele Menschen zu finden, die einem angenehm sind. Schließlich benötigt die vollkommene Freundschaft viel Zeit, die ein knappes Gut ist.

Diese Einschränkungen gelten jedoch nicht für die anderen beiden Arten von Freundschaft, die auf Nützlichkeit und Lust beruhen. Hier ist es durchaus möglich, viele Freunde zu haben, weil viele nützlich und angenehm sein können und eine lange Probezeit nicht erforderlich ist (VIII.7, 1158a17–18).

Die Lustfreundschaften sind der wahren Freundschaft hierbei ähnlicher. Menschen in solchen Freundschaften lieben einander großzügiger als in der nützlichen Freundschaft, die vor allem auf eine gewinnbringende Gegenleistung ausgerichtet ist. Die Glücklichen haben kein Bedürfnis nach nützlichen Freunden, da sie sich selbst genügen, doch haben sie ein Bedürfnis nach angenehmen Freunden, mit denen sie zusammenleben (VIII.7, 1158a22). Die Mächtigen suchen hingegen verschiedene Arten von Freunden, seien es nützliche oder angenehme, Eigenschaften, die aber selten in einer Person vereint vorkommen. Diese Menschen sind nicht auf der Suche nach tugendhaften Freunden, es sei denn, sie sind selbst tugendhaft und gleichen den Freunden darin.

VIII.8 Gleichheit und Ungleichheit in Freundschaften (1158b1–1158b28)

Im Anschluss geht Aristoteles etwas genauer auf Gleichheit und Ungleichheit zwischen Freunden ein. Wie gesagt ist Gleichheit für die vollkommene Freundschaft wichtig. Das gilt aber auch für Freundschaften, die auf Nützlichkeit und Vergnügen beruhen. Entweder erhält jeder Freund dasselbe, oder die Freunde tauschen das eine gegen das andere, d.h. Nutzen für Vergnügen oder umgekehrt, ein (VIII.8, 1158b2–3).

Aristoteles hatte nun herausgearbeitet, dass Freundschaften mit ungleichem Ursprung weniger dauerhaft sind. Das bedeutet aber noch lange nicht, dass es keine ungleichen Freundschaften gibt. Ungleich wird die Freundschaft dann, wenn sie auf der Überlegenheit der einen Seite beruht, wie dies im Verhältnis zwischen Herrschenden und Beherrschten der Fall ist (VIII.8, 1158b11–12). Als Beispiele führt Aristoteles die Beziehung zwischen Vater und Sohn oder Frau und Mann an (was aus moderner Perspektive vielleicht seltsam erscheinen mag und noch einmal deutlich macht, dass der aristotelische Begriff der Freundschaft von heutigen Vorstellungen abweicht). Diese Freundschaften unterscheiden sich in ihrer Art. Aus diesem Grunde werden sie auch von verschiedenen Tugenden und Beweggründen geprägt. Der Nutzen ist auch nicht für beide Seiten derselbe. Außerdem muss jede Seite der anderen auf gebührliche Weise, d. h. so, wie es der Position entspricht, antworten. Schließlich sollte bei ungleichen Freundschaften gelten, dass die überlegene Partei in dem Maße mehr geliebt wird, als sie für die andere Person nützlicher oder angenehmer oder sonst ausgezeichneter ist (VIII.8, 1158b23–26). De facto muss die vorhandene Ungleichheit somit aufgelöst und das Verhältnis zwischen den beiden Freunden angeglichen werden.

VIII.9 Liebe und Ausgleich (1158b29–1159a33)

Aristoteles betont für jede Freundschaft die Bedeutung der Gleichheit und weist auf einen wichtigen Unterschied hin, den er zwischen Gleichheit und Gerechtigkeit sieht. Für die Gerechtigkeit ist die Würdigkeit entscheidend, wohingegen in der Freundschaft die quantitative Gleichheit an erster Stelle steht und erst dann Würdigkeit folgt (VIII.9, 1158b30–33).

Gemeint ist damit, dass eine Freundschaft nur einen begrenzten Unterschied in den jeweils erstrebten Gütern zwischen den befreundeten Parteien zulässt. Wird der Unterschied, etwa in Ansehung der Tugend oder des Wohlstands, zu groß, dann können die Menschen nicht miteinander befreundet bleiben, auch wenn die Differenz bis zu einem gewissen Grad überbrückt werden könnte.

Solches ist jedoch ab einem gewissen Punkt nicht mehr möglich. Das Verhältnis zwischen Menschen und Göttern soll dies als Beispiel belegen (VIII.9, 1158b35–36). Götter sind aufgrund ihrer Überlegenheit nicht mit Menschen befreundet. Das wirft ein Problem auf: Kann man seinem Freund das größte Gut, nämlich einem Gott gleich zu werden (VIII.9, 1159a5–7), wirklich wünschen? Das würde nämlich bedeuten, dass man den Freund verlieren und somit sein eigenes Gut gefährden würde. Wenn man dem Freund aber um seiner selbst willen Gutes wünscht, dann sollte auch der Freund erhalten bleiben. Außerdem wünscht ein Mensch zwar seinem Freund Gutes, aber nicht mehr als sich selbst (VIII.9, 1159a8–13).

Aristoteles diskutiert im Anschluss die Liebe unter Freunden. Zunächst bemerkt er, dass Geliebtwerden eng mit Ehre verbunden ist, weil Ehre ein Zeichen von Klasse bzw. Güte des Geehrten ist. Die Menschen lieben aber das Gute bzw. scheinbare Gute, folglich wird die Ehre nur akzidentell, sozusagen als Zeichen der Güte geliebt. Das erklärt, warum Menschen vor allem von den Bessergestellten geehrt werden wollen. Sie erhoffen sich hiervon einen künftigen Nutzen.

Oben haben wir gesehen, dass die Ehre auch als Bestätigung der eigenen Tugendhaftigkeit gesucht wird (I.3, 1095b28–29). Das ist zwar besser als eine andere Motivation, trotzdem steht die Ehre damit unter dem Geliebtwerden, da die Menschen sich am Geliebtwerden selbst erfreuen, dieses somit an sich erstrebenswert ist (VIII.9, 1159a25). Das macht wiederum die Freundschaft an sich wünschenswert (VIII.9, 1159a26). Aristoteles präzisiert zum Schluss seine Überlegungen dahingehend, dass nicht so sehr das Geliebtwerden, sondern das Lieben (als eine Aktivität) die Freundschaft auszeichnet.

Lieben wird damit zur Tugend der Freunde (VIII.10, 1159a34–35). Außerdem können auf diese Weise ungleiche Freundschaften erhalten bleiben, indem die Menschen im Verhältnis zu ihrem Wert lieben und geliebt werden (VIII.10, 1159b1–2). Zugleich erklärt dies die Beständigkeit von tugendhaften Freundschaften, die auf der Ähnlichkeit der Freunde beruhen. Beide Freunde gleichen sich somit in ihrer Güte und unterstützen und helfen sich wechselseitig (VIII.10, 1159b2–7). Unter schlechten Menschen kann es hingegen keine dauerhaften Freundschaften geben, weil diese Freunde sich selbst nicht gleich bleiben. Sie begehren ständig neue, auch einander entgegengesetzte Dinge, sind also nicht gleichgesinnt (VIII.10, 1159b7–10). Ihre Freundschaften halten somit nur so lange, wie sie sich an denselben Dingen erfreuen (wie etwa an ihrer Schlechtigkeit).

Länger halten hingegen die Freundschaften zwischen Personen, die Lust oder Nutzen suchen, und zwar so lange, wie sie die gesuchten Güter voneinander erhalten (VIII.10, 1159b10–12). Dabei gehen ungleiche Personen meist ein freundschaftliches Verhältnis wegen des zu erwartenden Nutzens ein. Jeder sucht, vom anderen zu bekommen, was er selbst braucht: Die Armen suchen den Reichtum, die Hässlichen die Gunst ihrer Liebhaber. Lächerlich macht sich aber, wer hässlich ist, also weniger liebenswert, und dieselbe Liebe einfordert wie jemand, der nicht hässlich ist.

Das nimmt Aristoteles zum Anlass, auf eine Meinung zurückzukommen, die allgemein vertreten wird. So wird angenommen, dass etwas immer sein Gegenteil sucht. Es zeigt sich nun, dass dies nicht aus der Natur der Sache folgt, sondern zufälligerweise wahr ist. Was nämlich an sich gesucht wird, ist das Mittlere. So ist nach der Hitze der Sauna die Kälte des Wassers nicht an sich gut, sondern nur als Mittel zur Wiederherstellung eines mittleren Zustandes (VIII.10, 1159b20–21).

VIII.11 Freundschaft und Gerechtigkeit (1159b25–1160a30)

Wir haben gesehen, dass sich Freundschaft und Gerechtigkeit auf dieselben Dinge beziehen (VIII.1, 1155a22–28). Diese These untermauert Aristoteles mit einer Reihe von Beispielen, aus denen hervorgeht, dass jede Gemeinschaft eine besondere Form der Freundschaft mit einer jeweils speziellen Form der Gerechtigkeit aufweist. Bei der Behandlung der Freundschaft wandert der Fokus also von der Beziehung zwischen zwei Individuen auf soziale Verbindungen.

Dies wiederum lenkt die Aufmerksamkeit auf die wichtige Frage, in welchem Verhältnis Freundschaft und Gerechtigkeit zueinander stehen. Wir sehen, dass sich das Gerechte nach den verschiedenen Arten von freundschaftlichen Verbindungen richtet. Zwischen Vater und Söhnen ist nicht dasselbe gerecht wie zwischen den Brüdern. Das gilt auch für die anderen Formen menschlicher Gemeinschaften, die zuvor auch als spezielle Formen der Freundschaft eingeführt worden waren. Aristoteles zufolge nehmen Gerechtigkeit und Ungerechtigkeit proportional zur Nähe der Freundschaft zu (VIII.11, 1160a3–4). Es ist eher gerecht, einem engen Freund Gutes zu tun, und entsprechend ungerecht, ihn zu verletzen. Abscheulicher ist es hingegen, den Freunden Schlimmes zuzufügen als irgendwelchen Fremden.

Aristoteles weicht mit dieser Feststellung offensichtlich von modernen Vorstellungen einer sich auf alle Menschen gleichermaßen erstreckenden moralischen Verpflichtung ab. Gleichwohl entspricht diese Feststellung den Phänomenen, da Menschen selbstverständlich ihre eigene Familie oder Freunde bevorzugen und von ihrem Leid mehr als von dem Unglück Fremder betroffen sind. Mit Aristoteles würde man sagen: Das ist auch gut und richtig so.

Als Nächstes zeigt Aristoteles, dass sich alle Arten von Gemeinschaften auf die politische Gemeinschaft zurückführen lassen, da für alle menschlichen Gemeinschaften gilt, dass sie einen Nutzen verfolgen – und dies gilt in ausgezeichneter Weise für die politische Gemeinschaft (VIII.11, 1160a8–12): Erstens belegt das der Zweck der Gesetzgebung und zweitens ist gerecht, was den Bürgern nutzt. Dass einige Gemeinschaften Lust suchen, widerstreitet dieser Annahme nur auf den ersten Blick, denn letztlich ist auch bei ihnen der Nutzen der für die jeweilige Vereinigung entscheidende Zweck (VIII.11, 1160a21–22).

VIII.12 Die Formen der Gemeinschaft (1160a31–1161a9)

Aristoteles untersucht im Folgenden die unterschiedlichen Formen der politischen Gemeinschaft. Ausführlicher behandelt wird diese Thematik in der *Politik*.

Wichtig ist für Aristoteles an dieser Stelle, wer von der jeweiligen Form profitiert. Die guten Staatsformen unterscheiden sich von den schlechten dadurch, dass sie dem Wohl der Bürger verpflichtet sind, wohingegen die Abarten nur das Wohl der Herrschenden verfolgen. Am besten und entsprechend am schlechtesten sind Monarchie und die ihr entgegengesetzte Tyrannis. Bei Letzterer handelt es sich um die Herrschaft eines Einzelnen, entweder zum Wohl der Gemeinschaft oder zum eigenen Vorteil. An zweiter Stelle steht die Aristokratie, also die Regierung der Besten bzw. Tugendhaften, die zur Oligarchie bzw. zur Vetternwirtschaft entarten kann. An dritter Stelle sieht Aristoteles die Timokratie (oder Politie), eine Herrschaft der Mehrheit (vor allem von Vermögenden), bei deren Verfallsform, der Demokratie, die Armen die Herrschaft erringen. Am wenigsten schlecht ist für Aristoteles die Demokratie, da sie nur wenig von der Politie abweicht und an die Timokratie, also an eine gute Regierungsform (VIII.12, 1160b19–21), grenzt.

Überträgt man die Herrschaftsformen auf die Hausgemeinschaft, entspricht die Gemeinschaft des Vaters mit den Söhnen der Königsherrschaft, weil sich auch der Vater um seine Söhne wie ein König um seine Untertanen kümmert (VIII.12, 1160b24–25). Wenn man diese aber wie Sklaven behandelt (Aristoteles nennt als Beispiel die Perser), dann gleicht die Gemeinschaft einer Tyrannis (VIII.12, 1160b27–29). Der Aristokratie entspricht die Herrschaft des Mannes über die Frau, vorausgesetzt, beide erfüllen die Aufgaben, die ihrer Würde entsprechen (VIII.12, 1160b32–35). Zu einer Oligarchie wandelt sich die Gemeinschaft, sobald die eigentümlichen Aufgabenbereiche verletzt werden oder wenn der Ehefrau die Autorität zufällt, was in seltenen Konstellationen geschehen kann (VIII.12, 1160b35–1161a3). Der Timokratie entspricht die Gemeinschaft zwischen Brüdern, da diese bis auf den Altersunterschied einander gleich sind (VIII.12, 1161a3–5). Demokratisch sind hingegen solche Gruppen, die ohne Leitung zusammenleben, wie das etwa in Wohngemeinschaften geschieht (VIII.12, 1161a6–9).

VIII.13 Freundschaft in den politischen Verfassungen (1161a10–1161b10)

Die erwähnten Verfassungen bedingen bestimmte Formen der Freundschaft. Das Bindeglied zwischen Freundschaft und politischer Verfassung ist die Gerechtigkeit (VIII.13, 1161a10–11), die sich über denselben Bereich wie die Freundschaft erstreckt.

Zunächst thematisiert Aristoteles Freundschaft in der Beziehung des Königs zu seinen Untertanen. Hierbei handelt es sich um eine väterliche Freundschaft, da beide Wohltaten für die Begünstigten stiften (VIII.13, 1161a15). Die väterliche Freundschaft ist aufgrund der Größe der Wohltaten besonders ausgezeichnet: Der Vater ist Ursache der drei größten Wohltaten für seine Kinder, nämlich 1. für ihre Zeugung (Ursache des Daseins), 2. für ihre Ernährung (Ursache der Erhaltung) und 3. für ihre Erziehung (Ursache der Bildung). Hier begegnet uns eine Form von Freundschaft, die auf der Überlegenheit oder Vorzüglichkeit einer Person über der anderen beruht, und diese Konstellation bestimmt auch das Gerechte in diesen Beziehungen. Das Gerechte richtet sich nach dem Wert, so dass jedem nach seiner Würde zugeteilt wird. Die gerechte Kompensation der Wohltaten besteht in angemessener Verehrung und Liebe (VIII.13, 1161a20–23).

Im Anschluss wird die Freundschaft zwischen Mann und Frau behandelt, die der aristokratischen Herrschaft entspricht. Orientierungspunkt ist die jeweilige Vortrefflichkeit oder Tugend. Güter werden ebenfalls entsprechend der Würde zugeteilt (VIII.13, 1161a22–25).

Die Freundschaft zwischen Brüdern gleicht einer Timokratie. Grundlage hierfür ist die Gleichheit, und zwar auch in der Zuteilung von Gütern (VIII.13, 1161a25–30).

In den korrupten Regierungsformen begegnet ein geringeres Maß an Gerechtigkeit und kaum Freundschaft, am wenigsten aber in der Tyrannis, weil dort mit den Untertanen nichts geteilt wird und der Herrscher alle Güter für sich allein zu haben anstrebt (VIII.13, 1161a31–34). Wenn aber keine Güter geteilt werden, kann es auch keine Freundschaft geben. Das gilt auch im Verhältnis zu Sklaven, insofern sie als (beseelte) Werkzeuge verstanden werden. Insofern der Sklave aber nicht nur Werkzeug, sondern auch Mensch ist, kann man mit ihm etwas teilen und somit auch mit ihm befreundet sein (VIII.13, 1161b5–6). Unter den korrupten Regierungsformen begegnet am ehesten Freundschaft in der Demokratie, da Gleichgestellte vieles miteinander teilen.

VIII.14 Freundschaft in der Familie (1161b11–1162a33)

Aristoteles stellt im Folgenden die Besonderheiten der familiären Beziehung heraus, die sich von anderen Formen der Freundschaft unterscheidet. Alle Arten von Freundschaften sind Formen der Gemeinschaft (VIII.14, 1161b11). Verwandtschaftliche Beziehungen sind keine Vereinigungen, die auf einen bestimmten Zweck abzielen, sondern beruhen auf natürlicher Abstammung. Bei genauerer Betrachtung zeigt sich, dass auch die Freundschaft unter Verwandten viele verschiedene Ausprägungen hat, die allerdings alle von der elterlichen Freundschaft abhängen (VIII.14, 1161b17). Ihr Grund ist die elterliche Liebe zu den Kindern, die von den Eltern als Teil ihrer selbst begriffen werden (VIII.14, 1161b18–19). Die Liebe zu den Kindern steht somit der Selbstliebe am nächsten. Von der Selbstliebe sind alle freundschaftlichen Beziehungen abgeleitet, wie wir später sehen werden.

Aristoteles führt eine Reihe von Gründen dafür an, dass die Eltern mehr Liebe für die Kinder empfinden als umgekehrt. So kennen sie ihre Kinder besser und länger, und dies stützt die Freundschaft. Die Kinder sind in gewisser Hinsicht Produkte der elterlichen Tätigkeit. Als Erzeuger lieben sie ihre Kinder wie ein »anderes Selbst« (VIII.14, 1161b29). Auch die Liebe der Geschwister untereinander ist abhängig von der elterlichen Zeugung, da die Geschwister an dem Verhältnis der Selbigkeit zwischen Eltern und Kindern in einem gewissen Grad teilhaben. Diese Tatsache kommt auch in der Rede von gemeinsamem Blut oder gemeinsamer Wurzel zum Ausdruck (VIII.14, 1161b30–32). Gestärkt wird die Freundschaft zwischen Geschwistern durch geteilte Erfahrungen und Erziehung. Dieselbe Begründung wird auf entferntere Verwandte ausgedehnt. Die Freundschaft der Kinder zu den Eltern beruht auf der Güte, die die Kinder von den Eltern erfahren. Die Eltern sind besondere Wohltäter: Ihnen verdanken die Kinder ihre Existenz, Erziehung und Ausbildung. Vergleichbar zur Freundschaft der Eltern zu den Kindern ist das Verhältnis der Menschen zu Gott (VIII.14, 1162a4–5). Aristoteles führt einige Merkmale an, die die Freundschaft zwischen Kindern und Eltern sowie zwischen Brüdern auszeichnet. Insgesamt gilt, dass das gemeinsame Leben, der gegenseitige Nutzen und die gemeinsame Abstammung sich positiv auf ihre Liebe und Freundschaft auswirken.

Schließlich wendet sich Aristoteles der Freundschaft zwischen Mann und Frau zu, die sozusagen die Keimzelle der familiären Beziehung eines gemeinsamen Hauses bilden. Für den Menschen ist es als politisches Wesen natürlich, sich zu Paaren zusammenzufinden. Dabei geht die häusliche Gemeinschaft der bürgerlichen Gesellschaft voraus (VIII.14, 1162a17–19). In ihr werden die für die Erhaltung des Lebens notwendigen Aktivitäten (Zeugung und Ernährung) ausgeführt, die zwischen Mann und Frau aufgeteilt sind (VIII.14, 1162a22–24). Ihre Freundschaft kann ebenfalls auf Tugendhaftigkeit beruhen und sich zu einer vollkommenen Freundschaft entwickeln, die gleichermaßen gut, nützlich und lustvoll ist. Die Kinder können in diesem Falle eine Sonderrolle spielen, weil sie als gemeinsames Gut gleichzeitig Ursache für eine stabile und dauerhafte Verbindung der Eltern sind (VIII.14, 1162a28–29).

VIII.15 Streit und Ausgleich in Freundschaften (1162a34–1163a23)

Aristoteles stellt sich im Anschluss die Frage, was zu Streit in den Freundschaften führt. In den drei Arten von Freundschaft sind die Menschen entweder auf Grundlage von Gleichheit oder, im Falle eines auf Überlegenheit beruhenden Freundschaftsverhältnisses, auf Grundlage von Verdienst befreundet. Bei gleichen Freundschaften muss sich die Gleichheit auf die Intensität der Liebe und alle anderen Erfordernisse und Freundschaftsdienste beziehen. Ungleichheit sollte durch die unterlegene Partei ausgeglichen werden, indem etwas anderes proportional zur Unterlegenheit gegeben wird.

Offenbar kommt es vor allem bei den nützlichen Freundschaften zu Streit (VIII.15, 1162b5–6). Unter tugendhaften Menschen gibt es hingegen kaum Anlass zum Zank, weil sie sich gegenseitig helfen und dem Freund ausschließlich Gutes wünschen. Auch bei den lustvollen Freundschaften ist Streit eher unüblich (ist jedoch nicht ausgeschlossen), da man sich an der Gesellschaft des anderen erfreut. Hört die Lust auf, meidet man den Umgang mit der anderen Person. Das gilt nicht für die nützliche Freundschaft. Weil sich die Menschen wegen des eigenen Vorteils verbinden, werden sie schnell unzufrieden mit ihrem Anteil (VIII.15, 1162b16–20).

Aristoteles erinnert daran, dass es neben den schriftlich festgehaltenen Gesetzen auch ungeschriebene Gesetze gibt, die das menschliche Zusammenleben regeln. Gemeint sind unausgesprochene gesellschaftliche Konventionen, die von allen aus Gewohnheit befolgt werden. Entsprechend stehen auch die nützlichen Freundschaften auf dieser doppelten Grundlage (VIII.15, 1162b23). Beschwerden in den nützlichen Freundschaften ergeben sich insbesondere dann, wenn der Austausch von nützlichen Gütern nicht nach demselben Maßstab geschieht und damit nicht wie erwartet oder vereinbart durchgeführt wird. Beziehungen, die durch das Gesetz geregelt werden, werden als Abmachungen mit der Zustimmung beider Parteien geschlossen. Die Abmachung muss entweder sofort (in Geschäftsbeziehungen) ausgeführt werden. Oder man vertraut auf spätere Leistung.

Die Verpflichtung selbst ist hierbei nicht umstritten, freundschaftlich ist hingegen der zeitliche Aufschub, der einer Ausführung gewährt wird (VIII.15, 1162b29). Das gilt nicht für Beziehungen, die durch übliche Gewohnheit geregelt werden. Ohne expliziten Vertrag wird etwas verschenkt, was gewöhnlich einem Freund unentgeltlich gegeben wird. Der Geber erhofft jedoch ein gleichwertiges Gegengeschenk (VIII.15, 1162b32–33). Findet der Austausch nicht wie erwartet statt, beschwert sich der Geber über den Empfänger.

Aristoteles merkt in diesem Zusammenhang an, dass die Ursache der Unstimmigkeit darin liegt, dass Menschen zwar den Anschein der Großzügigkeit erwecken wollen, tatsächlich aber ihr Interesse verfolgen. Vermeidbar ist der Streit, wenn der Empfänger der Wohltat eine Gegenleistung erbringt, die den empfangenen Gaben nach Möglichkeit im Wert entspricht. Am besten ist es aber, überhaupt keine Leistung von solchen Menschen anzunehmen. Denn es handelt sich nicht um Wohltaten eines wahren Freundes. Nimmt man sie aber an, sollte man sich genau überlegen, von wem und unter welchen Bedingungen man das Gut erhält, vor allem aber, ob man die Gegenleistung erbringen kann und will. Bemessen werden soll die Gegenleistung laut Aristoteles am Nutzen des Empfängers (VIII.15, 1163a19–21). Auch wenn es in Tugendfreundschaften keine Beschwerden gibt, wird auch hier eine Gegenleistung erwartet. Bemessungsgrundlage ist in diesem Falle jedoch die Absicht des Gebers und nicht die tatsächlich erhaltene Hilfe, da diese aufgrund der Selbstgenügsamkeit der Guten nur gering ausfallen kann.

VIII.16 Streit und Ausgleich in ungleichen Freundschaften (1163a24–1163b28)

Auch in ungleichen Freundschaften kann es vorkommen, dass beide Parteien mehr haben wollen, als sie tatsächlich bekommen haben, und zwar sowohl bei solchen, die sich wegen der Tugend, als auch bei denen, die sich wegen des Nützlichen miteinander verbunden haben. Jede der beiden Seiten kann einen Gewinn fordern, jedoch muss von beiden Seiten darauf geachtet werden, dass der jeweilige Vorteil nicht dieselbe Sache betrifft (VIII.16, 1163b2). Tugend und Wohltätigkeit wird durch Ehre vergolten, und der Unterlegene erhält eine Hilfeleistung. Nach demselben Mechanismus wird auch im Staat verfahren (VIII.16, 1163b5–6). Wer für die Gemeinschaft nichts Gutes beiträgt, wird nicht geehrt. Wer der Gemeinschaft einen Nutzen stiftet, erhält entweder Ehre oder Geld, jedoch nicht beides zusammen. Zur Erhaltung der Freundschaft muss eine verhältnismäßige Gleichheit gestiftet werden. Das gilt auch für die Staaten. Es reicht jedoch aus, das Mögliche zu erwidern (VIII.16, 1163b15). Mehr wird in Freundschaften nicht verlangt. Denn Gleichwertiges lässt sich nicht immer realisieren.

Unmöglich ist es für Aristoteles, den Göttern oder den Eltern die von ihnen erhaltenen Wohltaten zurückzuzahlen. Ihnen muss nach Möglichkeit gedient werden. Deshalb werden die Kinder immer in der Schuld der Eltern stehen. Sie können sich nicht lossprechen von den Eltern, doch können die Eltern ihre Kinder verstoßen, so wie auch ein Gläubiger den Schuldner entlassen kann (VIII.16, 1163b22). Solches kommt freilich nur in wenigen Ausnahmefällen vor.

IX.1 Vergütung von erbrachten Wohltaten (1163b32–1164b21)

Das erste Kapitel im neunten Buch schließt unmittelbar an die vorausgehende Diskussion an, wie Freundschaft erhalten werden kann.

Wir hatten gesehen, dass in allen Freundschaften, auch den ungleichartigen, eine relative Gleichheit hergestellt werden muss, um Streit zu vermeiden. Wichtig ist es, das richtige Verhältnis in der Vergütung zu beachten (IX.1, 1163b32–33). Bei Tauschgeschäften ist Geld ein Mittel, die Tauschgüter in ihrem Wert aufeinander zu beziehen.

Es existiert jedoch keine Währung für die Güter der Freundschaft. Anhand von Beispielen erklärt Aristoteles, dass in der Freundschaft jede der beiden Parteien Kompensation ihres eigenen Einsatzes dadurch erhält, indem sie bekommt, was sie aus der Beziehung zu erhalten wünscht. Suchen die Partner einen finanziellen Gewinn, dann ist Lust nicht das adäquate Mittel zur Kompensation des empfangenen Gutes. Beachten muss man in diesem Zusammenhang auch, dass die beiden Parteien sich auf die Höhe der Vergütung geeinigt haben, diese also dem Wert des empfangenen Gutes entspricht. Andernfalls ist die Einschätzung des Empfängers entscheidend, und zwar bevor er ein Gut erhalten hat (IX.1, 1164b20–21).

Keine Schwierigkeiten bereitet die Kompensation von Gütern in Tugendfreundschaften. Beide Seiten werden sich richtig verhalten, so dass die Vorleistung der einen Seite auch keinen Grund für Vorwürfe von Seiten des Empfängers liefern wird.

IX.2 Verhaltensregeln in Konfliktfällen (1164b22–1165a35)

Geht man weiter ins Detail, ergeben sich freilich zahlreiche Probleme, die Aristoteles anhand diverser Beispiele diskutiert.

So ist es oft nicht einfach, im freundschaftlichen Umgang das Angemessene zu treffen. Bestimmte Regeln können hierbei zwar hilfreich sein (»Im Allgemeinen [...] muss man, wie gesagt, eine Schuld zurückerstatten«, IX.2, 1165a3). Man sollte aber keinesfalls strikt an solchen Regeln festhalten, da auch andere Kriterien in die Beurteilung einfließen, je nachdem, um welche Sache es sich handelt. Nichts kann für sich beanspruchen, in allen Fällen den Ausschlag für eine bestimmte Handlung zu geben. Aber das sollte man auch nicht erwarten, wie Aristoteles versichert, indem er an eine grundsätzliche Einsicht erinnert, die er zu Beginn der Untersuchung betont hat: Man kann im Bereich menschlicher Handlungen und Leidenschaften *nichts mit Gewissheit regeln* (1165a13–14, siehe auch I.1, 1094b11–14; I.7, 1098a26–33, II.2, 1104a1–7). Damit erteilt Aristoteles der Forderung eine klare Absage, moralische Regeln zum normativen Standard zu erheben. Unterschiedlichen Personengruppen werden jeweils andere Handlungen geschuldet, doch selbst den Eltern gegenüber ist man nicht zu jeder Art von Handlung verpflichtet (IX.2, 1165a14–15). Was in der jeweiligen Situation erforderlich ist, muss genau abgewogen werden. Insgesamt soll man jedoch darum bemüht sein, jedem das ihm Angemessene und das, was ihnen zusteht, zukommen zu lassen (IX.2, 1165a17–18).

IX.3 Auflösung von Freundschaften (1165a36–1165b36)

Im Anschluss behandelt Aristoteles die Auflösung von Freundschaften, die sich im Fall der nützlichen und lustvollen Freundschaften fast von selbst vollzieht (vorausgesetzt niemand wurde getäuscht). Sobald das gesuchte Gut nicht mehr vorgefunden wird, löst sich eine Freundschaft auf, weil die Liebe der Freunde den Gütern und nicht dem Freund selbst gilt (IX.3, 1165b1–4).

Wie sieht es aber bei den Tugendfreundschaften aus? Aristoteles diskutiert zwei Fälle:

1. Eine der beiden Parteien hat sich zum Schlechten hin verändert. Ein schlechter Mensch kann unmöglich von einem guten geliebt werden, da sich die Liebe vom Schlechten abwendet. Außerdem wäre es unvernünftig, einen schlechten Menschen zu lieben, da man Gefahr laufen würde, sich dem Schlechten anzugleichen (IX.3, 1165b15–16). Trotzdem sollte man die Freundschaft nicht sofort abbrechen, sondern zuerst versuchen, den anderen dazu zu bewegen, sich zu verbessern. Wenn sich die Besserung aber nicht einstellt, dann muss die Freundschaft aufgeben werden.

2. Der andere hat sich zwar nicht verschlechtert oder verbessert, doch hat man sich selbst zum Besseren verändert. Aristoteles meint, hier müsse analog zum vorigen Fall verfahren werden. Denn auch in diesem Fall ist es nicht vernünftig, die Freundschaft mit einem fortzusetzen, der in seiner Entwicklung stillsteht. Man kann dies vor allem bei alten Freundschaften beobachten, die bis auf das Kindes- oder Jugendalter zurückgehen (IX.3, 1165b25–26). Die Freunde haben sich soweit auseinanderentwickelt, dass man nicht mehr an denselben Dingen Freude empfindet und daher auch mit dem Freund nichts mehr gemeinsam hat. Unter dieser Voraussetzung Zeit sinnvoll miteinander zu verbringen, ist kaum noch möglich. Das bedeutet aber nicht, dass man sich nach Auflösung der Freundschaft den anderen gegenüber nicht ein Gefühl der Vertrautheit bewahren sollte und sie so behandelt wie Menschen, mit denen man einst befreundet war.

IX.4 Selbstliebe als Grund der Freundschaft (1166a1–1166b29)

Im vierten Kapitel führt Aristoteles die Aktivitäten der Freundschaft auf die Selbstbeziehung bzw. -liebe zurück (IX.4, 1166a1–2).

Zu Beginn erinnert er an die bekannten Kriterien zur Bestimmung der Freundschaft. So wünschen Freunde sich das Gute um des Freundes willen, einschließlich der Existenz des anderen. Freunde verbringen ihre Zeit miteinander, haben dieselben Vorlieben und teilen Schmerz und Freude. In erster Linie werden diese Kriterien, wie Aristoteles erklärt, von der Beziehung der Mütter zu ihren Kindern erfüllt (IX.4, 1166a8–9). Sie werden aber auch im Verhältnis der wahrhaft (und auch scheinbar) Guten zu sich selbst realisiert (IX.4, 1166a10–13). Entsprechend bilden die Guten oder Tugendhaften für alle den Maßstab, wie Aristoteles an dieser Stelle noch einmal betont (IX.4, 1164a12–13). Entscheidend ist, dass die Guten »mit ihrer ganzen Seele ein und dasselbe« begehren (IX.4, 1166a14–15), und zwar das Gute und dieses für sich selbst wünschen. Damit erfüllen die Guten das erste Kriterium der Freundschaft, dem anderen das Gute um ihrer selbst willen zu wünschen. Nur handelt es sich in diesem Fall nicht um einen anderen, sondern man wünscht das Gute sich selbst.

Dieses Bekenntnis hat viele Leserinnen und Leser irritiert. Wie kann es sein, dass die Guten das Gute in erster Linie für sich selbst wünschen? Schauen wir uns näher an, was genau mit diesem Selbst bzw. dem Guten gemeint ist.

Im ersten Buch wurde gezeigt, dass die vernunftgemäße Tätigkeit den Menschen eigentümlich ist. Man kann auch sagen, dass die eigentliche Natur (*Met.* V.4, 1014b16–1015a19) oder das wahre Selbst des Menschen in der Aktivität des vernünftigen Teils der Seele liegt (IX.4, 1166a17). Der vernünftige Teil ist somit der wahrhaft begünstigte Teil der Seele, so dass die anderen Seelenteile um des vernünftigen Seelenteils willen existieren.

Außerdem gilt, dass mit »selbst« die aktuelle Existenzform gemeint ist (IX.4, 1166a22). Damit greift Aristoteles das bereits diskutierte Problem auf, ob man sich wünsche könne, dass der Freund ein anderer bzw. ein Gott werde (VIII.9, 1159a5–7). Das eigentliche Selbst besteht jedoch in der Aktivität des eigentümlichen Vermögens, dem Denken (IX.4, 1166a22–23). Auf diesen wichtigen Punkt werden wir im zehnten Buch und der endgültigen Beantwortung der Frage des menschlichen Glücks zurückkommen. Weil es sich aber bei dem Denken um das eigentümliche Wesen des Menschen handelt und die ungehinderte Aktivität des besten Teils mit der größten Lust verbunden ist (VII.13, 1153a1–12; VII.14, 1153b10–17), streben die Guten danach, sich selbst und ihre denkende Existenz zu erhalten (IX.4, 1166a19–20). Zugleich folgt daraus, dass die guten Menschen ihre Zeit am liebsten mit sich selbst verbringen, denn das bedeutet, dass sie mit ihrem wahren Selbst tätig sind, d. h. also, dass sie denken. Diese Aktivität bereitet ihnen die größte Lust (IX.4, 1166a24). Aufschlussreich ist dabei, was genau die Guten denken. So richten sich ihre Gedanken auf Vergangenes und Künftiges, auch sollen sie »reich an geistiger Betrachtung sein« (IX.4, 1166a26–27).

Auf dieser Grundlage bzw. dem Selbstverhältnis der Guten entwickelt Aristoteles das Verhältnis der Guten zu ihren Freunden. Wie gesagt sind die guten Menschen ihren Freunden gegenüber so eingestellt wie sich selbst gegenüber, weil sie ihnen wie ein »anderes selbst« sind (*allos autos* IX.4, 1166a31–32). Sie fühlen also für ihre Freunde dasselbe wie für sich selbst. Damit ist noch nicht ausgemacht, ob es solche Freundschaften mit sich selbst gibt. Generell gilt aber (und das gilt auch für die breite Masse der Menschen): Je mehr sie an dieser Form der

Selbstliebe teilhaben, desto eher sind sie mit sich selbst im Reinen und können folglich auch anderen kontinuierlich das Gute wünschen. Die völlig verdorbenen Menschen sind unfähig, sich mit anderen freundschaftlich zu verbinden, weil sie mit sich selbst uneins sind (IX.4, 1166b7, siehe auch VIII.10, 1159b7–10).

Zuvor hatte Aristoteles bereits darauf aufmerksam gemacht, dass die Freundschaft zu sich selbst insofern besteht, »als zwei oder mehrere Teile vorhanden sind« (IX.4, 1166a35). Gemeint sind damit die unterschiedlichen Strebungen, die jeweils abhängig von den als gut und lustvoll erkannten Objekten sind. Die Schlechten schaffen es nicht, ihre disparaten Strebungen zu ordnen. Dies kann, so Aristoteles, schließlich so weit gehen, dass sie ihre eigene Existenz nicht mehr ertragen können und schließlich den Freitod wählen (IX.4, 1166b12–13). Denn Menschen dieser Art sind innerlich vollkommen zerrissen und haben in sich nichts, das einer Freundschaft würdig wäre. Man muss also aus eigenem Interesse und Liebe zu sich selbst diesen Zustand vermeiden.

IX.5 Wohlwollen (1166b30–1167a21)

In den folgenden Kapiteln untersucht Aristoteles die einzelnen Aktivitäten der Freundschaft (als Disposition). Zuerst nimmt er sich das Wohlwollen vor, das entscheidend für die Freundschaft ist, auch wenn wichtige Unterschiede bestehen, die von Aristoteles im Einzelnen aufgeführt werden. So kann man Wohlwollen auch gegenüber Fremden empfinden, und dies kann den Begünstigten verborgen bleiben (IX.5, 1166b31–32). Beides wurde für die Freundschaft ausgeschlossen. Als Gefühl unterscheidet sich das Wohlwollen von der Liebe vor allem durch die Intensität des Begehrens und den möglichen Mangel an Vertrautheit (IX.5, 1166b33–34). Wir haben gesehen, dass das Wohlwollen den Anfang von Freundschaft darstellt (VIII.2, 1155b33). Es handelt sich sozusagen um eine notwendige Bedingung für Freundschaft oder, wie Aristoteles es ausdrückt, »eine untätige Freundschaft« (IX.5, 1167a11), die das Potential hat, zu einer wirklichen Freundschaft zu werden.

Bemerkenswert ist, dass Aristoteles an dieser Stelle den Charakter der Freundschaft, die hieraus entsteht, auf die Tugendfreundschaft beschränkt (IX.5, 1167a13–14 sowie 19). Man ist anderen Menschen wohlgesonnen, wenn sie eine bestimmte Güte aufweisen, wenn sie also gut oder tapfer sind (wie das bei Sportlern der Fall sein soll). Wer sich aber einen Vorteil von anderen erhofft, ist nicht ihnen, sondern sich selbst wohlgesonnen.

IX.6 Eintracht (1167a22–1167b16)

Wir haben oben gesehen (IX.4), dass es für die Tugendhaften charakteristisch ist, mit sich selbst übereinzustimmen. Dem entspricht die Eintracht unter Freunden.

Aristoteles unterscheidet diese von verwandten Phänomenen, wie etwa der bloßen Meinungsgleichheit. Von einer Eintracht spricht man hingegen dann, wenn das Nützliche gleich beurteilt wird (IX.6, 1167a26–27). Die Anwendung betrifft in erster Linie das Handeln, und zwar vor allem in solchen Angelegenheiten, die eine gewisse Wichtigkeit haben (IX.6, 1167a29). Zu diesen Angelegenheiten rechnet Aristoteles in einem Staat beispielsweise die Besetzung öffentlicher Posten, von der alle Parteien gleichermaßen betroffen sind. Beeinträchtigt wird die Eintracht daher auch dann, wenn eine Partei für sich mehr will (also ungerecht verfährt). Eintracht wird entsprechend zu einer Art politischen Freundschaft (IX.6, 1167b2).

Eine solche Eintracht findet sich immer unter guten Menschen, denn diese befinden sich, wie gesagt, mit sich selbst und untereinander im Einklang. Sie wollen gleichermaßen das Gute und verfolgen dieses Ziel deshalb auch gemeinsam (IX.6, 1167b4–9). In dieser Hinsicht versagen die schlechten Menschen, die weder mit sich selbst noch mit anderen übereinstimmen können. Sie wollen mehr für sich, aber nicht vom Guten, sondern von dem, was sie fälschlich für etwas Gutes halten. Das Ergebnis sind Zwietracht und Ungerechtigkeit (IX.6, 1167b14).

IX.7 Wohltätigkeit (1167b17–1168a27)

Die Wohltätigkeit wirft eine besondere Schwierigkeit auf: So scheinen die Wohltäter die Empfänger der Wohltaten mehr zu lieben als die Empfänger die Wohltäter (IX.7, 1167b17–18). Man erklärt das gewöhnlich damit, dass sich die Wohltäter wie Gläubiger um ihre Schuldner sorgen, damit die Empfänger ihre Schulden tilgen können.

Aristoteles zufolge ist diese Einschätzung der Menschen zu pessimistisch und verkennt ihre eigentliche Natur. Die Wohltäter lieben die Empfänger der Wohltaten, und zwar ohne Aussicht, irgendeinen Nutzen davon zu haben. Aristoteles vergleich die Wohltäter in dieser Hinsicht mit Künstlern oder Handwerkern, die ihre Produkte mehr lieben, als diese von ihnen zurückgeliebt werden würden, falls das möglich wäre (IX.7, 1167b34–35). Die Parallele zum Wohltäter besteht darin, dass auch die Empfänger des Guten im Grunde ein Produkt ihrer Aktivität sind, ein Produkt, das genau deshalb auch geliebt wird.

Die weitere Begründung ist bemerkenswert: Jeder Mensch wählt seine Existenz als ein Gut und liebt diese. Die Existenz besteht jedoch in einer Aktivität, denn zu existieren bedeutet zu leben und zu wirken. Daher ist auch für alle wünschenswert, zu wirken. Das Werk ist aber die Aktivität der Produzenten. Und jeder Einzelne liebt sein eigenes Werk als ein Gut (IX.7, 1168a7–8). Somit erfreuen sich die Wohltäter an ihrem eigenen Gut im Werk ihrer Tätigkeit, weil sie an den Begünstigten ihr Gut verwirklicht haben. Die Empfänger der Wohltat andererseits finden in den Wohltätern nichts Schönes und Gutes, da es selbst nicht schön, sondern bloß nützlich ist, etwas zu empfangen. Das Nützliche ist aber weniger erfreulich und liebenswert. Folglich sind auch die Wohltäter für die Begünstigten weniger liebenswert als umgekehrt (IX.7, 1168a11–12).

Aristoteles fügt noch einen weiteren Grund hinzu: Das Angenehme liegt in der gegenwärtigen Tätigkeit. Für die Wohltäter bleibt das Gute ihrer Tätigkeit im Werk erhalten. So erfreuen sie sich an den Empfängern der Wohltaten wie an einem gegenwärtigen Gut (IX.7, 1168a15–18). Das gilt jedoch nicht für die Empfänger. Ihr Nutzen ist bereits vergangen. Die Erinnerung an einen vergangenen Nutzen ist weniger oder überhaupt nicht angenehm (beim künftigen Nutzen scheint es sich umgekehrt zu verhalten).

Ergänzend bemerkt Aristoteles, dass das Lieben einer Tätigkeit gleicht, wohingegen das Geliebtwerden eher dem Erleiden ähnlich ist (IX.1168a19–20). Diejenigen aber, die eine Wohltat empfangen, werden nicht tätig, sondern erleiden von den Tätigkeiten der Wohltäter.

IX.8 Selbstliebe (1168a28–1169b1)

Aristoteles fragt, ob ein Mensch sich selbst oder einen anderen am meisten lieben sollte. Die Beantwortung dieser Frage ist problematisch. Einerseits wird die Selbstliebe getadelt und als ein Übel angesehen, das vor allem schlechte Menschen auszeichnet. Tugendhafte oder gute Menschen sollen hingegen nichts für sich selbst, sondern alles für ihre Mitmenschen oder Freunde tun. Doch widerspricht dies den Phänomenen. Diese Beobachtung ist ähnlich wie Aristoteles' Auflösung der Schwierigkeit bemerkenswert, denn er scheint damit doch auf den Kern moderner Moralvorstellungen abzuzielen, die moralisch gesehen vor allem selbstloses Handeln fordern. Der berühmteste Ausdruck hierfür ist Kants *Kategorischer Imperativ*, der die Universalisierbarkeit der Handlungsmaxime als Kriterium für Moralität voraussetzt: Genau dann, wenn sich die subjektive Handlungsmaxime in Übereinstimmung mit einer allgemeinen Gesetzlichkeit befindet, ist die folgende Handlung dem moralischen Gesetz gemäß.

Aristoteles widerspricht dieser Auffassung grundlegend: Er erinnert zunächst daran, dass die Forderung nach Selbstlosigkeit nicht im Einklang mit den oben dargelegten Gründen steht. Wir haben gesehen, dass der Mensch sich selbst am meisten liebt. Das folgt nicht nur aus allgemein angenommenen Meinungen, sondern auch daraus, wie wir Freundschaft verstehen. Wie gesagt sollen Freunde sich lieben und um ihretwillen das Beste wünschen. Das trifft am ehesten für die Einstellung des Menschen zu sich selbst zu. Doch werden auch die anderen Kriterien der Freundschaft am ehesten von der Einstellung des Menschen zu sich selbst erfüllt. Deshalb hat Aristoteles zuvor die Freundschaft zu anderen Menschen von der freundschaftlichen Beziehung zu sich selbst abgeleitet.

Aristoteles löst die Schwierigkeit auf, indem er keine der beiden Seiten vollständig zurückweist, sondern sie richtig gefasst bestehen lässt. Wir müssen erkennen, was genau mit Selbstliebe auf beiden Seiten gemeint ist. Untersucht man etwas genauer, welche Form der Selbstliebe den Menschen zum Vorwurf gemacht wird, zeigt sich, dass sich der Vorwurf an solche Personen richtet, die für sich mehr an solchen Gütern haben wollen, die viele Menschen begehren, also Güter wie Geld, Ehre und körperliche Lust (IX.8, 1168b15–17). Die Menschen zanken sich vor allem um diese Güter.

Im ersten Buch hatte Aristoteles gezeigt, dass diese Güter speziell den unvernünftigen Teil der menschlichen Seele befriedigen. Wer solche Güter sucht, ordnet sich dem unvernünftigen Streben unter. Diese Art von Selbstliebe ist also offensichtlich minderwertig. Wir haben gesehen, dass hierbei nicht das wirkliche Selbst des Menschen handelt. Wer sich allerdings um das wirkliche Selbst kümmert und solche Güter sucht, die zur Vernunft gehören (tugendhafte Handlungen, Gerechtigkeit und Besonnenheit), der wird nicht selbstliebend oder narzisstisch im selben Sinn wie diejenigen genannt werden dürfen, die ihr unvernünftiges Begehren befriedigen (IX.8, 1168b25–28). De facto sind ausschließlich diese Personen wirkliche Selbstliebhaber. Sie allein lieben ihr wirkliches Selbst und teilen diesem auch die größten Güter zu. Nur diese Selbstliebhaber folgen der Vernunft, die anderen hingegen folgen nur ihren Affekten. Außerdem suchen sie das an sich Gute, während die schlechten Selbstliebhaber bloß ihren Nutzen suchen. Indem die wahren Selbstliebhaber das an sich Gute suchen, helfen sie nicht nur sich selbst, sondern auch anderen mit ihren guten Taten. Würden sich alle Menschen so verhalten, würde sich die Gemeinschaft in einem Bestzustand befinden. Das bedeutet jedoch, dass es nicht nur für die guten Menschen, sondern auch für die Gemeinschaft am besten ist, sich selbst zu lieben. Denn indem sie das Gute tun, helfen sie sowohl sich selbst als auch anderen. Sie tun damit genau das, was ihre Vernunft fordert. »Denn die Vernunft eines jeden Menschen wählt das für sie Beste« (IX.8, 1169a17). Die schlechten Menschen schaden hingegen den anderen und sich selbst, indem sie ihren unvernünftigen Seelenteil füttern, sich selbst also der Tugend berauben und auch noch der Gemeinschaft die physischen Güter nehmen.

Bedeutet das aber, dass die Tugendhaften nichts für andere tun? Sind die Tugendhaften somit doch letztlich die größten Egoisten? Die Frage zielt offensichtlich an der aristotelischen Konzeption vorbei. Denn diese liegt quer zur gängigen Unterscheidung zwischen Altruismus und Egoismus, die wiederum wichtige Differenzierungen übergeht. Entscheidend ist es, die Beschaffenheit der Güter genau zu beachten. Die von den Guten begehrten Güter sind der Gemeinschaft von größtem Nutzen. Der Wettkampf um das Gute kennt keine Verlierer. Demgegenüber begehren die Schlechten die notwendigen Güter der Gemeinschaft für sich selbst und berauben auf diese Weise die anderen um ihre notwendigen Güter. Die Selbstliebe der Guten andererseits ist der Gemeinschaft und vor allem ihren Freunden nützlich. Ihren Freunden werden sie auch ihr Leben opfern, wenn es erforderlich ist, und zwar auch dann, wenn ihre Existenz einen besonderen Wert hat (IX.8, 1169a18–10). Sie freuen sich lieber für kurze Zeit an einem glänzenden Werk der Tugend, als lange Zeit an einem stillen Dasein und ziehen eine einzelne gute Tat vielen unbedeutenden Taten vor. Auf diese Weise verschaffen sie sich ein noch größeres Gut und beweisen, dass sie sich am allermeisten lieben. Aristoteles geht sogar noch weiter, indem er anführt, dass die tugendhaften Personen manchmal sogar ihren Freunden bei guten Handlungen den Vortritt lassen, damit die Freunde das Lob für die guten Handlungen ernten (IX.8, 1169a32–34). Auch hier haben sie das gewählt, das für sie besser ist. Man sieht, dass unabhängig davon, wie genau sich die Guten verhalten, sie immer das tun werden, was ihnen die größte Ehre bereitet. Dabei geht es nicht darum, auszurechnen oder vorauszusehen, was genau die Freunde tun sollten und werden, sondern es zeigt sich die wahre Größe und Haltung der Guten unabhängig davon, ob sie selbst tugendhaft handeln oder den anderen diese Handlung überlassen. Ihre Werke strahlen immer im vollen Glanz, und ihre Liebe gilt immer dem wahren Gut.

IX.9 Die Freunde der Tugendhaften (1169b2–1170b19)

Braucht der glückliche Mensch Freunde oder nicht? Verschiedene Antworten sind denkbar: Einerseits sollen glückliche Menschen der Voraussetzung nach autark sein, d.h. selbstgenügsam. Wenn aber keine Güter gebraucht werden, dann sollte auch kein Bedarf an Freunden bestehen (IX.9, 1169b4–6). Andererseits sind Freunde die größten Güter, die auch den Glücklichen nicht fehlen sollten. Überdies können die Guten nur ihrer Tugend gemäß tätig werden und somit selbst nützlich sein, wenn sie ihre Werke an Freunden verrichten (IX.9, 1169b10–13). Die glücklichen Menschen brauchen somit aus anderen Gründen Freunde als die unglücklichen Menschen (auf den Unterschied wird Aristoteles später ausführlicher eingehen, siehe IX.11). Schließlich wird darauf hingewiesen, dass Einsamkeit der Natur des Menschen als ein auf die Gemeinschaft hin ausgelegtes Wesen widerspricht. Setzt man aber voraus, dass die Glücklichen alle natürlichen Güter haben, brauchen sie auch Freunde (IX.9, 1169b16–22).

Wie immer ist Aristoteles darum bemüht, die Aporie so aufzulösen, dass er das Wahre auf beiden Seiten sucht. Wer leugnet, dass glückliche Menschen Freunde brauchen, hat vor allem den nützlichen und lustvollen Aspekt der Freundschaft im Auge. Lust und Nutzen bedürfen die Glücklichen nicht ohne weitere Qualifikation von ihren Freunden (IX.9, 1169b23–28). Dass nämlich auch die Guten und Tugendhaften Lust und Nutzen jedoch nicht auf dieselbe Weise wie andere von ihren Freunden gewinnen, demonstriert Aristoteles, indem er auf verschiedene bereits etablierte Bedingungen zurückverweist:

Zu Beginn zeigt er, dass die Guten Freunde brauchen, um sich an ihnen zu erfreuen. Vorausgesetzt wird dabei, dass das Glück in der Tätigkeit besteht, so dass die Glücklichen tätig sind: Ihre Tätigkeiten sind an sich gut und lustvoll. Ferner soll gelten, dass man die Tätigkeiten besser an anderen als an sich selbst beobachten kann und dass die Freunde der Guten selbst und somit auch ihre Handlungen gut sind. Folglich werden die Guten in der Betrachtung der Handlungen ihrer Freunde Lust empfinden (IX.9, 1170a2–4).

Weiterhin zeigt er, dass die Freundschaft nützlich für die Guten ist. So ist ein Leben in Einsamkeit beschwerlich und verhindert eine kontinuierliche Tätigkeit gemäß den eigenen Anlagen (IX.9, 1170a5–6). Demgegenüber bestärken sich die Guten in Gemeinschaft mit anderen in ihrer Tugendhaftigkeit (IX.9, 1170a11–12).

Dass Aristoteles dieser Schluss besonders wichtig ist, wird daran deutlich, dass er sich der Frage erneut aus einer anderen Perspektive nähert und in diesem Zusammenhang feststellt, dass sich dasselbe Ergebnis auch aus der Betrachtung einer fundamentaleren (*physikôteron*) Ursache ergibt.

Das entsprechende nachfolgende Argument ist recht verschachtelt und wird in der Forschung unterschiedlich rekonstruiert. Gezeigt werden soll, dass dem Guten Freunde von Natur aus angenehm und wählenswert sind (IX.9, 1170a13–14). Das Argument setzt sich aus zwei Teilen zusammen: Zuerst demonstriert Aristoteles, was der Natur nach gut und angenehm für die Guten ist, und untersucht dann, was in Bezug auf seinen Freund gut und angenehm ist.

Das erste Argument lautet so:

- Alles, was von Natur aus gut ist, ist auch für den Guten an sich gut und wünschenswert (IX.9, 1170a14–16).
- Das Leben ist jedoch für alle Lebewesen von Natur aus gut und angenehm (IX.9, 1170a19–20).
- Folglich sind auch Existenz und Leben für die Guten gut und wünschenswert (IX.9, 1170a21–22).

Aristoteles erläutert das, was die Güte des Lebens ausmacht, folgendermaßen: Das Leben zeichnet sich bei den Tieren durch das Vermögen der Wahrnehmung und bei den Menschen zusätzlich durch das Denkvermögen aus. Das Vermögen findet jedoch seine Vollendung in der Aktualisierung. Deshalb weist Aristoteles darauf hin, dass die tätige Wahrnehmung bzw. das wirksame Denken entscheidend sind (*kyrion* IX.9, 1170a18). Die vollständige Bestimmung erhalten beide Vermögen also erst durch ihre Aktivität. Setzt man voraus, dass das Leben vor allem in der Wahrnehmung und dem Denken besteht, deren Vollendung jeweils in der Aktivität vollständig bestimmt werden, dann ist auch das Leben etwas Bestimmtes (*hôrismenon*, 1170a20–21). Das Vollendete oder Bestimmte ist aber von Natur aus gut, weil es besser als das an sich unbestimmte Vermögen ist. Folglich ist auch das Leben ein natürliches Gut, und das tätige Leben ist für die tugendhaften Menschen von Natur aus gut. Schlecht ist hingegen ein verdorbenes oder schmerzvolles Leben, weil diese in Ansehung der möglichen Aktivitäten und Eigenschaften unbestimmt sind (IX.9, 1170a23–24).

Im Anschluss der Güte des Lebens diskutiert Aristoteles die grundsätzliche Lust, die man am Leben erfährt. Aristoteles stellt zuerst fest, dass das Leben gut und lustvoll ist, dann wird das am meisten für die Guten gelten, da ihre Lebensweise besonders wählenswert ist, wie wir oben gesehen haben (IX.4,

1166a24–27). Die Lust an der Existenz begründet Aristoteles, indem er von der Wahrnehmung ausgeht:[4]

- Wenn ein Mensch sieht (oder hört oder denkt), dann nimmt er zugleich wahr, dass er sieht (oder hört oder denkt, IX.9, 1170a29–30). Jede Wahrnehmung wird also von einer weiteren Wahrnehmung begleitet, die die Wahrnehmung selbst wahrnimmt. Einige Interpreten wollen diese Art von Wahrnehmung Bewusstsein nennen. Wir behalten für den Augenblick Aristoteles' eigene Terminologie bei, um den argumentativen Zusammenhang besser fassen zu können.
- Zuvor hatten wir gesehen, dass das Sein (als etwas Bestimmtes) in der Aktivität der Wahrnehmung oder des Denkens liegt (IX.9, 1170a33–b1).
- Folglich nehmen wir wahr, dass wir sind, eben weil wir wahrnehmen, dass wir wahrnehmen (IX.9, 1170b1).
- Vorausgesetzt wird, dass das Leben ein Gut (an sich) ist (IX.9, 1170b1).
- Wenn ein Gut wahrgenommen wird, ist die Wahrnehmung des an sich Bestimmten zugleich lustvoll (IX.9, 1170b1–2), da es sich um einen Bestzustand einer Sache handelt, der, wie Aristoteles im nächsten Kapitel zeigen wird, zu einer bestmöglichen und daher auch lustvollen Wahrnehmung führt.
- Folglich sind Wahrnehmung und Denken für den Guten an sich lustvoll.

Nachdem Aristoteles begründet hat, dass die Wahrnehmung der Existenz für den Wahrnehmenden gut und lustvoll ist,

4 Siehe *An.* 413b23–24: »Denn wo es eine Wahrnehmung gibt, da gibt es auch Schmerz und Lust, und wo diese sind, da ist notwendigerweise auch Begierde.«

wendet er diesen Gedanken auf die Existenz des Freundes an. Entscheidend ist hierbei die Voraussetzung, dass die guten Menschen ihre Freunde wie ein anderes Selbst fühlen (*heteros gar autos* IX.9, 1170b6). Wie man sich also an der Wahrnehmung seines eigenen Daseins und Lebens erfreut, so freut man sich auch daran, wenn man dies in seinem Freund wahrnimmt. Voraussetzung hierfür ist jedoch, dass man mit dem Freund zusammenlebt (IX.9, 1170b11) und sich geistig mit ihm austauscht. Sind jedoch allgemein Freunde für die Guten und Glücklichen wählenswert, dann sollten sie auch Freunde haben, denn andernfalls würde ihnen etwas fehlen (IX.9, 1170b17–18). Gute Freunde sind also für das Glück notwendig.

IX.10 Anzahl der Freunde (1170b20–1171a20)

Wie viele Freunde sollte man haben?

Für die nützlichen Freundschaften gilt, dass viele Freunde viele Freundschaftsdienste erfordern. Das ist beschwerlich, zeitraubend und somit dem Glück hinderlich (IX.10, 1170b20–28). Auch für die Lust reichen wenige Freunde aus (IX.10, 1170b28–29). Im Zusammenhang mit den tugendhaften Freunden lässt sich keine genaue Anzahl angeben. Orientierungspunkt sollte sein, dass es für die Umsetzung erforderlich ist, zusammenzuleben (IX.10, 1171a1–2). Das schließt natürlich eine große Anzahl aus. Es ist also für einen Menschen gut, nicht so viele Freunde wie möglich zu haben, sondern nur so viele, wie das Zusammenleben bedingt. Das beweist auch die Erfahrung. Wer sehr viele Freunde hat oder mit allen seinen Freunden eng vertraut ist, scheint mit niemandem wirklich befreundet zu sein (IX.10, 1171a15–16).

IX.11 Hilfe der Freunde (1171a21–1171b28)

Werden Freunde eher im Glück oder in der Not gebraucht?

In beiden Fällen sucht und braucht man Freunde. Aristoteles merkt an, dass im Unglück vor allem nützliche Freunde gebraucht werden (IX.11, 1171a24–25). Erfreulicher ist es jedoch, im Glück Freunde zu haben (IX.11, 1171a25–26). Die bloße Anwesenheit von Freunden ist immer angenehm, so in der Not, weil sie mitfühlen, Trost spenden und helfen, Lasten zu schultern (IX.11, 1171a27–30).

Es ist aber auch betrüblich, den Freund traurig zu sehen. Der tugendhafte Mensch vermeidet es nach Möglichkeit, Ursache für den Schmerz von Freunden zu sein. Man sollte Freunden so wenig Probleme wie möglich übertragen. Wenn überhaupt, dann sollten Freunde nur dann zu Hilfe gerufen werden, wenn sie mit wenig Mühe große Hilfe leisten können (IX.11, 1171b18–20). Man selbst sollte hingegen ungefragt zu Hilfe stehen. Dies ist für alle Beteiligten besser, da die Empfänger nicht in Verlegenheit geraten, um etwas bitten zu müssen, und die Geber sich mehr darüber freuen können, unaufgefordert zu helfen. Unabhängig davon gilt, dass die Anwesenheit von Freunden unter allen Umständen erwünscht ist (IX.11, 1171b27–28).

IX.12 Wahrnehmung und Zusammenleben der Freunde (1171b29–1172a15)

Zum Abschluss des neunten Buches kommt Aristoteles noch einmal auf das Zusammenleben der Freunde zu sprechen und vergleicht das Zusammenleben mit der Lust, die die Liebenden am gegenseitigen Anblick empfinden. Wir haben oben gesehen, dass den Menschen die Wahrnehmung ihrer eigenen Existenz lustvoll ist. Aus diesem Grunde ist auch die Existenz des Freundes angenehm wahrzunehmen. Das geschieht am bestem beim gemeinsamen Umgang miteinander. Dabei erfreuen sich die Freunde an den Tätigkeiten, die ihnen besondere Lust bereiten (IX.12, 1172a1–3). Diese gemeinsame Freude an den Tätigkeiten ist auch ein Grund dafür, warum die Freundschaft unter schlechten Menschen das Schlechte befördert, weil sie sich bei den gemeinsamen schlechten Tätigkeiten gegenseitig bestärken und nachahmen (IX.12, 1172a8–10). Die Freundschaft der Guten nimmt hingegen an Güte kontinuierlich zu, indem die Freunde zum Guten zusammenarbeiten und sich gegenseitig in ihren Fehlern korrigieren.

Kapitel 9

Die höchste Lust des Menschen (Buch X.1–10)

Im zehnten Buch kehrt Aristoteles zum Ausgangspunkt der Untersuchung zurück: Er untersucht die Frage, was das menschliche Glück ausmacht, bezieht dabei jedoch die Ergebnisse der bisherigen Diskussion ein.

Die Grundlage für die endgültige Beantwortung der Frage liefert eine erneute Untersuchung der Lust, die diesmal nicht so sehr deren körperlichen Ursachen thematisiert, sondern die Lust an sich betrachtet. Dass sich die Lüste abhängig von den Aktivitäten voneinander unterscheiden, aus denen sie resultieren, wissen wir aus dem siebten Buch. Aristoteles stellt nun heraus, dass die Lust selbst eine vollkommene Aktivität ist, die als äußerer Zweck die seelische Tätigkeit vollendet. Ihre Reinheit und Dauerhaftigkeit bemessen sich an den ihr zugrundeliegenden seelischen Aktivitäten. Daraus ergibt sich eine Hierarchie der Lüste. An deren Spitze steht die reine und beständige Lust, die die Kontemplation als eigentümliche Tätigkeit der Vernunft vollendet.

Vor diesem Hintergrund kann auch eine abschließende Antwort auf die Frage, was das menschliche Glück ausmacht, gegeben werden. Allerdings fällt diese anders aus, als viele nach der vorhergehenden Diskussion der ethischen Tugenden erwartet hätten. So präzisiert Aristoteles die Bestimmung des Glücks dahingehend, dass es sich nicht mit der Aktivität irgendwelcher Tugenden einstellt, sondern vor allem der besten, womit die der Weisheit entsprechende philosophische Kontemplation gemeint ist. In dieser Tätigkeit vollendet der Mensch, so Aristoteles, seine göttliche Natur. Das verwunderte einige, da Aristoteles an dieser Stelle offensichtlich Platons Forderung aufnimmt, sich nach Möglichkeit einem Gott anzugleichen.

Obwohl Aristoteles' Argumentation eindeutig ist und nur wenig Raum für Zweifel an seiner Intention lässt, hat diese Antwort vielen Leserinnen und Lesern Schwierigkeiten bereitet. Unklar bleibe etwa, wie genau sich die Ausführungen des letzten Buches mit den Resultaten der vorhergehenden Diskussion in Übereinstimmung bringen lassen. Das auf viel Zustimmung stoßende Bild des guten Menschen, der eine dauerhafte und tiefe Bindung zu seiner Familie haben soll, der seinen persönlichen Freunden und seinen Mitbürgern verbunden ist, der ihren Bedürfnissen dient, der ihr Wohl befördert, der ein breites Spektrum an privaten und politischen Interessen hat, zahlreiche Fähigkeiten kultiviert, die Klugheit zum eigenen Wohl und dem Wohl der Gemeinschaft einsetzt, das Bild also, das die vorhergehenden Bücher zeichnen, wird im letzten Buch der *Nikomachischen Ethik* in nur wenigen Sätzen scheinbar über den Haufen geworfen und letztlich als nur zweitbestes Leben abqualifiziert.

An Stelle dessen soll das eigentliche Glück des Menschen in einer theoretischen Beschäftigung bestehen, die in der Formulierung viel eher an Platon als an Aristoteles erinnert.

Für einige lässt sich dieser Befund nur so erklären, dass die letzten Kapitel eine eigene Abhandlung bilden, die ihrerseits in einem problematischen Verhältnis zur *Nikomachischen Ethik* steht.

Es wurde ebenso vermutet, dass dieser Teil aus einer früheren noch an Platon orientierten Schaffensphase stammt und irgendwie an das Ende der *Nikomachischen Ethik* geraten sein muss, obwohl auch den antiken Herausgebern hätte auffallen müssen, dass die ersten neun Kapitel nicht nur nichts zur finalen These beigetragen, sondern sogar in weiten Teilen mit dem letzten Teil inkompatibel zu sein scheinen. Doch selbst unter der Annahme, dass das Glück des Menschen in der philosophischen Kontemplation bestehen soll, wie Aristoteles behauptet, stellen sich noch immer zwei schwerwiegende Fragen: Erstens erscheint der Status der anderen Güter unklar. Zwei Interpretationsansätze haben sich herausgebildet. Zum einen soll Aristoteles der Ansicht gewesen sein, dass das Glück des Menschen ausschließlich in Kontemplation besteht. Zum anderen tragen auch die anderen Güter zum Glück bei.

Das zweite Problem betrifft die Kontemplation selbst. Aristoteles hebt hervor, dass die Menschen im Falle der Kontemplation ein eher göttliches Glück verwirklichen. Nimmt das für bare Münze, kann es sich nicht zugleich um göttliches Glück und um das eigentümliche Werk des Menschen handeln. Das widerspräche der im ersten Buch aufgeführten Argumentation zum besonderen Werk des Menschen, das ihn vor allen anderen Lebewesen auszeichnen soll. Nun zeigt sich aber, dass es sich weniger um eine menschliche, als um göttliche Aktivität handelt.

Aristoteles selbst betont zum Schluss, dass das genuin menschliche Glück in der Ausübung der ethischen Tugenden besteht und die philosophische Kontemplation eher göttlich ist. Er stellt sich damit im letzten Kapitel selbst die Frage, ob er sein Ziel der Abhandlung erreicht habe, und verneint dies.

Bemerkenswert ist jedoch, dass dieses Ziel nach eigener Auskunft in der Verwirklichung der Tugend besteht. Dazu habe die Ethik den ersten Schritt in der theoretischen Bearbeitung, die Politik allerdings den zweiten, notwendigen Teil zur Umsetzung geliefert, indem sie die Frage der guten Gesetzgebung untersucht. Damit scheint Aristoteles den Anfang seiner *Magna Moralia* aufzugreifen, die anders als die *Nikomachische* und *Eudemische Ethik* zur erklärten Aufgabe hat, darzulegen, »was die Tugend ist und woraus sie entsteht« (*MM*, I.1, 1182a1).

Nach diesem kurzen Überblick über die drängendsten Fragen und Probleme des letzten Buches sollten wir uns die Gliederung des letzten Buches etwas detaillierter anschauen. Die Untersuchung ist in zehn Kapitel gegliedert:

(1172a19–1172b8) Im ersten Kapitel nimmt Aristoteles die Untersuchung der Lust wieder auf und stellt drei unterschiedliche Einschätzungen der Lust in ihrem Beitrag zum Gut des Menschen vor. Für die einen ist die Lust das Gute selbst, die anderen halten sie entweder wirklich für schlecht oder geben dies aus erzieherischen Gründen nur vor.

(1172b9–1174a12) Im zweiten, sehr komplexen Kapitel erörtert Aristoteles Eudoxos' Position als eines Vertreters der ersten Ansicht. In einer nuancierten Auseinandersetzung mit Eudoxos' Argumentation und den Argumenten seiner Gegner stellt Aristoteles heraus, dass die Lust zwar nicht das Gute an sich ist und auch nicht alle Arten von Lüsten wählenswert sein können, doch seien einige Lüste, die sich der Art und Herkunft nach von den anderen Lüsten unterscheiden, an sich gut.

(1174a13–1174a14) Ein Hauptargument der Lustgegner beruht auf der Identifikation der Lust mit einem Prozess des Werdens bzw. einer gewöhnlichen Bewegung. Uns ist diese Vorstellung bereits aus dem siebten Buch bekannt. Im dritten Kapitel zeigt Aristoteles, indem er von der Vollkommenheit der in der Wahrnehmung involvierten Aktivität ausgeht, auf, dass es sich auch bei der Lust um eine Art vollkommener Aktivität handeln muss.

(1174b14–1175a17) Auf dieser Grundlage liefert das wichtige vierte Kapitel Aristoteles' endgültige Bestimmung der Lust als hinzutretende Zielursache einer vollkommenen Aktivität, die die zugrundeliegende seelische Aktivität vervollkommnet. Vorausgesetzt wird die vollkommene Aktivität des Erkenntnisvermögens einerseits und der bestmögliche Zustand des Erkenntnisobjektes andererseits. Auf diese Weise ist die Wahrnehmung vollkommen tätig, wenn sich die ungehinderte Aktivität des Sinnes, der sich in der besten Verfassung befindet, auf die besten und schönsten Objekte richtet und in dieser Tätigkeit seine spezifische Lust findet. Als hinzutretendes Ziel vervollkommnet die Lust diese Aktivität wie die Schönheit zur Jugend (Blüte der Jahre) hinzutritt.

(1175a18–1176a29) Das fünfte Kapitel ordnet die Lüste abhängig vom Stellenwert der ihr zugrundeliegenden Tätigkeiten. Aristoteles unterscheidet zwischen eigentümlichen, befördernden Lüsten und fremden, hemmenden Lüsten. Aus unterschiedlichen Verhaltensmustern gehen auch verschiedenartige Lüste hervor. Wahrhaftig lustvoll ist dasjenige, an dem sich die Guten erfreuen.

(1176a30–1177a11) Das sechste Kapitel untersucht vor diesem Hintergrund die Frage, ob das Glück des Menschen in einem Leben der Lust und des Spiels liegen kann. Aristoteles weist die Vorstellung zurück, dass das Spiel Endzweck menschlicher Tätigkeit sein könne.

(1177a12–1178a8) Aristoteles zeigt im siebten Kapitel, dass damit die Lust als Bestandteil des besten Lebens keinesfalls zurückgewiesen wird, indem er herausstellt, dass das menschliche Glück in der im höchsten Maße lustvollen Realisierung seines besten Vermögens, d. h. in einer nach Möglichkeit ununterbrochen und langwährenden philosophischen Kontemplation als Vollendung des Vernunftvermögens besteht.

(1178a9–1178b32) Das achte Kapitel bekräftigt dieses Ergebnis und stellt die Ausübung der ethischen Tugenden im politischen Leben als zweitbeste Lebensform heraus.

(1178b33–1179a32) Das neunte Kapitel legt fest, worin das richtige Maß an äußeren Gütern zum Erreichen des Glücks besteht. Für die geistige Tätigkeit sind zwar äußere Güter erforderlich, insgesamt gilt jedoch, dass weniger oft mehr ist, da zu viele Güter zusätzlich beunruhigend wirken.

(1179a33–1181b23) Das zehnte Kapitel erinnert an die praktische Zielsetzung der *Ethik* und leitet aus dieser Zielsetzung die Notwendigkeit ab, die Gesetzgebung genauer zu untersuchen, was in der *Politik* geleistet werden soll.

X.1 Die Wichtigkeit der Behandlung der Lust (1172a19–1172b8)

Zu Beginn des zehnten Buches wendet sich Aristoteles, wie gesagt, erneut der Lust zu. Diese wurde zwar schon im siebten Buch als Gegenstand der Beherrschtheit diskutiert, doch ging es dort vor allem um die Ursachen und Objekte der Lust. Besondere Beachtung fanden insbesondere die aus der Sinnlichkeit hervorgehenden Lüste.

Im Folgenden wird thematisiert, welche Bedeutung die Erfahrung der Lust für Tugend und Glück hat. Aus diesem Grund schenkt Aristoteles auch der intellektuellen Lust besondere Aufmerksamkeit. Im ersten Kapitel hebt Aristoteles seinem gewöhnlichen Vorgehen folgend die Bedeutung des Themas hervor, um im Anschluss allgemein akzeptierte Meinungen zu referieren.

Wichtig ist die Untersuchung, so Aristoteles, deshalb, weil die Lust »auf das Engste mit unserer menschlichen Natur verbunden« (X.1, 1172a20) ist. Dies wird durch die Praxis der menschlichen Erziehung bezeugt, die mit Lust und Schmerzgefühlen die Kinder zu steuern versucht. Außerdem ist die Lust, wie wir gesehen haben, entscheidend für die ethischen Tugenden (X.1, 1172a21–23). Schließlich ist es wichtig, die Natur der Lust genauer zu bestimmen, weil die Ansichten der Philosophen in diesem Punkt weit auseinandergehen und teils auch den Phänomenen bzw. den eigenen Handlungen widersprechen. So ist die Lust für eine Gruppe das Gute (*tagathon*, X.1, 1172a27–28), eine andere hält sie für schlecht (X.1, 1172a28). Letztere unterscheiden sich in solche, die tatsächlich annehmen, sie sei schlecht, und solche, die das nur deshalb vorgeben, weil sie der natürlichen Neigung der Menschen entgegenwirken wollen, um auf diese Weise die gewünschte Mitte im Umgang mit der Lust zu erreichen (X.1, 1172a29–33).

X.2 Meinungen über die Lust (1172b9–1174a12)

Im zweiten Kapitel referiert Aristoteles zunächst Eudoxos' Position, der zur ersten Gruppe gehört bzw. der der Ansicht ist, die Lust sei das Gute. Im Anschluss wendet er sich der alternativen Meinung zu und überprüft die gegen Eudoxos vorgebrachte Kritik.

Eudoxos zufolge soll es sich bei der Lust um das Gute handeln, weil sowohl Menschen als auch Tiere danach streben, Lust zu erfahren (X.1, 1172b9–11). Damit erfüllt die Lust das von Aristoteles im ersten Buch entwickelte Kriterium des Guten (I.1, 1094a3). Ähnliches folgt auch aus der gegenteiligen Beobachtung: Alle Lebewesen meiden den Schmerz. Folglich muss es sich laut Eudoxos bei der Lust um das Gute handeln (X.1, 1172b19–20). Ferner wird die Lust wegen keinem weiteren Zweck verfolgt. Dies spricht ebenfalls dafür, dass sie das höchste Gut ist (X.1, 1172b21–23; siehe I.1, 1094a18–22). Schließlich gilt, dass, sobald man die Lust anderen Gütern hinzufügt, diese wählenswerter werden, und zwar einschließlich der Tugenden (X.1, 1172b23–25).

Aristoteles wendet sich zuerst gegen das letzte Argument und verwendet dazu eine platonische Überlegung (siehe Platon, *Phil.* 20d–22a). Demnach beweist Eudoxos zwar, dass die Lust ein Gut, nicht aber, dass sie größer als irgendein anderes Gut ist. Denn für alle Güter gilt gleichermaßen, dass dann, wenn sie mit einem weiteren Gut verbunden werden, sie zu einem größeren Gut werden als zuvor (X.2, 1172b26–30).

Unsinnig ist es jedoch, wie Eudoxos' Gegner zu behaupten, dass die Lust kein Gut ist, und schlichtweg zu leugnen, dass das, was alle begehren, gut ist. Das kann keine Option sein, weil man nicht davon ausgehen sollte, dass sich alle Menschen grundsätzlich irren (X.2, 1172b36–1173a1).

Aristoteles schließt somit aus, dass in solchen Fragen, die die eigene Lebensführung betreffen, die Urteilsfähigkeit der Menschen in allen Fällen gleichermaßen versagt haben könnte. Um diesem Einwand mehr Gewicht einzuräumen, ließe sich, so Aristoteles, darauf hinweisen, dass alle *vernunftlosen* Geschöpfe die Lust als Gut begehren. Das widerspricht aber den Phänomenen, wie Aristoteles sogleich bemerkt, denn auch die vernunftbegabten Wesen begehren die Lust. Außerdem ist nicht auszuschließen, dass in den niederen Lebewesen ein natürliches Gutes oder auch Göttliches anwesend ist (siehe oben VII.14, 1153b32) und ihr Streben in die richtige Bahn lenkt (X.2, 1173a4–5). Aus *De anima* wissen wir, dass alle Lebewesen danach streben, das Göttliche ihren Möglichkeiten gemäß nachzuahmen (*An.* II.4, 415a25–b7; auf diesen Punkt soll gleich noch näher eingegangen werden).

Eudoxos' zweites Argument ging vom Schmerz aus: Er stellte fest, dass alle Lebewesen den Schmerz als Übel meiden. Nach Ansicht seiner Gegner folgt aus der Schlechtigkeit des Schmerzes nicht die Güte der Lust, weil das Schlechte nicht nur dem Guten, sondern auch dem Schlechten und keines von beiden entgegengesetzt ist (X.2, 1173a7–8).

Dem stimmt Aristoteles zwar prinzipiell zu, denn auch für ihn ist die Feigheit nicht nur der Tapferkeit, sondern auch der Tollkühnheit entgegengesetzt. Dennoch hilft dies in der vorliegenden Frage nicht weiter. So ist der Schmerz der Lust nicht wie das Schlechte dem Schlechten entgegengesetzt. Wären beide nämlich schlecht, müssten beide gemieden werden. Und wäre keines von beiden schlecht, so müsste man auch keines von beiden meiden. Offensichtlich meiden aber alle Menschen den Schmerz als ein Übel und suchen die Lust als ein Gut: Schmerz und Lust sind also einander wie gut und schlecht entgegengesetzt (X.2, 1173a10–13).

Ferner hat man gegen Eudoxos vorgebracht, dass die Lust keine Qualität sei und folglich auch nicht gut sein könne. Diese Argumentation setzt voraus, dass das Gute eine Qualität der

Dinge ist. Das ist aber offensichtlich falsch und gilt auch nicht für andere Güter. Dies verdeutlicht Aristoteles, indem er auf Tätigkeiten, die gemäß der Tugend oder dem Glück selbst ausgeführt werden, hinweist.

Eudoxos' Gegner meinen zudem, dass die Lust deshalb kein Gut sein könne, weil das Gute sich klar begrenzen oder bestimmen lässt, die Lust aber unterschiedliche Grade aufweist (X.2, 1173a15–17). Auch dieses Argument lässt Aristoteles nicht gelten, weil dasselbe auch für andere, von den meisten anerkannte Güter gilt: Menschen können mehr oder weniger besonnen oder gerecht sein und handeln. Will man diese Tatsache auf die Lust selbst beziehen, muss man genauer hinschauen. Der Verweis auf unterschiedliche Grade reicht nicht aus. Es gibt jedoch, wie wir im siebten Buch gesehen haben, zum einen Lüste, die mit Schmerzen gemischt sind, und zum anderen ungemischte Lüste. Auf diese Beobachtung kann nach Aristoteles die Einteilung in begrenzt und unbegrenzt sehr viel besser angewandt werden. Doch würde auch das nicht weiterführen, wie Aristoteles am Beispiel der Gesundheit demonstriert: Diese besteht für ihn in einem guten Mischungsverhältnis der körperlichen Säfte, das nicht bei allen Menschen gleich ausfallen muss. Ein gemischter und trotzdem begrenzter Zustand könnte durchaus verschiedene Grade zulassen (X.2, 1173a23–25).

Das nächste Argument der Lustgegner geht von der Annahme aus, dass das Gute etwas Vollkommenes ist. Bewegung und Werden sind hingegen unvollkommen. Von Eudoxos' Gegnern wird dabei vorausgesetzt, dass Lust eine Bewegung oder ein Werden ist. Folglich wäre die Lust unvollkommen. Aristoteles hat sich in der *Physik* ausführlich mit Bewegung (Veränderung) und Werden beschäftigt. In seiner Diskussion dieses Argumentes wird dies vorausgesetzt. Seine Erwiderung zielt vor allem auf die Prämisse ab, dass es sich bei der Lust um eine Bewegung oder ein Werden handelt.

In einem ersten Schritt weist er nach, dass es sich bei der Lust an sich nicht um eine Bewegung handeln kann, weil es ihr nicht als wesentliches Merkmal angehört, schnell oder langsam zu verlaufen (*Phys.* IV.10, 218b13–17), auch wenn man behaupten kann, dass sich Menschen schnell erfreuen, wie sie auch schnell zornig werden können. Man sagt aber nicht, dass Menschen schnell oder langsam Lust empfinden, wie sie schnell oder langsam gehen könnten (X.2, 1173a32–34).

Lust ist aber auch kein Werden, weil, so Aristoteles, nicht irgendein zufälliges Ding aus irgendeinem anderen zufälligen Ding entstehen kann. Seiner Ansicht nach geht der Prozess des Werdens von einer *Privation* oder einem natürlichen Mangel aus, ähnlich wie eine Blume in gewisser Hinsicht aus der Abwesenheit (bzw. dem Mangel) der Form entsteht und sich zu einer Blume, also einer formal bestimmten Einheit, herausbildet. Andererseits vergeht sie als Blume, wenn sie diese formale Bestimmtheit verliert, die Materie somit in den privativen Zustand zurückkehrt.

Damit wurde freilich nichts über die zugrundeliegende Materie gesagt, an der sich sowohl Privation als auch Form finden. Für die Lust würde das aber bedeuten, dass der Schmerz der Privation entspricht, weshalb er auch aus diesem entsteht und zu diesem vergeht. Das ist damit gemeint, wenn die Lustgegner den Schmerz als »Mangel an dem, was naturgemäß ist« (X.2, 1173b7–8) kennzeichnen, da dieser aus der Entbehrung solcher Dinge folgt, die zur Erhaltung der Natur benötigt werden. Auf diese Weise wird auch deutlich, weshalb für sie die Lust eine Wiederauffüllung ist.

Doch lehnt Aristoteles auch dieses Argument ab, und zwar aus zwei Gründen:

1. Folgt man dieser Argumentation, wäre man dazu gezwungen, die Wiederauffüllung selbst (als eben dieses Werden) mit der Lust zu identifizieren: »Das scheint aber nicht richtig. Denn

die Lust ist keine Wiederauffüllung, sondern man empfindet Lust am Prozess der Wiederauffüllung« (X.2, 1173b11–12, eigene Übersetzung). Folglich ist Lust nicht die körperliche Wiederauffüllung, sondern die in der Seele empfundene Folge der Wahrnehmung dieser Wiederauffüllung. Diese Differenzierung wird im Folgenden wichtig.

2. Dieser Ansatz basiert (und das ist ebenso wichtig zu beachten) auf einer solchen Lust, die mit Nahrung zu tun hat: Der Entbehrung folgt die Lust an der Auffüllung. »Das ist aber so nicht bei allen Lustempfindungen der Fall« (X.2, 1173b15–6). Bei den Lüsten, die sich als Folge von intellektuellen Tätigkeiten einstellen (wie dem Lernen, Erinnern, Denken), oder solchen, die auf anderen Sinneswahrnehmungen beruhen (also Riechen, Hören, Sehen), besteht kein vorhergehender Mangel, der notwendig vorausgesetzt werden müsste, wenn die Lust ein Werden sein soll (X.2, 1173b19–20).

Im Anschluss wendet sich Aristoteles dem Einwand zu, dass es tadelnswerte Lüste gibt, um auf diese Weise der Lust insgesamt den Rang eines Gutes abzusprechen. Aristoteles' Erwiderung unterscheidet Lüste, die an sich lustvoll sind, von solchen, die nur von bestimmten Personen oder unter bestimmten Bedingungen lustvoll sind. Ähnlich, wie der Kranke einen anderen Geschmack als der Gesunde hat, gefallen den schlechten Menschen andere Dinge als den Guten (X.2, 1173b20–25). Man muss die Lüste folglich ihrer Art nach voneinander unterscheiden. Dass die Lust in einem undifferenzierten Sinn aber nicht das Gute sein kann, folgt auch aus der Tatsache, dass kein Mensch sich nur deshalb dafür entscheiden würde, ein ganzes Leben lang den Verstand eines Kindes zu bewahren, um sich wie ein Kind freuen zu können (X.2, 1174a1–4). Und schließlich gibt es viele Dinge, um die wir uns auch dann bemühen würden, wenn aus ihnen keine Lust folgen sollte: Sehen, Erinnern, Wissen etc. (X.2, 1174a4–8).

Aus der kritischen Untersuchung der Vorgängerpositionen folgt somit, dass die Lust zwar nicht das Gute an sich ist und auch nicht alle Arten von Lüsten zu wählen sind, doch dass einige Lüste *an sich* wählenswert sind. Sie unterscheiden sich von den anderen Lüsten durch Art und Herkunft (X.2, 1174a8–11).

X.3 Lust als vollkommene Bewegung (1174a13–1174a14)

Auf der Grundlage der vorausgegangenen Diskussion liefert Aristoteles den ersten Baustein für seine eigene Definition der Lust, indem er ein charakteristisches Merkmal ihrer Natur ausführt: Ihm zufolge soll es sich um eine vollkommene Aktivität handeln. Um dies herauszustellen, will er die Problematik von ihrem Anfangspunkt her aufnehmen.

Dieser Anfangspunkt scheint offensichtlich in der Wahrnehmung zu liegen. Aus diesem Grund kommt Aristoteles gleich zu Beginn auf sein Verständnis der Wahrnehmung zu sprechen. Er erinnert daran, dass die Tätigkeit des Sehsinns (das Sehen) zu jedem beliebigen Zeitpunkt vollständig oder vollendet ist (X.3, 1174a14–15). Dies unterscheidet die Aktivität der Wahrnehmung, wie Aristoteles in *De anima* gezeigt hat (*An.* III.7, 431a4–8), von gewöhnlichen Formen der Veränderung, die zu ihrer Vollendung nämlich einen zeitlichen Ablauf zur Verwirklichung ihrer Form benötigen. Auf diesen Punkt wird Aristoteles zurückkommen, wenn er die vollkommene Aktivität genauer von der Veränderung differenziert. Zunächst hebt er jedoch hervor, dass das Sehen im ersten Augenblick der Zeit vollendet ist. Und genau in diesem Punkt sieht Aristoteles eine Parallele zur Lust. Denn auch die Lust soll ein Ganzes, also etwas sein, das im ersten Augenblick seines Entstehens vollendet ist (X.3, 1174a16–17). Wie das Sehen benötigt auch die Lust keine Dauer, um ihre Form zu vollenden. Diese Feststellung ergänzt die vorher bereits ausgeführten Unterschiede zwischen Lust und Veränderung (Bewegung).

Wie genau sich Aristoteles die vollkommene Aktivität vorstellt, wird deutlich, indem er diese vom Prozess der Veränderung abgrenzt. Dies illustriert er am Beispiel des Hausbaus. Dabei kommt es ihm besonders auf die zeitliche Komponente sowie die zweckhafte oder zielgerichtete Anordnung des Prozesses an. Denn jede Veränderung hat einen Ausgangspunkt und ist auf einen bestimmten Zweck oder ein Ziel hin ausgerichtet. Sobald das Ziel (nach Ablauf der erforderlichen Zeit) erreicht wird, kommt die Veränderung an ihr natürliches Ende. Aristoteles hebt an dieser Stelle hervor, dass auch die beim Hausbau (als übergeordnete Veränderung) involvierten Prozesse für sich betrachtet unvollkommen sind und erst mit der Vollendung des Hauses ihren eigenen Zweck realisieren. Sie unterscheiden sich voneinander also dadurch, dass sie je verschiedenartige Ziele verfolgen bzw. Formen realisieren (etwa die Legung des Fundaments oder das Kannelieren der Säulen). Und sie unterscheiden sich vom Hausbau, da sie nur einen Teilprozess beschreiben, der selbst wiederum zeitlich ausgedehnt und daher nicht vollkommen ist (X.3, 1174a26–29).

Aristoteles kommt es in dieser Diskussion also darauf an, die Unvollkommenheit der Bewegung herauszustellen. Diese Unvollkommenheit soll im Anschluss noch einmal anhand der Ortsbewegung aufgezeigt werden, die eine Veränderung oder Bewegung von einem Punkt im Raum zu einem anderen, d. h. von einem Ausgangspunkt zu einem Zielpunkt darstellt.[1] Hier zeigt sich also der Hauptunterschied zwischen der Lust, deren »Form zu jedem Zeitpunkt vollendet ist« (X.3, 1174b5–6), und

1 Aristoteles selbst verweist auf die *Physik* zu einer genauen Klärung der Arten und der Bestimmungen der Bewegung. Siehe III.1–3, 200b12–202b29; V.1–4 sowie VI.3, 234a24–234b9.

den gewöhnlichen Bewegungen, die zeitlich geordnet und an sich unvollendet sind. Das bekräftigt noch einmal das im vorhergehenden Kapitel getroffene Urteil, dass Lust keine Veränderung sein kann, und fügt unserer Kenntnis der Lust hinzu, dass diese zu den Dingen oder Aktivitäten gerechnet werden muss, die an sich vollendet sind.

Man sollte daraus aber nicht den Schluss ziehen, dass sich die vollendete Aktivität der Lust – die also in jedem einzelnen Zeitpunkt oder »jetzt« (X.3, 1174b9), wie Aristoteles es hier auch ausdrückt, vollkommen ist – nicht über einen Zeitraum hinweg erstrecken kann. Ähnlich wie beim Sehen hängt die Dauer der Lusterfahrung von ihren teils körperlichen Bedingungen ab, wie Aristoteles im nächsten Kapitel ausführen wird.

Zu einem ähnlichen Schluss gelangt man, wenn man sich verdeutlicht, dass auch nicht zeitliche Dinge wie die Seele, d. h. nicht ausgedehnte Einheiten, Lust empfinden. Dies wäre jedoch unmöglich, wenn die Lustempfindung als solche nur in einem zeitlichen Abstand entstehen und so zu ihrer Vollendung kommen könnte: Punkte, Einheiten, vollkommene Aktivitäten sind an sich nicht ausgedehnt und können daher weder geteilt und folglich nicht verändert werden noch durch einen kontinuierlichen zeitlichen Prozess ihre Form annehmen (X.3, 11174b5–14).

X.4 Lust macht die Tätigkeit vollkommen (1174b14–1175a17)

Nachdem deutlich wurde, dass die Lusterfahrung als vollkommene Aktivität keine Bewegung bzw. Veränderung im gewöhnlichen Sinn und auch kein Werden sein kann, arbeitet Aristoteles im Folgenden die Natur und die wesentlichen Eigenschaften dieser Erfahrung heraus. Auf dieser Grundlage erklärt er auch die unterschiedlichen Arten der Lusterfahrungen.

Zu Beginn stellt Aristoteles fest, dass die Aktivität der einzelnen Wahrnehmungsvermögen in einer Tätigkeit mit Bezug auf ihre eigentümlichen Wahrnehmungsobjekte besteht (X.4, 1174b14). Daraus ergeben sich zwei Elemente, die relevant für die Aktivität der Sinne sind, nämlich 1. der Sinn selbst als aktives Prinzip oder Ursprung der Tätigkeit und 2. das wahrnehmbare Objekt dieser Aktivität. Folglich setzt die vollkommene Aktivität des Sinnes die beste Bedingung sowohl auf Seiten des Sinnes als auch des Objekts voraus. Das erklärt, warum die Wahrnehmung vollkommen tätig ist, wenn sich die ungehinderte Aktivität des Sinnes, der sich in der besten Verfassung befindet, auf die besten und schönsten Objekte richtet. Ausgeschlossen wird damit etwa, dass das Gehör krank ist oder der wahrgenommene Ton eine Qualität aufweist, die das richtige Verhältnis stört, weil er etwa zu laut oder zu schrill ist. Wenn nun Aristoteles hier auch von den schönsten Objekten spricht (X.4, 1174b15), dann ist das keine bloße Variation, sondern deutet an, dass über die ausschließenden Kriterien hinaus besonders gut beschaffene Objekte lustvoll sind.

Nun ist es so, dass die bestmögliche Tätigkeit auch die lustvollste Tätigkeit ist. Das gilt für Wahrnehmung und Denken gleichermaßen. Also immer dann, wenn die beste Verfassung auf bestmögliche Weise realisiert wird, ergibt sich die größte Lusterfahrung. Aristoteles stellt daher fest: »Die Lust aber macht die Aktivität vollkommen« (X.4, 1174b23).

Wie genau ist das gemeint und auf welche Weise macht die Lust die Aktivität vollkommen? Das folgende Argument ist verwickelt. Aristoteles schließt zunächst verschiedene Möglichkeiten aus, bevor er dann die verbliebene Ursache benennt und diese genauer erläutert.

In diesem Zusammenhang ist es wichtig, sich noch einmal zu verdeutlichen, dass Aristoteles Ursächlichkeit anhand von vier verschiedenen Aspekten untersucht, die getrennt voneinander gefasst werden können. Neben der uns geläufigen Wirkursache, sind für Aristoteles auch das zugrundeliegende Substrat als Materie sowie die aufgenommene Form und der Zweck ursächlich. Was bedeutet das in diesem Zusammenhang?

In einem ersten Schritt schließt Aristoteles aus, dass Lust die Tätigkeit als Form- oder Wirkursache vollkommen macht, denn Lust wirkt nicht auf dieselbe Weise wie das Objekt der Wahrnehmung und die aktive Wahrnehmung, also das aktive Prinzip der Wahrnehmung (X.4, 1174b24–25). Dass damit die Form- und Wirkursache gemeint sind, verdeutlicht Aristoteles mit der anschließenden Erläuterung: »wie ja auch die Gesundheit und der Arzt nicht in gleicher Weise Ursache des Gesundseins sind« (X.4, 1174b25–6). Arzt und Gesundheit tragen nämlich jeweils ihren verschiedenen Anteil zur Gesundheit des Patienten bei: Die Gesundheit liefert die Wirklichkeit der Gesundheit, und der Arzt ist das wirksame Mittel zur Realisierung der Gesundheit im Patienten.

Wenn die Lust aber nicht Form- oder Wirkursache ist, muss es sich um die Material- oder Zweckursache handeln. Schauen wir uns noch einmal die Lust in der Wahrnehmung an: Offensichtlich entspricht jedem einzelnen Sinn eine spezifische Lusterfahrung. Sehen, Hören und jede andere sinnliche Wahrnehmung ist genau dann besonders lustvoll, wenn der Sinn in der besten Verfassung auf das ihm bestens angemessene Objekt abzielt (X.4, 1174b28–30; siehe auch *An.* III.2, 426a27–b7).

Die Lust trägt jedoch nicht wie die zugrundeliegende Disposition oder das Vermögen der Wahrnehmung, also nicht als Materialursache, zur Vervollkommnung der Aktivität bei. Wäre die Lust nämlich ein zugrundeliegendes Substrat, dann würde sie nicht Ergebnis der Wahrnehmung sein; man könnte also nicht sagen, »[d]ass [...] bei jeder Sinneswahrnehmung Lust *entsteht*« (X.4, 1174b26–7) oder »dann *wird* es immer Lust *geben*« (X.4, 1174b30). Das zugrundeliegende Substrat stellt sich nicht als Ergebnis ein, sondern liegt dem Prozess zugrunde und überdauert diesen daher auch. Es bleibt somit nur, dass die Lust die Aktivität wie ein »hinzutretendes Ziel« vervollkommnet (X.4, 1174b32–33).

Warum soll es sich um ein hinzutretendes Ziel und kein inneres Ziel handeln? Die innere Zielursache ist mit der Formursache identisch, deren Realisierung die Aktivität als solche vollendet, also kann es sich hierbei nicht um die Lust handeln.

Somit bleibt nur die äußere Zweckmäßigkeit übrig. Also muss es sich bei der Lust um einen hinzutretenden äußeren Zweck handeln, der die an sich vollendete Tätigkeit auf eine solche Weise vervollkommnet wie die Schönheit zur Jugend (Blüte der Jahre) hinzutritt (X.4, 1174b33). Die Schönheit gehört nicht zum Wesen der Jugend, sie ist also nicht ihr innerer Zweck. Vielmehr stellt sie sich als eine Folge aus den günstigen Ursachen ein, die mit der Jugend verbunden sind. Ebenso folgt die Lust aus einem günstigen Zustand der Ursachen der Aktivität (X.4, 1174b33–1175a3).

Aus dieser Bestimmung der Lust können nun verschiedene Schlüsse bezüglich ihrer Eigenschaften gezogen werden.

Als erstes ergibt sich so eine Erklärung für die Dauer der Lust, die abhängt von den beteiligten Ursachen und deren Beschaffenheit. Aufgrund der körperlichen Beteiligung kann es keine kontinuierliche Lusterfahrung geben, da sich notwendig eine gewisse Ermüdung einstellen muss. Das ist offensichtlich der Fall im Zusammenhang mit der Wahrnehmung, die etwa keinen anhaltenden Genuss an süßer Schokolade finden kann, gilt aber indirekt auch für das Denken, denn dies vollzieht sich, so Aristoteles, zwar in einem höheren Maße unabhängig vom Körper, operiert aber mittels Vorstellungen, also auf einer sinnlichen Grundlage. Eine eingeschränkte Aktivität hat aber auch eine begrenzte Lusterfahrung zur Folge. Ein anderer Grund besteht darin, dass neuartige Dinge das Denken mehr herausfordern und somit eine intensivere Tätigkeit provozieren. Damit geht dann notwendigerweise auch eine größere Lust einher. Der gewohnte Anblick führt aber zur Entspannung, und somit lässt auch die Lust nach (X.4, 1175a9–10).

Mit diesem Ausgangspunkt erklärt sich auch die von Eudoxos angeführte Beobachtung, dass alle Menschen (wie auch alle anderen Lebewesen) nach Lust streben. Aristoteles merkt an, dass diese Tatsache eng damit verknüpft ist, dass alle Menschen zu leben begehren. Zuvor hatte er bereits begründet, dass das Leben seiner letzten Vollkommenheit nach in einer Form von Tätigkeit besteht. Menschen führen aber vielfältige Tätigkeiten aus, denen daher auch ganz unterschiedliche Lüste entsprechen (im folgenden Kapitel wird er auf diesen Punkt näher eingehen). Jeder beschäftigt sich besonders gerne mit solchen Dingen, die er liebt. Der Musiker etwa hört gerne und aufmerksam gute Musik. Da nun Lust die jeweilige Tätigkeit vollkommen macht, macht sie somit auch das Leben, das sich in diesen Tätigkeiten äußert, vollkommen. Die Menschen begehren also Lust, weil sie genau das Leben vollkommen macht, das jeweils begehrt wird (X.4, 1175a16–17). Damit hätte Aristoteles nicht nur eine Begründung für Eudoxos' Beobachtung geliefert, sondern diese zugleich an seine Definition der Lust angepasst und indirekt auch eine Bestätigung für eben diese Definition gegeben.

X.5 Hierarchie der Lüste (1175a18–1176a29)

Leben und Lust sind untrennbar miteinander verbunden, so dass man sich eigentlich fragen müsste, was an erster Stelle steht (X.5, 1175a18–19). Wichtiger ist aber die jeweilige Aktivität, da Lust deren Vervollkommnung ist (X.5, 1175a20–21). Deshalb unterscheiden sich die Lüste auch nach den jeweiligen Tätigkeiten, wie oben bereits angedeutet wurde, und nicht die Aktivitäten nach den Lüsten. Das folgt auch daraus, dass das der Art nach jeweils Unterschiedene durch spezifisch verschiedene Vollkommenheiten vollendet wird, denn dies belegen sowohl natürliche als auch künstliche Dinge. Diese weisen eine je spezifische Vollkommenheit auf: Die Vollkommenheit des Hauses unterscheidet sich von der Vollkommenheit des Baumes (X.5, 1175a23–25). Wenn sich aber die Tätigkeiten artspezifisch voneinander unterscheiden, dann auch die Lüste, die den Tätigkeiten folgen und sie vervollkommnen (X.5, 1175a29–30).

Bislang hat Aristoteles die Lust thematisiert, indem er vor allem von Wahrnehmung und Denken ausging. Das ist freilich kein Zufall, da die Lust in letzter Konsequenz unmittelbar an die kognitive Aktivität geknüpft ist (siehe unten X.5, 1175b34–36). Die Wahrnehmung selbst unterscheidet sich wiederum nach den einzelnen Wahrnehmungsvermögen. Wenn sich die Lust aufgrund der spezifischen Tätigkeit individuiert, dann wird es auch verschiedene Lüste geben, und zwar jeweils abhängig von der zugrunde gelegten Tätigkeit des Wahrnehmens und Denkens.

An dieser Stelle bringt Aristoteles nun einen neuen Gedanken ins Spiel: Denn die Lust ist nicht nur die Vervollkommnung der Tätigkeit, sondern wirkt auch auf die Tätigkeit zurück und intensiviert diese (X.5, 1175a30–31). Angeklungen war diese These bereits zuvor, als Aristoteles bemerkt hatte, dass Menschen vor allem solche Tätigkeiten ausführen, die ihnen Lust bereiten. Die Lust an dem jeweiligen Werk einer Sache nennt Aristoteles die eigentümliche Lust dieser Tätigkeit (*oikeia hêdonê* X.5, 1175a31). Diese regt die Beschäftigung mit der zugrundeliegenden Aktivität an und intensiviert auf diese Weise auch die Kompetenz für diese Tätigkeit. Wenn ein Kind Gefallen am Klavierspiel findet, dann hat es Lust an den eigenen Fortschritten und wird mit umso größerer Lust fortfahren zu üben.

Dieselbe Lust an der Musik kann aber auch verhindern, dass das Kind konzentriert seine Hausaufgaben macht, wenn es hört, wie jemand anderes Klavier spielt. Kinder haben häufig nur wenig Lust, ihre Hausaufgaben zu erledigen, so dass sie leicht abgelenkt werden können. Ist die eigentümliche Lust am Klavierspiel stark ausgeprägt, weil das Kind sich schon lange und intensiv mit Musik beschäftigt hat, dann wird es sogar den süßen Nachtisch verschmähen und lieber der Musik lauschen wollen. Die Lüste können also in Konkurrenz zueinander treten, denn »die lustvollere Tätigkeit verdrängt die andere« (X.5, 1175b8). Die eigentümlichen Lüste intensivieren eine Tätigkeit, und fremde Lüste hemmen dieselbe Tätigkeit. So kann auch ein schlechtes Theaterspiel, das den Anwesenden nur wenig Lust bereitet, einen erhöhten Frust-Genuss an Süßigkeiten zur Folge haben (X.5, 1175b11–13).

Aristoteles fasst zusammen: »Da nun die einer Tätigkeit eigentümliche Lust diese sorgfältiger, stetiger und besser macht, eine fremde Lust sie aber beeinträchtigt, so ist offensichtlich der Unterschied zwischen beiden Arten der Lust sehr groß« (X.5, 1175b13–16). Die positiven Effekte der eigentümlichen Lust resultieren daraus, dass die Menschen sich wegen ihrer Lusterfahrung nicht nur intensiver, sondern auch häufiger und andauernder mit einer Sache beschäftigen. Das trägt wiederum wesentlich zum gesteigerten Erfolg bei und erzeugt eine zusätzliche Lust. Am Beispiel des gesteigerten Konsums von Süßigkeiten nach schlechten Theatervorstellungen wird auch deutlich, dass eigentümliche Lüste mit fremden Lüsten konkurrieren, so dass fremde Lüste eine ähnliche Wirkung entfalten können wie Unlust oder Schmerz bei der Ausübung einer Tätigkeit (X.5, 1175b16–18). Je schlechter das Theaterspiel, d. h. also je mehr Unlust man empfindet, desto größer wird die Versuchung, sich einen weiteren Griff in die Tüte mit Süßigkeiten zu gönnen.

Schauen wir uns die menschlichen Tätigkeiten etwas genauer an: Aristoteles zufolge können diese abhängig von den Dispositionen, aus denen sie hervorgehen, in gute und schlechte bzw. lobenswerte und tadelnswerte Tätigkeiten eingeteilt werden. Tugendhafte Dispositionen stellen Bestzustände dar, die als solche auch bestmögliche Handlungen hervorbringen.

Analog zu den Tätigkeiten lassen sich auch die Lüste anordnen. Die Lust, die zu einer tugendhaften Tätigkeit gehört, ist gut. Die Lust, die aus einer lasterhaften Tätigkeit hervorgeht, ist schlecht (X.5, 1175b24–27). Ähnlich wie der Geizkragen extreme Unlust verspürt, in der Kneipe die nächste Runde an Getränken zu übernehmen, freut er sich darüber, wenn jemand anders seine Ausgaben übernimmt. Die Vollendung seiner Handlung besteht darin, dass sie ihr Ziel erreicht. Daraufhin folgt die Lusterfahrung. Dieselbe Einteilung gilt auch für das Begehren nach diesen Tätigkeiten oder Objekten (X.5, 1175b28–29). Trotzdem liegen die Lüste näher an den Tätigkeiten, da das Begehren zeitlich getrennt von diesen ist (man begehrt etwas, bevor man es bekommt oder erreicht). Man empfindet jedoch keine Lust an noch nicht ausgeführten Handlungen. Lust betrifft also die gegenwärtige Sache. Die Lust, die Erinnerungen guter Handlungen bereiten können, ist nicht dasselbe wie die Handlungen selbst (siehe IX.4, 1166a24–27). Das gilt auch in Bezug auf die Erwartung guter oder angenehmer Dinge.

Anschließend hebt Aristoteles hervor, dass die Lust selbst zwar nur in der Tätigkeit der Sinne und des Denkens liegt, doch dass sie gleichwohl nicht mit diesen beiden Aktivitäten identifiziert werden darf (X.5, 1175b34–36). Die enge Verbindung gibt hingegen Anlass für eine weitere Differenzierung der Lust abhängig von der Reinheit der zugrundeliegenden Aktivität (X.5, 1176a1–2): Gemeint ist damit der Anteil des Körpers bei der Ausführung der Aktivität. So ist die Tätigkeit des

Sehens reiner als die des Tastsinns, weil Aristoteles zufolge das Medium des Sehens und auch sein Objekt nicht körperlich sind (X.5, 1176a1–2; *An.* II.7, 418b15–17; siehe Hahmann 2016, S. 127–130). Aus demselben Grund sind die Tätigkeiten und somit auch Lüste des Denkens reiner (also weniger an den Körper gebunden) als die Lüste der Sinne.

Nachdem die Unterschiede in Ansehung der verschiedenartigen Aktivitäten festgestellt wurden, differenziert Aristoteles die Lüste ausgehend von den Subjekten der Lusterfahrung. Unter der Voraussetzung, dass die Lust der Tätigkeit folgt, hat jedes Lebewesen seine eigene Lusterfahrung, so wie es ein eigentümliches Werk oder Tätigkeit hat (X.5, 1176a3–5). Offensichtlich erfahren verschiedene Lebewesen an unterschiedlichen Dingen Lust: »Die Lust eines Pferdes, eines Hundes und eines Menschen sind verschieden« (X.5, 1176a5–6).

Im Umkehrschluss könnte man hieraus folgern, dass gleichartige Lebewesen eine eigentümliche Art von Lust haben. Das scheint auch für die meisten Lebewesen zu gelten, nur der Mensch weicht von dieser Regel ab (X.5, 1176a10). Die Abweichungen zwischen den Menschen erklären sich teils durch die Vernunft, die die Menschen auf kein bestimmtes Verhaltensmuster festlegt, so dass sie Lust an ganz unterschiedlichen Tätigkeiten finden, nämlich abhängig von ihrer natürlichen Veranlagung und der durch Erfahrung ausgebildeten Vermögen. Eine zusätzliche Rolle können aber auch Krankheit und Fehlbildungen spielen, die sich selbst auf grundlegende Sinnesempfindungen auswirken können. Eindringlich illustriert wird das am Beispiel der Wahrnehmung des Süßen, die kranke Menschen anders als gesunde empfinden (X.5, 1176a12–14). Wie aber die Gesunden das Kriterium zur Bestimmung der Empfindung liefern, so sollten auch die Guten oder Tugendhaften Maßstab für die richtige Lustempfindung sein (X.5, 1176a15–19). Wahrhaftig lustvoll ist also das, an dem sich die

Guten erfreuen.[2] Steht dies im Widerspruch mit den Lusterfahrungen anderer Menschen, folgt daraus keine Beliebigkeit in der Ordnung der Lüste, sondern dies zeigt lediglich, dass viele Menschen ihre Vermögen nicht richtig entwickelt bzw. verdorben haben und ein verkehrtes Begehren besitzen. Anhand der Bestform, die das glückselige Leben des Menschen beschreibt, lässt sich somit eine Hierarchie der Lusterfahrungen gewinnen, die auch dem Stellenwert der Handlungen entspricht, aus denen die Lüste folgen.

X.6 Lust und Spiel (1176a30–1177a11)

Die Diskussion der Lust führt somit zurück auf die Frage nach dem Glück und der Rolle, die die Lust für das Glück des Menschen spielt.

Im ersten Buch hatte Aristoteles drei unterschiedliche Formen des Lebens eingeführt, die jeweils stellvertretend für eine bestimmte Antwort auf die Frage des menschlichen Glücks stehen, und zwar ein Leben der Lust, der Theorie und der Politik. Er scheint diese Einteilung nun am Ende wieder aufzunehmen, allerdings in einer der bisherigen Diskussion angepassten Form.

Im ersten Buch hatte er bereits gezeigt, dass ein Leben, das den sinnlichen Lüsten gewidmet ist, nicht den Kriterien des Glücks gerecht werden kann. Auch an dieser Stelle erinnert er zunächst an allgemeine Bestimmungen des menschlichen Glücks. So soll das Glück keine Disposition sein, sondern eine Tätigkeit beinhalten. Das würde zwei unliebsame Konsequen-

2 Oben haben wir gesehen, dass die Guten Maßstab des wahrhaft Wünschenswerten sind (III.6, 1113a25–33). Jetzt wird der Gute oder Tugendhafte zusätzlich zur Richtschnur für die richtige Lusterfahrung.

zen vermeiden: 1. Man kann einen ewigen Schläfer oder Komapatienten nicht glücklich preisen (X.6, 1176a34–35). 2. Die tugendhafte Disposition würde auch dann erhalten bleiben, wenn man großes Unglück erleidet und deshalb nicht oder nur eingeschränkt als glücklich bezeichnet werden kann (X.6, 1176a35).

Das Glück sollte also zu den Tätigkeiten gerechnet werden, und zwar als eine an sich wählenswerte Tätigkeit, entsprechend der Charakterisierung des Glücks, das ebenfalls an sich wählenswert ist. Aristoteles führt aus, dass an sich wählenswert zu sein auch bedeutet, dass über dies hinaus nichts weiter begehrt wird (X.6, 1176b6–7). Das wären dem Ergebnis der vorausgegangenen Diskussion folgend die tugendhaften Handlungen, da mit diesen das gewählt wird, was an sich gut und schön ist (X.6, 11176b7–9).

Dasselbe gilt aber auch für lustvolle oder spielerisch scherzhafte Tätigkeiten, die ebenfalls nicht wegen irgendeines Nutzens gewählt werden und den Menschen eher schaden als nutzen. Trotzdem suchen solche Tätigkeiten vor allem diejenigen, deren Leben von vielen als glücklich gepriesen wird. Aristoteles verweist beispielhaft auf Tyrannen oder mächtige Personen, die insbesondere lustvolle Freundschaften suchen (X.6, 1176b13–18). Dies ist für ihn jedoch kein ausreichender Beweis für die Güte dieser Tätigkeiten, weil diese Personen zwar an weltlicher Macht allen anderen überlegen, aber trotzdem nicht tugendhaft oder gut sind. *De facto* haben solche Menschen kaum reine und freie Lüste (d. h. solche, die von der Tätigkeit des Denkens ausgehen, die in einem hohen Maße unabhängig von den Einschränkungen des Körpers geschieht) und greifen daher auf die mit ihren Mitteln leicht zu erreichenden körperlichen Lüste zurück (X.6, 1176b18–21). Sich an solchen Menschen zu orientieren ist, als ob man sich nach Kindern richtet, denen auch ihre Lüste wertvoll erscheinen.

Aristoteles hebt noch einmal hervor, dass jeder genau die Tätigkeit und solche Dinge angenehm findet, die aus seiner Disposition hervorgehen (X.6, 1176b26–27). Dass es sich aber beim Vergnügen bzw. Spiel nicht um das letzte Ziel handeln kann, dass Glück also nicht ausschließlich darin bestehen kann, gilt auch deshalb, weil daraus folgen würde, dass der Zweck des Lebens im Spiel bestehen würde. Aristoteles findet es aber wenig plausibel oder töricht anzunehmen, dass man wegen des Spiels Anstrengungen auf sich nehmen sollte. Die gegenteilige Position, die Anarcharsis[3] vertreten haben soll, erscheint ihm hier sinnvoller, dass man sich nämlich eine Zeit lang vergnügt, damit man später umso härter arbeiten kann. Weil Menschen nicht ununterbrochen arbeiten können, brauchen sie Erholung. Doch kann dies nicht letzter Zweck sein (X.6, 1176b27–1177a1). Eher vollendet ist hingegen das Leben gemäß der Tugend. Besser ist dieses Leben auch deshalb, weil eine gewisse Ernsthaftigkeit vorausgesetzt wird und das Ernsthafte besser als das Lächerliche ist. Schließlich findet Aristoteles ein Leben, dass dem Spiel und Vergnügen gewidmet ist, sklavisch, da solche Tätigkeiten alle Menschen gleichermaßen ausführen können, das Beste aber wenigen vorbehalten bleibt.

X.7 Beantwortung der Frage nach dem menschlichen Glück (1177a12–1178a8)

Unter der Voraussetzung, dass das Glück in einer Tätigkeit in Übereinstimmung mit der Tugend besteht: Um was für eine Tugend handelt es sich? Man sollte erwarten, dass es sich um die höchste oder beste (*kata tên kratistên*) Tugend handelt, die

3 Vorsokratischer Philosoph und Bruder des skythischen Königs Saulios um 600 v. Chr.

mit dem höchsten oder besten Seelenteil des Menschen korrespondiert (X.7, 1177a13, siehe auch I.6, 1098a17–18). Aristoteles weist in diesem Kapitel mehrmals auf die vorausgegangene Diskussion zurück. Nicht alle Rückverweise lassen sich eindeutig zuordnen, doch im Großen und Ganzen werden keine neuen oder sonderlich problematischen Voraussetzungen eingeführt. Schwierigkeiten macht vielen lediglich der Schluss, den Aristoteles an dieser Stelle zieht, auch wenn dieser konsequent aus den bisherigen Annahmen folgt.

Aristoteles leitet die Diskussion mit der Frage ein, ob die Vernunft oder etwas anderes das Beste im Menschen ist. Die Beantwortung dieser Frage ist deshalb entscheidend, weil sich hieraus ergibt, welche Tätigkeit das Glück des Menschen hervorbringt. Besteht das Glück nämlich in einer Tätigkeit gemäß der besten Tugend, dann muss auch die beste Tätigkeit gemäß der höchsten Tugend eine vorzügliche Rolle in der Bestimmung des Glücks spielen.

Bis zu diesem Punkt hatte Aristoteles es nachdrücklich offen gelassen, ob es sich hierbei um eine oder viele Aktivitäten handelt (siehe etwa VII.14, 1153b9–12). Diese Offenheit wird nun aufgegeben: Diese Tätigkeit sei eine, und zwar eine kontemplative oder betrachtende Tätigkeit (X.7, 1177a17–18). Dass dieser Schluss richtig ist, wird damit begründet, dass damit auch alle zuvor genannten Kriterien des Glücks erfüllt werden:

1. Es ist klar, dass die Vernunft das höchste oder beste Vermögen im Menschen ist. Das folgt eindeutig aus den vorausgegangenen Ausführungen, nicht zuletzt aus der Bestimmung des eigentümlichen Werkes der Menschen in Buch I.6. Außerdem hatte Aristoteles von dieser Feststellung in der Diskussion der Selbstliebe als Grundlage der Freundschaft (siehe Buch IX.4, 8–9) Gebrauch gemacht.

2. Der vernünftige Teil in uns ist besonders beständig oder dauerhaft tätig. Menschen können kontinuierlicher denken, als

sie andere Tätigkeiten ausüben können. Das Glück soll aber kontinuierlich sein (X.7, 1177a21–22).

3. Das Glück soll mit Lust verbunden sein. Für die Menschen stellt das Denken jedoch die lustvollste Tätigkeit dar, und dies gilt besonders für die philosophische Kontemplation (X.7, 1177a22–27). Aristoteles unterscheidet an dieser Stelle dazwischen, ein Ergebnis zu suchen und ein Ergebnis zu betrachten. Etwas zu betrachten versteht er dabei als eher vollendet.

4. Die philosophische Betrachtung erfüllt das Kriterium der Autarkie oder Selbstgenügsamkeit (X.7, 1177a27–28). Dafür werden nur lebensnotwendige Dinge benötigt. Politische Tätigkeiten erfordern sehr viel mehr, nicht zuletzt müssen für die Ausübung der ethischen Tugenden andere Menschen beteiligt sein, die von der Ausübung profitieren. Aristoteles führt als Beispiel die Freigiebigkeit an, für deren Umsetzung nicht nur finanzielle Mittel, sondern auch Empfänger der Wohltaten vorhanden sein müssen, da nur so das Werk der Wohltäter realisiert werden kann. Das gilt, wie gesagt, nicht für die philosophische Lebensform, denn bei dieser handelt es sich um eine innere Aktivität. Das bedeutet freilich nicht, dass die Gesellschaft mit Menschen oder besser gleichgesinnten Freunden nicht auch hilfreich wäre (X.7, 1177a34). Auf die Bedeutung guter Freunde für die Ausübung der philosophischen Tätigkeit hatte Aristoteles ja zuvor explizit hingewiesen (siehe IX.9; 12). An dieser Stelle betont er jedoch, dass die philosophische Tätigkeit im höchsten Maße oder weitestgehend autark ist (*autarkestatos* X.7, 1177b1).

5. Die theoretische oder philosophische Tätigkeit verfolgt wie das Glück kein anderes Ziel neben der Tätigkeit selbst, »denn aus ihr entsteht nichts außer das Betrachten« (X.7, 1177b2). Schließlich umfasst das Glück eine Art Muße, also einen Zustand, in dem die Geschäftigkeit zum Stillstand kommt (X.7, 1177b4).

Im vorausgehenden Kapitel hatte Aristoteles behauptet, dass wir spielen, um zu arbeiten (X.6, 1176b33). Muße unterscheidet sich also von Erholung. Er erläutert den Unterschied am Beispiel des Krieges, der nur deshalb geführt werden sollte, um Frieden zu bekommen. Der Unterschied besteht also darin, dass das Spiel eine Erholung von der Tätigkeit liefert, bevor das Ziel der Tätigkeit erreicht worden ist. Die Muße andererseits ist mit dem Erreichen des Ziels verknüpft. Eine solche Muße findet sich aber weder beim Krieg, der von keinem ›gesunden‹ Menschen (unter der Voraussetzung, dass übermäßige Grausamkeit Zeichen einer tierischen Natur ist) um seiner selbst willen geführt wird, noch bei den politischen Tätigkeiten (folglich auch nicht in den ethischen Tugenden). Vielmehr sucht man ein vom politischen Leben selbst verschiedenes Glück. Das zeigt sich nicht zuletzt daran, dass Ehre und Macht erstrebt werden. Wenig später fügt Aristoteles hinzu, dass die philosophische Betrachtung eine besondere Ernsthaftigkeit aufweist, die dem Spiel fehlt (X.7, 1177b19).

Damit steht alles an seinem Platz: Das vollkommene Glück des Menschen besteht in der philosophischen Betrachtung, weil nur diese Form des Lebens alle zuvor angeführten Kriterien für das menschliche Glück erfüllt. Neben den oben genannten Bedingungen fügt Aristoteles als letzte Bedingung hinzu, dass das vollkommene Glück eine lange Lebensspanne benötigt (X.7, 1177b24–25).

Den Rest des Kapitels nutzt er dazu, einige Schlüsse aus dieser Beobachtung zu ziehen. Dabei berücksichtigt er Voraussetzungen, für deren Wahrheit Aristoteles zum Teil an anderer Stelle argumentiert hat:

Zu Beginn führt er aus, dass das Leben der philosophischen Kontemplation höher steht als ein gewöhnliches menschliches Leben (X.7, 1177b26–28). Grund dafür ist, dass dieses Leben ganz dem höchsten Teil der Seele, der Vernunft, gewidmet ist.

Dieser Teil stellt selbst etwas Göttliches im Menschen dar. Aristoteles setzt die verschiedenen seelischen Aktivitäten in eine Hierarchie abhängig von ihrer Bindung an den Körper. Die Vernunft ist im höchsten Maße frei und überragt alle anderen seelischen Aktivitäten, auch wenn diese beim Menschen in einem gewissen Sinn an der Vernunft partizipieren.[4] Analog übertrifft auch das menschliche Leben, das ganz dieser Tätigkeit gewidmet ist, alle anderen Lebensformen und ihre entsprechenden Tugenden (X.7, 1177b28–29). Damit erklärt sich auch die Hierarchie der Lebensweisen: Am höchsten steht das philosophische Leben, es folgt ein Leben der politischen Tugenden. Anders gewendet: In dem Maße, in dem das philosophische Leben den göttlichen Teil des Menschen kultiviert, erhebt es den Menschen über die bloß menschlichen Angelegenheiten. Die Tätigkeiten, die sich in diesen menschlichen Angelegenheiten erschöpfen, scheitern an dieser Aufgabe einer Kultivierung. Diese Aufgabe versteht Aristoteles wie Platon, dass man sich so weit wie möglich einem Gott angleichen (siehe *Tht.* 176b1–d1) und daher alles tun solle, um dem Höchsten im Menschen gerecht zu werden (X.7, 1177b33–34).

Aristoteles nimmt an dieser Stelle einen Einwand vorweg, den er in ähnlicher Form bereits zuvor in der Diskussion der Freundschaft thematisiert hatte (VIII.9, 1159a5–7). Wie kann es Ziel des Menschen sein, Gott zu werden, also nicht länger menschlich zu sein? Er hatte ja bereits herausgearbeitet, dass das wahre Selbst des Menschen vor allem in seinem vernünftigen Teil zu suchen ist (IX.4, 1166a22–23). In Übereinstimmung

4 Exemplarisch sei hier an die oben angesprochene akzidentelle Wahrnehmung erinnert, die die genuinen Wahrnehmungsgehalte übersteigt, indem es zusätzlich zur Wahrnehmung der an sich wahrnehmbaren Gehalte ausschließlich durch das Denken erfassbare Begriffe voraussetzt (VI.9, 1142a27).

mit dieser Aussage behauptet er, dass »ein jeder Mensch gerade dieses sei« (X.7, 1178a2). Oben haben wir gesehen, dass die Tätigkeit, die der eigenen Natur am meisten angemessen ist, zugleich am lustvollsten ist (X.5). Unter der Voraussetzung, dass den Menschen vor allem ihre Vernunftfähigkeit eigentümlich ist, wird auch das Leben gemäß der vollendeten Tätigkeit der Vernunft im höchsten Maße lustvoll für sie sein (X.7, 1178a6–7). Die Antwort auf die Ausgangsfrage der Untersuchung lautet somit: »Also ist dieses Leben auch das glücklichste« (X.7, 1178a8–9).

X.8 Überlegenheit des philosophischen Lebens über das politische (1178a9–1178b32)

Die Feststellung, dass das Glück des Menschen vor allem in der philosophischen Kontemplation besteht, folgt zwar schlüssig aus den dargelegten Kriterien und Bedingungen. Trotzdem wirft sie nicht wenige Fragen auf. Die wichtigsten Punkte thematisiert Aristoteles in diesem und im nächsten Kapitel.

Zunächst könnte man sich vielleicht wundern, welchen Stellenwert unter dieser Voraussetzung die anderen beiden Lebensweisen haben. Denn neben dem philosophischen Leben erheben auch das Leben der Lust und das politische Leben den Anspruch, das Glück des Menschen zu realisieren. Das philosophische Leben hat sich aber als das lustvollste erwiesen, so dass das Leben der Lust, richtig verstanden, mit dem philosophischen unter der Voraussetzung zusammenfällt, dass man wirklich die größte Lust sucht und sich nicht durch sklavische und widersprüchliche Lüste von seinem wahrhaften Gut abbringen lässt. Ein Leben, das ausschließlich den Lüsten des Körpers gewidmet wäre, gleicht eher einem tierischen Leben in Sklaverei. Der größtmögliche Gegensatz besteht also zwischen dem glücklichen Leben in wahrer Freiheit, welches die philosophische Kontemplation den Menschen bereitet, und dem viehischen Leben als Sklave des Körpers, das die Mehrheit der arbeitenden Bevölkerung führt.

Wie steht es aber um das politische Leben? Offensichtlich sind nicht alle Menschen zu philosophischer Tätigkeit befähigt, sei es aus Mangel an Muße oder wegen fehlender Einsicht. Für Aristoteles nimmt daher das Leben, das der Ausübung der ethischen Tugenden gewidmet ist, den zweiten Rang ein (X.8, 1178a9–10). Hierbei handelt es sich um typisch menschliche Aktivitäten. Es werden also etwa Gerechtigkeit oder Tapferkeit relevant.

Diese Tugenden stehen in Zusammenhang mit menschlichen Affekten, die aus der notwendigen Verbindung der Seele mit dem Körper resultieren (*An.* I.1, 403a3–b2). Die Klugheit ist als intellektuelle Tugend, wie wir gesehen haben, essentiell mit den ethischen Tugenden verbunden. Die Abhängigkeit geht dabei in zwei Richtungen: So werden die Prinzipien (Anfangsgründe) der Klugheit aus den ethischen Tugenden gewonnen. Die Ethischen Tugenden sind ihrerseits den Entscheidungen der Klugheit gemäß geformt (X.8, 1178a16–18). Da aber die Affekte die Zusammensetzung von Körper und Seele bedingen, haben es die ethischen Tugenden und auch die Klugheit mit dem ganzen Menschen zu tun. Aus diesem Grunde ist das Leben, das diesen Tugenden entspricht (also ein Leben, das durch Klugheit und sittliche Tugend bestimmt wird), auch menschlich. An dieser Stelle ist somit das menschliche Glück zu finden (X.8, 1178a21–22).

Nach dieser anfänglichen ersten Bestimmung des zweitbesten Lebens kommt Aristoteles noch einmal auf die grundsätzliche Überlegenheit des kontemplativen Lebens im Vergleich zu den beiden anderen Lebensformen zu sprechen. Das durch dieses Leben erreichte Glück ist unabhängig von den (körperlichen) Einschränkungen des politischen Lebens. Vorzüglicher ist das philosophische Leben deshalb, weil es dem Göttlichen gleicht. Hinzu kommt, dass die Ausübung dieser Tugend weniger als die ethische Tugend auf äußere Güter angewiesen ist. Zwar wird vorausgesetzt, dass den Notwendigkeiten des Lebens entsprochen wird. Doch benötigt man für die ethischen Tugenden zusätzliche Mittel, um sie umsetzen zu können. Nur mit Geld kann man freigiebig sein (X.8. 1178a29). Denn auch wenn die Absicht eine gewisse Priorität gegenüber der Handlung hat, ist doch die äußere Tätigkeit für die Vervollkommnung der ethischen Tugend erforderlich. Die benötigten äußeren Güter können den Menschen hingegen sogar an der Kontemplation hindern, weil sie ihn nur beunruhigen und ablenken. Insofern man aber Mensch ist, muss man im Einklang mit der ethischen Tugend leben. Aus diesem Grund braucht jeder bestimmte Güter, um ein menschliches Leben führen zu können (X.8, 1178b6–7).

Das schließt zugleich aus, dass Menschen ausschließlich kontemplativ tätig sind. Vielmehr setzt auch die Ausübung der Verstandestugend Klugheit und damit ethische Tugenden voraus, die allerdings ähnlich wie die Aktivitäten der niederen Seelenteile in der höheren Aktivität aufgehen. Denn auch im Tier finden sich die für Leben grundsätzlich notwendigen Aktivitäten der Nahrungsaufnahme und der Fortpflanzung, allerdings nicht so wie in Pflanzen, die über diese Aktivitäten hinaus keine weiteren Aktivitäten ausüben. Mit anderen Worten: Die höheren Seelenleistungen schließen die niederen zwar als notwendige Bedingungen ihrer Aktivitäten ein, doch transzendieren oder übersteigen sie die niederen gleichzeitig an Güte und Würdigkeit. Die Tugenden der jeweiligen Lebensformen sind so verstanden *Übergangsformen*[5], die von den

5 Diese Charakterisierung stammt von Arbogast Schmitt.

niederen und kognitiv weniger anspruchsvollen Leben auf die bereits überlegene Lebensform verweisen, indem sie die unter ihren Bedingungen möglichen Lusterfahrungen optimieren, ohne sie absolut zu setzen. Anders ausgedrückt: Wir haben gesehen, dass auch die durch den Körper bereiteten Lüste unter der Voraussetzung gut und wählenswert sind, wenn man sich an den bestmöglichen Realisierungsbedingungen der entsprechenden Erkenntnisvermögen orientiert. Die reine Süße der Schokolade, die durch den Geschmack wahrgenommen wird, der sich in einem optimalen Zustand befindet, führt zu einer bestmöglichen Lusterfahrung des Geschmacks. Der Zustand verschlechtert sich allerdings aufgrund der körperlichen Abhängigkeit des Geschmacksorgans durch die immer weiter und weiter fortgeführte Reizung mit Schokolade, so dass die durch den Geschmack bereitete höchste Lust schnell nachlässt. Wer gierig die ganze Schokolade in sich hineinstopft, wird zum Schluss nicht einmal mehr ihre Süße schmecken und folglich auch nicht die eigene Aktivität der Wahrnehmung an ihr lustvolles Ende führen.

Der besonnene Umgang mit den körperlichen Lüsten andererseits macht den Menschen frei für die in der politischen Gemeinschaft erfahrbaren Lüste, die Ehre und Anerkennung versprechen. Entsprechend bereitet die Klugheit den Übergang zur Weisheit vor, die, wie Aristoteles im sechsten Buch herausgearbeitet hatte, der Weisheit untergeordnet ist und zur Aufgabe hat, »dass die Weisheit entsteht« (VI.13, 1145a8–9). Weisheit stellt somit den eigentlichen Zielpunkt des menschlichen Strebens dar, da sie die eigentliche Natur des Menschen als Vernunftwesen realisiert.

Einen weiteren Grund dafür, dass das vollkommene Glück in der kontemplativen Tätigkeit bestehen muss, zieht Aristoteles aus dem Glück der Götter, denn dieses Glück kann nicht auf der Ausübung ethischer Tugenden basieren (es sei denn, man wollte die Götter den Menschen und ihren Bedürfnissen angleichen). Daraus folgt, dass von allen menschlichen Tätigkeiten diejenige, die der göttlichen Kontemplation am ähnlichsten ist, die größte Quelle des Glücks auch für die Menschen darstellt. Aus diesem Grund können auch alle Lebewesen, die keinen Anteil an der abgetrennten Vernunft haben, nicht an diesem beständigen Glück teilhaben (X.8, 1178b25–28). Was also die jetzt vollständige Definition des Glücks erfüllt, muss in dieser Betrachtung liegen. Ein durch Klugheit gelenktes Leben, das gemäß den ethischen Tugenden geführt wird, wird dieses Glück nicht, sondern bestenfalls ein ähnliches Gut realisieren können (wie auch die Tiere nur durch ihre Fortpflanzung am Ewigen und Göttlichen partizipieren, also nicht wirklich am Ewigen teilhaben, sondern dieses bloß ihren begrenzten Möglichkeiten nach imitieren, siehe *An.* II.4, 414b26–415a2).

X.9 Das richtige Maß an äußeren Gütern (1178b33–1179a32)

Nachdem Aristoteles die grundsätzliche Überlegenheit des philosophischen Lebens über das politische herausgestellt hat, kann er auch zur abschließenden Bewertung der Güter kommen, die zum wirklichen Glück erforderlich sind. Auf diese Weise wird eine natürliche Grenze für diese angegeben.

Wir haben gesehen, dass die menschliche Natur ein gewisses Maß an äußeren Gütern benötigt, um die eigene Gesundheit zu erhalten und um geistig tätig werden zu können. Zu viele Güter können sich jedoch schlecht auf das Wohlbefinden auswirken, da sie zu zusätzlicher Beunruhigung führen. Entsprechend bereitet mäßiger Reichtum mehr Wohltaten, als Herrscher mit ihrer ganzen Machtfülle erreichen können (X.9, 1179a6–8). Dass diese Ansicht mit den Aussagen der Vorgänger übereinstimmt, liefert eine zusätzliche Bestätigung. Die letzte

Bestätigung kann aber nur durch Taten erfolgen (X.9, 1179a20–22). Zuletzt verweist Aristoteles auf die Fürsorge der Götter zur Bekräftigung der Überlegenheit der kontemplativen Tätigkeit und dem damit verbundenen Glück, da diese sich am meisten um Menschen kümmern, die ihnen verwandt sind und ähnlich wie sie selbst tätig sind. Aus diesem Grund werden die Weisen, die ihre Vernunftdisposition am besten entwickelt haben, im höchsten Maße glücklich sein (X.9, 1179a29–32).

X.10 Die Notwendigkeit der Gesetzgebung (1179a33–1181b23)

Ist das Ziel der Abhandlung damit erreicht? Aristoteles zeigt, dass es neben dieser Untersuchung noch eine andere geben muss. Diese muss sich um die Gesetzgebung kümmern, deren Gegenstand das Gemeinwohl ist. Nicht das Wissen, sondern das Tun ist der Zweck der Wissenschaft, die sich mit den praktischen Dingen beschäftigt. Um tugendhaft zu werden, ist die bloße Kenntnis der Tugend nicht hinreichend (X.10, 1179b2–3). Man muss die entsprechende Disposition erwerben und praktizieren. Dazu ist Gewöhnung erforderlich. Denn überredende Worte sind nicht für alle gleichermaßen ausreichend, auch wenn sich einige wenige mit ausgezeichneten natürlichen Anlagen zum Guten bewegen lassen. Die meisten Menschen handeln aber nur deshalb nicht schlecht, weil sie sich vor der Bestrafung fürchten. Sie werden von ihren Affekten und nicht durch ihre Vernunft gelenkt und wissen auch nicht, was wirklich gut und angenehm für sie ist. Sie können das Gute somit nicht schmecken (X.10, 1179b15–16). Durch Argumente ist daher bei ihnen nichts zu gewinnen.

Wie können die Menschen dann gebessert werden? Bereits zuvor hat Aristoteles drei Möglichkeiten angeführt (I.10,

1099b9–20; II.1, 1103a14–26), an die er nun erinnert: Menschen können 1. von Natur, 2. durch Übung und 3. durch Unterweisung tugendhaft werden.

Im Zusammenhang mit der Natur als Ursache hatte Aristoteles zuvor von göttlicher Fügung gesprochen. Diesen Punkt bekräftigt er auch hier, indem er darauf hinweist, dass es sich um eine göttliche Ursache als wahren Glückfall handelt (X.10, 1179b22–23). Wie gesagt haben einige Menschen eine natürliche Neigung zur Tapferkeit oder Besonnenheit, die Aristoteles als natürliche Tugend versteht (VI.13, 1144b1–17). Eine natürliche Anlage bietet Hilfe für die Entwicklung der Tugend. Bei entsprechend disponierten Menschen wird auch jede Unterweisung fruchtbar sein. Doch gilt das freilich nur für wenige (X.10, 1179b23–25). Damit Worte wirksam werden können, müssen die Zuhörer vorbereitet werden. Sie müssen also bereits eine gewisse Disposition entwickelt haben, sich am Guten zu erfreuen und das Schlechte zu meiden. Affekte, die durch Gewöhnung sich fest im Einzelnen verwurzelt haben, geben Argumenten nicht nach, sondern müssen durch Zwang beseitigt werden (X.10, 1179b28–29).

Die Menschen müssen also letztlich zum Guten gezwungen werden. Um dies tun zu können, ist die richtige Gesetzgebung notwendig. Ohne die richtige Erziehung durch ausgezeichnete Gesetze würde es sehr schwierig, von Jugend an zur Tugend geführt zu werden (X.10, 1179b31–32). Doch nicht nur junge Menschen brauchen gute Gesetze, sondern Erwachsene müssen ebenso sich an das Gute gewöhnen. Diejenigen, die sich durch Zwang nicht bessern lassen, müssen jedoch den Staat verlassen (X.10, 1180a9–10). Aristoteles scheint dieses Vorgehen als einen Vorschlag einer von ihm dann ungenannten Partei zu behandeln (*oiontai tines*, X.10, 1180a5–76). Doch distanziert er sich von diesem Vorschlag nicht. Und dieser Vorschlag passt auch zu seinen eigenen Ausführungen.

Die vom Vater ausgeübte Zwangsgewalt ist allein nicht ausreichend, um junge Menschen zum Guten zu erziehen. Solches kann nur das Gesetz leisten, weil es von der höchsten Autorität des Staates legitimiert wurde. Außerdem gehen die Gesetze als Anweisungen aus der Klugheit hervor. Entsprechend entwickeln die Menschen nicht denselben Widerwillen gegen die Gesetze, wie sie ihn gegen Personen entwickeln würden, die sich ihnen in den Weg stellen (X.10, 1180a22–24). Tatsächlich vernachlässigen jedoch die meisten Staaten die Erziehung der Jugend. Aus diesem Grund muss letztlich doch die häusliche Erziehung einspringen (X.10, 1180a30–31). Die Beschaffenheit der Gesetzgeber wird von Aristoteles daher auch unter diesem doppelten Aspekt verstanden, nämlich zum einen als öffentliche und zum anderen als private Person. Auch soll es keinen Unterschied machen, ob die Erziehung durch geschriebene oder ungeschriebene Gesetze oder durch Gesetze geschieht, die einen oder viele unterweisen (X.10, 1180a35–b1). Man sollte an dieser Stelle dabei nicht an ungeschriebene natürliche Gesetze denken, sondern daran, ob in der Familie die Regeln tatsächlich niedergeschrieben oder bloß verkündet wurden.

In der Folge arbeitet Aristoteles die Gemeinsamkeiten zwischen den öffentlichen Gesetzen und den häuslichen Vorschriften noch weiter heraus. So sieht er sogar einen gewissen Vorteil bei den privaten Vorschriften, und zwar aufgrund der elterlichen Beziehung zu den Kindern, die auf natürlicher Zuneigung beruht und daher auch eine Bereitwilligkeit zum Gehorsam umfasst. Außerdem kann man hier eher einzelnen Anforderungen gerecht werden (X.10, 1180b11–12). Der Blick auf den Einzelnen zeichnet auch den guten Trainer oder Arzt aus, der die allgemeinen Vorschriften den individuellen Bedürfnissen anpassen muss. Doch wird Fürsorge für den Einzelnen besser, wenn ein allgemeines Wissen hinzukommt (X.10, 1180b15–16), so dass Experten am besten sowohl Erfahrung als auch Wissen haben. Ähnliches gilt nun auch für die Gesetzgeber, die sich ebenfalls Wissen von der Sache aneignen müssen (X.10, 1180b27).

Wie wird man zu einem guten Gesetzgeber? Offensichtlich besteht ein wichtiger Unterschied zwischen der politischen Wissenschaft und den anderen Wissenschaften. Der Arzt wird zum Arzt, insofern er Kenntnis von den allgemeinen Regeln hat und diese auf den Einzelfall anwenden kann. In der Politikwissenschaft sieht es anders aus: Die Gesetzgebung lehren die Sophisten. Sie sind jedoch nicht politisch tätig (X.10, 1180b35–1181a1). Die praktizierenden Politiker können ihre Fähigkeiten nicht weitergeben, und zwar weder in einem wissenschaftlichen Diskurs noch an ihre Kinder. Diese Tatsache wertet Aristoteles als Anzeichen dafür, dass sie keine Kenntnis von den vorausgesetzten Prinzipien haben (X.10, 1181a5–7). Besonderes Gewicht kommt in der Politik deshalb der Erfahrung zu. In jedem Fall sind aber die Sophisten ungeeignet, Politik zu lehren. Sie haben weder Einsicht in die richtigen Prinzipien, noch besitzen sie die benötigte Erfahrung. Die Frage der richtigen Gesetzgebung harrt also noch ihrer angemessenen Beantwortung (X.10, 1181b12–13). Diese Bemerkung leitet über zu Aristoteles' *Politik*, die somit thematisch gesehen unmittelbar an die *Nikomachische Ethik* anschließt.

Verzeichnis der verwendeten Siglen

Aristoteles

An.	*De anima* Über die Seele
An. post.	*Analytica posteriora* Zweite Analytiken
An. pr.	*Analytica priora* Erste Analytiken
EE	*Ethica Eudemia* Eudemische Ethik
EN	*Ethica Nicomachea* Nikomachische Ethik
Met.	*Metaphysica* Metaphysik
MM	*Magna Moralia*
Phys.	*Physica* Physik
Pol.	*Politica* Politik
Rhet.	*Rhetorica* Rhetorik
Top.	*Topica* Topik

Platon

Gorg.	*Gorgias*
Leg.	*Nomoi* Die Gesetze
Men.	*Menon*
Phil.	*Philebos*
Res.	*Res Publica* Der Staat
Tht.	*Theaitetos*

Ausgewählte Literatur[1]

Textausgaben und Übersetzungen

Bien, Günther (Hrsg.): Aristoteles. Nikomachische Ethik. Übers. von E. Rolfes. Hamburg 1985.

Broadie, Sarah / Rowe, Christopher: Aristotle. Nicomachean Ethics. Translation, Interpretation, and Commentary. Oxford 2002.

Bywater, Ingram: Aristotelis Ethica Nicomachea. Oxford 1890.

Crisp, Roger: Aristotle. Nicomachean Ethics. Cambridge 2000.

Dirlmeier, Franz: Aristoteles. Nikomachische Ethik. Übers. und komm. von Franz Dirlmeier. Berlin [10]1999.

Frede, Dorothea: Aristoteles. Nikomachische Ethik. Übers., eingel. und komm. von Dorothea Frede. Zwei Bände. Berlin/Boston 2020.

Gigon, Olof: Aristoteles. Die Nikomachische Ethik. Zürich 1967 (Neudruck München 1991).

Irwin, Terence: Aristotle. Nicomachean Ethics. Translated, with Introduction, Notes, and Glossary. Indianapolis 1999.

Krapinger, Gernot: Aristoteles. Nikomachische Ethik. Übers. und hrsg. von Gernot Krapinger. Stuttgart 2018.

Reeve, C. D. C.: Aristotle. Nicomachean Ethics. Translated, with Introduction, and Notes. Indianapolis 2014.

Wolf, Ursula: Aristoteles. Nikomachische Ethik. Reinbek bei Hamburg 2006.

1 Eine umfassende Zusammenstellung der neueren Literatur ab 2011 zu Aristoteles' praktischer Philosophie bietet Thornton Lockwood, *Scholarship on Aristotle's Ethical and Political Philosophy* (2011–2020). https://philarchive.org/archive/LOCSOA. Ebd. finden sich auch Bibliographien zur älteren Forschung.

Übersetzungen einzelner Bücher mit Kommentaren

Aufderheide, Joachim: Aristotle's Nicomachean Ethics Book X. Cambridge 2020.
Gadamer, Hans Georg: Aristoteles Nikomachische Ethik VI. Frankfurt a.M. 1998.
Pakaluk, Michael: Aristotle's Nicomachean Ethics. Books VIII and IX. Translated with a Commentary. Oxford 1998.
Reeve, C. D. C.: Aristotle on Practical Wisdom. Nicomachean Ethics VI. Cambridg 2013.

Kommentare

Höffe, Otfried (Hrsg.): Aristoteles. Die Nikomachische Ethik. Berlin [3]2010.
– Aristoteles. Die Nikomachische Ethik. 4., überarb. und erg. Auflage. Berlin/Boston 2019.
Litzinger, C. I.: St. Thomas Aquinas. Commentary on Aristotle's Nicomachean Ethics. Chicago 2006.
Pakaluk, Michael: Aristotle's Nicomachean Ethics. An Introduction. Cambridge 2005.
Wolf, Ursula: Aristoteles' ›Nikomachische Ethik‹. Darmstadt [3]2013.

Monographien und Sammelbände zur Aristotelischen Ethik

Anton, J. P. / Preus, A. (Hrsg.): Essays in Ancient Greek Philosophy IV. Aristotle's Ethics. Albany 1991.
Bosley, Richard / Shiner, Roger A. / Sisson, Janet D. (Hrsg.): Aristotle, Virtue and the Mean. Edmonton 1996.
Bostock, David: Aristotle's Ethics. Oxford 2000.
Broadie, Sarah: Ethics with Aristotle. Oxford 1991.
Buddensiek, Friedemann: Die Theorie des Glücks in Aristoteles' Eudemischer Ethik. Göttingen 1999.
Clark, Stephen R. L.: Aristotle's Man. Oxford 1975.

Cooper, John M.: Reason and Human Good in Aristotle. Cambridge 1975.

Hahmann, Andree: Aristoteles' *Über die Seele.* Systematischer Kommentar. Stuttgart 2016.

Hardie, W. F. R.: Aristotle's Ethical Theory. Oxford [2]1980.

Heinaman, Robert (Hrsg.): Aristotle and Moral Realism. London 1995.

Hughes, Gerard J.: Aristotle on Ethics. London 2001.

Irwin, Terence (Hrsg.): Aristotle's Ethics. Classical Philosophy 5. New York / London 1995.

Kenny, Anthony: The Aristotelian Ethics. Oxford 1978.

Keyt, David / Miller, Fred D. (Hrsg.): A Companion to Aristotle's Politics. Oxford 1991.

Kraut, Richard (Hrsg.): The Blackwell Guide to Aristotle's Nicomachean Ethics. Oxford 2006.

Miller, Jon (Hrsg.): Aristotle's Nicomachean Ethics. A Critical Guide. Cambridge 2011.

Oksenberg-Rorty, Amélie (Hrsg.): Essays on Aristotle's Ethics. Berkeley 1980.

Polansky, Ronald (Hrsg.): The Cambridge Companion to Aristotle's Nicomachean Ethics. Cambridge 2014.

Reeve, C. D. C.: Practices of Reason. Aristotle's Nicomachean Ethics. Oxford 1995.

Schmitt, Arbogast: Moral und Lust. Eine Kultur des Gefühls als Grundlage der Ethik bei Aristoteles. Marburg 2017 (2. Auflage 2018).

Schneider, Wolfgang: Ousia und Eudaimonia. Die Verflechtung von Metaphysik und Ethik bei Aristoteles. Berlin 2001.

Sim, May (Hrsg.): The Crossroads of Norm and Nature. Essays on Aristotle's Ethics and Metaphysics. Langham 1995.

Urmson, James Opie: Aristotle's Ethics. Oxford 1988.

Literaturangaben zu den einzelnen Kapiteln

Zu Kapitel 1 – Das Gut des Menschen (Buch 1)

Ackrill, John Lloyd: Aristotle on Eudaimonia. In: Proceedings of the British Academy 60 (1974) S. 339–359.

Aubenque, Pierre: Die Kohärenz der aristotelischen Eudaimonia-Lehre. In: G. Bien (Hrsg.): Die Frage nach dem Glück. Stuttgart 1978. S. 45–57.

Baker, Samuel H.: The Concept of *Ergon*. Towards an Achievement Interpretation of Aristotle's Function Argument. In: Oxford Studies in Ancient Philosophy 48 (2015) S. 227–266.

Barney, Rachel: Aristotle's Argument for a Human Function. In: Oxford Studies in Ancient Philosophy 34 (2008) S. 293–322.

Brüllmann, Philipp: Die Theorie des Guten in Aristoteles' Nikomachischer Ethik. Berlin 2011.

Cooper, John M.: Aristotle on the Goods of Fortune. In: The Philosophical Review 94 (1985) S. 173–196.

Crisp, Roger: White on Aristotelian Happiness. In: Oxford Studies in Ancient Philosophy 10 (1992) S. 233–240.

Everson, Stephen: Aristotle on Nature and Value. In: S. Everson (Hrsg.): Companions to Ancient Thought 4. Ethics. Cambridge 1998. S. 77–106.

Flashar, Hellmut: Die Platonkritik (I 4). In: Höffe 2019. S. 49–63.

Gómez-Lobo, Alfonso: The Ergon Inference. In: Phronesis 34 (1989) S. 170–184.

Hardie, W. F. R.: The Final Good in Aristotle's Ethics. In: Philosophy 40 (1965) S. 277–295.

Heinaman, Robert: Eudaimonia and Self-Sufficieny in the Nicomachean Ethics. In: Phronesis 33 (1988) S. 31–53.

Herzberg, Stephan: Das Lehrstück von den in sich schlechten Handlungen bei Aristoteles. In: Theologie und Philosophie 91 (2016) S. 196–214.

– Aristoteles' Metaphysik des Guten. In: Theologie und Philosophie 92 (2017) S. 535–559.

Jacobi, Klaus: Aristoteles' Einführung des Begriffs ›eudaimonia‹ im

I. Buch der Nikomachischen Ethik. Eine Antwort auf einige neuere Inkonsistenzkritiken. In: Philosophisches Jahrbuch 86 (1979) S. 300–325.

Kenny, Anthony: Aristotle on the Perfect Life. Oxford 1992 (Kapitel 2).

– The Nicomachean Conception of Happiness. In: A. K.: Essays on the Aristotelian Tradition. Oxford 2000. S. 17–31.

Kraut, Richard: Aristotle on the Human Good. Princeton 1989.

MacDonald, Scott: Aristotle and the Homonymy of the Good. In: Archiv für Geschichte der Philosophie 71 (1989) S. 150–174.

Menn, Stephen: Aristotle and Plato on God as Nous and as the Good. In: Review of Metaphysics 45 (1992) S. 543–573.

Müller, Jörn: Ergon und Eudaimonia. Plädoyer für eine unifizierende Interpretation der Ergon-Argumente in den aristotelischen Ethiken. In: Zeitschrift für philosophische Forschung 57 (2003) S. 513–542.

Schmitt, Arbogast: Zur Grundlegung der Ethik in einer ›Kultur des Gefühls‹ bei Aristoteles. In: C. Strosetzki (Hrsg.): Ethik und Politik des Aristoteles in der Frühen Neuzeit. Hamburg 2016. S. 277–302.

Segvic, Heda: Aristotle on the Varieties of Goodness. In: Apeiron 37 (2004) S. 151–176.

Shields, Christopher: The *Summum Bonum* in Aristotle's Ethics. Fractured Goodness. In: J. Aufderheide / R. M. Bader (Hrsg.): The Highest Good in Aristotle and Kant. Oxford 2015. S. 83–111.

Stemmer, Peter: Aristoteles' Glücksbegriff in der Nikomachischen Ethik. Eine Interpretation von EN I, 7.1097b2–5. In: Phronesis 37.1 (1992) S. 85–110.

– Aristoteles' Ergon-Argument in der Nikomachischen Ethik. In: G. Wolters / M. Carrier (Hrsg.): Homo Sapiens und Homo Faber. Epistemische und technische Rationalität in Antike und Gegenwart. Festschrift für Jürgen Mittelstraß. Berlin / New York 2005. S. 65–86.

Whiting, Jennifer: Aristotle's Function Argument. A Defense. In: Ancient Philosophy 8 (1988) S. 22–48.

Zu Kapitel 2 – Der Begriff der Tugend (Buch II)

Brown, Lesley: What is »the Mean Relative to Us« in Aristotle's *Ethics.* In: Phronesis 42 (1997) S. 77–93.

– Why Is Aristotle's Virtue of Character a Mean? Taking Aristotle at His Word (*NE* ii 6). In: Polansky 2014. S. 64–80.

Curzer, Howard J.: A Defense of Aristotle's Doctrine That Virtue Is a Mean. In: Ancient Philosophy 16 (1996) S. 129–138.

Gómez-Lobo, Alfonso: Aristotle's Right Reason. In: Bosley/Shiner/Sisson 1996. S. 15–34.

Gottlieb, Paula: The Virtue of Aristotle's Ethics. Cambridge 2009.

Hursthouse, Rosalind: A False Doctrine of the Mean. In: Proceedings of the Aristotelian Society 81 (1980/81) S. 57–72.

– The Central Doctrine of the Mean. In: Kraut 2006. S. 96–115.

Hutchinson, D. S.: The Virtues of Aristotle. London 1986.

Leighton, Stephen: The Mean Relative to Us. In Bosley/Shiner/Sisson 1996. S. 67–78.

Owens, Joseph: The KALON in the Aristotelian Ethics. In: Studies in Aristotle (Studies in philosophy and the history of philosophy 9) 1981. S. 261–277.

Rapp, Christof: What Use is Aristotle's Doctrine of the Mean?. In: B. Reis (Hrsg.): The Virtuous Life in Greek Ethics. Cambridge 2006. S. 99–126.

Rogers, Kelly: Aristotle's Conception of To Kalon. In: Ancient Philosophy 13 (1993) S. 355–371.

Sherman, Nancy: The Fabric of Character. Oxford 1988.

Tiles, J. E.: The Practical Import of Aristotle's Doctrine of the Mean. In: Bosley/Shiner/Sisson 1996. S. 1–14.

Urmson, J. O.: Aristotle's Doctrine of the Mean. In: American Philosophical Quarterly 10 (1973) S. 223–230.

Wolf, Ursula: Über den Sinn der Aristotelischen Mesoteslehre (II). In: Höffe 2019. S. 65–84.

Zu Kapitel 3 – Handlung und Charakter (Buch III.1–8)

Bobzien, Susanne: Choice and Moral Responsibility (NE iii 1–5). In: Polansky 2014. S. 81–109.
Charles, David: Aristotle's Philosophy of Action. New York 1984.
Dihle, Albrecht: Die Vorstellung vom Willen in der Antike. Göttingen 1985.
Echeñique, Javier: Aristotle's Ethics and Moral Responsibility. Cambridge 2012.
Ganter, Martin: Mittel und Ziel in der praktischen Philosophie des Aristoteles. Freiburg/München 1974.
Jedan, Christoph: Willensfreiheit bei Aristoteles? Göttingen 2000.
Kenny, Anthony: Will, Freedom, and Power. Oxford 1975.
– Aristotle's Theory of the Will. London 1979.
Kuhn, Helmut: Der Begriff der Prohairesis in der Nikomachischen Ethik. In: Die Gegenwart der Griechen im neueren Denken. Festschrift für Gadamer. Tübingen 1960. S. 123–140.
Lienemann, Béatrice: Aristoteles' Konzeption der Zurechnung. Berlin/Boston 2018.
Müller, Anselm Winfried: Praktisches Folgern und Selbstgestaltung nach Aristoteles. Freiburg/München 1982.
Nielsen, Karen M.: Dirtying Aristotle's Hands? Aristotle's Analysis of ›Mixed Acts‹ in the Nicomachean Ethics III.1. In: Phronesis 52 (2007) S. 270–300.
Rapp, Christof: Freiwilligkeit, Entscheidung und Verantwortlichkeit (III 1–7). In: Höffe 2019. S. 85–103.
Sauvé Meyer, Susan: Aristotle on the Voluntary. In: Kraut 2006. S. 137–157.
– Aristotle on Moral Responsibility: Character and Cause. Oxford [2]2011.
Tuozzo, Thomas M.: Aristotelian Deliberation is not of Ends. In: Anton/Preus 1991. S. 193–212.
Wiggins, David: Deliberation and Practical Reason. In: Oksenberg-Rorty 1980. S. 221–240.

Zu Kapitel 4 – Die Ethischen Tugenden (Buch III.9–15 und IV. 1–15)

Athanassoulis, Nafsika: A Defence of the Aristotelian Virtue of Magnificence. In: Journal of Value Inquiry 50 (2016) S. 781–795.

Crisp, Roger: Aristotle on Greatness of Soul. In: Kraut 2006. S. 158–178.

Curzer, Howard J.: A Great Philosopher's not so Great Account of Great Virtue. Aristotle's Treatment of ›Greatness of Soul‹. In: Canadian Journal of Philosophy 20 (1990) S. 517–538.

– Aristotle's Account of the Virtue of Temperance in Nicomachean Ethics III.10–11. In: Journal of the History of Philosophy 35 (1997) S. 5–25.

– Aristotle and the Virtues. Oxford 2012.

Frede, Dorothea: A Swarm of Virtues. On the Unity and Completeness of Aristotle's Scheme of Character-Virtues. In: M. Lee (Hrsg.): Strategies of Argument. Essays in Ancient Ethics, Epistemology, and Logic. Oxford 2014. S. 83–103.

Gottlieb, Paula: Aristotle's ›Nameless‹ Virtues. In: Apeiron 27 (1994) S. 1–15.

– The Virtue of Aristotle's Ethics. Cambridge 2009.

Hardie, W. F. R.: ›Magnaminity‹ in Aristotle's Ethics. In: Phronesis 23 (1978) S. 63–79.

Hare, John E.: Eleutheriotês in Aristotle's Ethics. In: Ancient Philosophy 8 (1988) S. 19–32.

Pears, David: Courage as a Mean. In: A. O. Rorty (Hrsg.): Essays on Aristotle's Ethics. Berkeley 1980. S. 171–187.

Pearson, Giles: Courage and Temperance. In: Polansky 2014. S. 110–134.

Schütrumpf, Eckart: Magnanimity, Megalopsychia and the System of Aristotle's Ethics. In: Archiv für Geschichte der Philosophie 71 (1989) S. 10–22.

Young, Charles M.: Aristotle on Temperance. In: Philosophical Review 97 (1988) S. 521–542.

– Aristotle on Liberality. In: Proceedings of the Boston Area Colloquium in Ancient Philosophy 10 (1994) S. 313–334.

Zu Kapitel 5 – Die Tugend der Gerechtigkeit (Buch V. 1–14)

Adkins, A. W. H.: The Connection Between Aristotle's Ethics and Politics. In: Keyt/Miller 1991. S. 75–93.

Aubenque, Pierre: The Twofold Natural Foundation of Justice According to Aristotle. In: Heinaman 1995. S. 35–47.

Bien, Günther: Gerechtigkeit bei Aristoteles (V). In: Höffe 2019. S. 105–128.

Bobzien, Susanne: Aristotle's Nicomachean Ethics 1113b7–8 and Free Choices. In: P. Destrée-R. / Salles-M. Zingano (Hrsg.): What is Up to Us? Studies on Agency and Responsibility in Ancient Philosophy. Sankt Augustin 2014. S. 59–74.

Brunschwig, Jacques: Rule and Exception. On the Aristotelian Theory of Equity. In: M. Frede / G. Striker (Hrsg.): Rationality in Greek Thought. Oxford 1996. S. 115–155.

Fuchs, Marko J.: Gerechtigkeit als allgemeine Tugend. Die Rezeption der aristotelischen Gerechtigkeitstheorie im Mittelalter und das Problem des ethischen Universalismus. Berlin/Boston 2017.

Gordon, John-Stewart: Aristoteles über Gerechtigkeit: Das V. Buch der Nikomachischen Ethik. Freiburg/München 2007.

Hentschke, Ada Babette: Politik und Philosophie bei Plato und Aristoteles. Frankfurt a. M. 1971.

Keyt, David: Aristotle's Theory of Distributive Justice. In: Keyt/Miller 1991. S. 238–278.

Leyden, W. von: Aristotle on Equality and Justice. His Political Argument. London 1985.

Meikle, Scott: Aristotle and Exchange Value. In: Keyt/Miller 1991. S. 156–181.

– Aristotle's Economic Thought. Oxford 1995.

Miller, Fred D.: Aristotle on Natural Law and Justice. In: Keyt/Miller 1991. S. 279–306.

– Nature, Justice, and Rights in Aristotle's Politics. Oxford 1995.

Salomon, Max: Der Begriff der Gerechtigkeit bei Aristoteles. Leiden 1937.

Scaltsas, Theodore: Reciprocal Justice in Aristotle's Nicomachean Ethics. In: Archiv für Geschichte der Philosophie 77 (1995) S. 248–262.

Schmitt, Arbogast: Was hat das Gute mit der Politik zu tun? Über die Verbindung von individuellem Glück mit dem Wohl aller in griechischer Literatur und Philosophie. In: Forum Schule 58.1–3 (2011) S. 18–24.
– Menschenrechte in der Aufklärung und bei Aristoteles? Zur Begründung der Menschenrechte in unterschiedlichen Vernunftbegriffen. In: K. Seelmann (Hrsg.): Menschenrechte. Begründung – Universalisierbarkeit – Genese. Berlin/Boston 2017. S. 154–186.
Trude, Peter: Der Begriff der Gerechtigkeit in der aristotelischen Rechts- und Staatsphilosophie. Berlin 1955.
Williams, Bernard: Justice as a Virtue. In: Rorty 1980. S. 189–200.
Young, Charles M.: Aristotle's Justice. In: Kraut 2006. S. 179–197.

Zu Kapitel 6 – Die Verstandestugenden (Buch VI.1–13)

Aubenque, Pierre: Der Begriff der Klugheit bei Aristoteles. Aus dem Franz. übers. von Nicolai Sinai und Ulrich Johannes Schneider. Hamburg 2007.
Cessi, Viviana: Erkennen und Handeln in der Theorie des Tragischen bei Aristoteles. Kapitel 5. Frankfurt a. M. 1987.
Ebert, Theodor: Phronesis – Anmerkungen zu einem Begriff der Aristotelischen Ethik (VI 5 und 8–13). In: Höffe 2010. S. 165–185.
Elm, Ralf: Klugheit und Erfahrung bei Aristoteles. Paderborn/München 1996.
Engberg-Pedersen, Troels: Aristotle's Theory of Moral Insight. Oxford 1983.
Flashar, Hellmut: Beobachtungen und Überlegungen zum VI. Buch der Nikomachischen Ethik des Aristoteles. In: J. Wiesner (Hrsg.): Aristoteles. Werk und Wirkung. Bd. 1. Berlin 1985. S. 367–375.
Gigon, Olof: Phronesis und Sophia in der Nikomachischen Ethik des Aristoteles. In: Kephalaion (1975) S. 91–103.
Ingenkamp, Heinz Gerd: Das Fundament Stochastischen Verhaltens nach Aristoteles, EN VI 13. In: Rheinisches Museum für Philologie 123.1 (1980) S. 41–50.
Piñeros Glasscock, Juan S.: Reason in Action in Aristotle: A Reading of

EE V. 12/EN VI.12. In: Journal of the History of Philosophy 57.3 (2019) S. 391–417.
Moss, Jessica: ›Virtue Makes the Goal Right‹. Virtue and Phronesis in Aristotle's Ethics. In: Phronesis 56 (2011) S. 204–261.
Müller, Anselm Winfried: Praktisches Folgern und Selbstgestaltung nach Aristoteles. Freiburg/München 1982.
Schmitt, Arbogast: Phronesis – ›eine andere Art des Erkennens‹. In: G. Radke-Uhlmann (Hrsg.): Phronesis – Die Tugend der Geisteswissenschaften. Beiträge zur rationalen Methode in den Geisteswissenschaften. Heidelberg 2012. S. 31–81.

Zu Kapitel 7 – Unbeherrschtheit und die Ursachen der Lust (Buch VII)

Aufderheide, Joachim: Processes as Pleasures in EN VII 11–14. A New Approach. In: Ancient Philosophy 33 (2013) S. 135–157.
Bostock, David: Pleasure and Activity in Aristotle's Ethics. In: Phronesis 33 (1988) S. 251–272.
Carlo, Natali (Hrsg.): Aristotle. Nicomachean Ethics, Book VII. Symposium Aristotelicum. Oxford 2009.
Cessi, Viviana: Erkennen und Handeln in der Theorie des Tragischen bei Aristoteles. Kapitel 6. Frankfurt a. M. 1987.
Corcilius, Klaus: Praktische Syllogismen bei Aristoteles. In: Archiv für Geschichte der Philosophie 90.3 (2008) S. 247–297.
Destrée, Pierre: Aristotle on the Causes of Akrasia. In: C. Bobonich / P. Destrée (Hrsg.): Akrasia in Greek Philosophy. Leiden 2007. S. 139–65.
Gosling, J. C. B. / Taylor, C. C. W.: The Greeks on Pleasure. Oxford 1982.
Gosling, J. C. B.: Weakness of the Will. London 1990.
– Mad, Drunk, or Asleep? – Aristotle's Akratic. In: Phronesis 38 (1993) S. 98–104.
Gottlieb, Paula: The Practical Syllogism. In: Kraut 2006. S. 218–233.
Gould, Carol S.: A Puzzle About the Possibility of Aristotelian Enkrateia. In: Phronesis 39 (1994) S. 174–186.
Kenny, Anthony: The Practical Syllogism and Incontinence. In: Phronesis 11 (1966) S. 163–84.

Mele, Alfred: Aristotle on Akrasia and Knowledge. In: The Modern Schoolman 58 (1981) S. 137–159.
Müller, Jörn: Willensschwäche in Antike und Mittelalter. Eine Problemgeschichte von Sokrates bis Johannes Duns Scotus. Leuven 2009.
Price, A. W.: Acrasia and Self-Control. In: Kraut 2006. S. 234–254.
Ricken, Friedo: Der Lustbegriff in der Nikomachischen Ethik des Aristoteles. Göttingen 1976.
– Wert und Wesen der Lust (VII 12–15 und X 1–5). In: Höffe 2019. S. 165–181.
Robinson, Richard: Aristotle on Akrasia (VII 1–11). In: Höffe 2019. S. 149–164.
Santas, Gerasimos: Aristotle on Practical Inference, the Explanation of Action, and Akrasia. In: Phronesis 14 (1969) S. 162–189.
Scaltsas, Theodore: Weakness of Will in Aristotle's Ethics. In: The Southern Journal of Philosophy 24.3 (1986) S. 375–382.
Schmitt, Arbogast: Aristoteles. Poetik. Aristoteles Werke in Deutscher Übersetzung. Berlin 2008. S. 455–473.
Spitzley, Thomas: Handeln wider besseres Wissen. Berlin 1992.
Vigo, Alejandro G.: Zeit und Praxis bei Aristoteles. Freiburg/München 1996.
Wiggins, David: Weakness of Will, Commensurability and the Objects of Deliberation and Desire. In: Oksenberg-Rorty 1980. S. 241–265.
Wilkerson, Terence Edward: Akrasia. In: Ratio 7 (1994) S. 164–182.
Wolf, Ursula: Zum Problem der Willensschwäche. In: St. Gosepath (Hrsg.): Motive, Gründe, Zwecke. Theorien praktischer Rationalität. Frankfurt a. M. 1999. S. 232–245.

Zu Kapitel 8 – Freundschaft (Bücher VIII.1–16 und IX.1–12)

Annas, Julia: Plato and Aristotle on Friendship and Altruism. In: Mind 86.344 (1977) S. 532–554.
Biss, Mavis: Aristotle on Friendship and Self-Knowledge. The Friend Beyond the Mirror. In: History of Philosophy Quarterly 28.2 (2011) S. 125–140.

Cooper, John M.: Aristotle on the Forms of Friendship. In: The Review of Metaphysics 30.4 (1977) S. 619–648.

Cooper, John M.: Aristotle on Friendship. In: Oksenberg-Rorty 1980. S. 301–340.

– Political Animals and Civic Friendship. In: J. M. C.: Reason and Emotion. Essays on Ancient Moral Psychology and Ethical Theory. Princeton 1999. S. 356–377.

Fortenbaugh, William W.: Aristotle's Analysis of Friendship. Function and Analogy, Resemblance, and Focal Meaning. In: Phronesis 20.1 (1975) S. 51–62.

Hitz, Zena: Aristotle on Self-Knowledge and Friendship. In: Philosopher's Imprint 11.12 (2011) S. 1–28.

Homiak, Marcia L.: Virtue and Self-Love in Aristotle's Ethics. In: Canadian Journal of Philosophy 11.4 (1981) S. 633–651.

Kahn, Charles: Aristotle and Altruism. In: Mind 90 (1981) S. 20–40.

Kenny, Anthony: Aristotle on the Perfect Life. Oxford 1992. S. 43–55.

Kosman, Aryeh L.: Aristotle on the Desirability of Friends. In: Ancient Philosophy 24 (2004) S. 135–154.

Millgram, Elijah: Aristotle on Making Other Selves. In: Canadian Journal of Philosophy 17.2 (1987) S. 361–376.

Murphy, Allison: Perceiving Life as Good and Our Own. In: History of Philosophy Quarterly 37.2 (2020) S. 101–120.

Pangle, Lorraine S.: Aristotle and the Philosophy of Friendship. Cambridge 2003.

Perälä, Mika: A Friend Being Good and One's Own in Nicomachean Ethics 9.9. In: Phronesis 61 (2016) S. 307–336.

Price, A. W.: Love and Friendship in Plato and Aristotle. Oxford 1989.

– Friendship (VIII und IX). In: Höffe 2019. S. 183–219.

Ricken, Friedo: Gemeinschaft, Tugend, Glück. Platon und Aristoteles über das gute Leben. Stuttgart 2004.

Schmitt, Arbogast: ›Life Is (not Consciousness, but) an Immediate Act of the Intellect.‹ What it Means to Be Alive and How We Feel it According to Aristotle. In: J. Fingerhut / S. Marienberg (Hrsg.): Feelings of Being Alive. Berlin / New York 2012. S. 223–238.

– Selbstliebe als Grund und Maß von Freundschaft und Liebe bei

Aristoteles. In: Der Blaue Reiter – Journal für Philosophie 42 (2018) S. 36–41.
Schollmeier, Paul: Other Selves. Aristotle on Personal and Civic Friendship. Albany 1994.
Schulz, Peter: Freundschaft und Selbstliebe bei Platon und Aristoteles. Freiburg/München 2000.
Siemens, Nathalie von: Aristoteles über Freundschaft. Untersuchungen zur Nikomachischen Ethik VIII und IX. München/Freiburg 2007.
Stern-Gillet, Suzanne: Aristotle's Philosophy of Friendship. Albany 1995.
Walker, A. D. M.: Aristotle's Account of Friendship in the *Nicomachean Ethics*. In: Phronesis 24.2 (1979) S. 180–196.
Whiting, Jennifer: Impersonal Friends. In: Monist 75 (1991) S. 3–29.

Zu Kapitel 9 – Die höchste Lust des Menschen (Buch X.1–10)

Ackrill, J. L.: Essays on Plato and Aristotle. Oxford 1997.
Aufderheide, Joachim: Aristotle Against Delos. Pleasure in Nicomachean Ethics X. In: Phronesis 61 (2016) S. 284–306.
Bush, Stephen S.: Divine and Human Happiness in *Nicomachean Ethics*. In: The Philosophical Review 117.1 (2008) S. 49–75.
Charles, David / Scott, Dominic: Aristotle on Well-Being and Intellectual Contemplation. In: Proceedings of the Aristotelian Society. Supplementary Volumes 73 (1999) S. 205–223, 225–242.
Cheng, Wei: Aristotle and Eudoxus on the Argument from Contraries. In: Archiv für Geschichte der Philosophie 102.4 (2020) S. 588–618.
Cooper, John M.: Contemplation and Happiness. A Reconsideration. In: Synthese 72 (1987) S. 187–216.
Curzer, Howard J.: The Supremely Happy Life in Aristotle's *Nicomachean Ethics*. In: Apeiron. A Journal for Ancient Philosophy and Science 24.1 (1991) S. 47–69.
Gasser-Wingate, Marc: Aristotle on Self-Sufficiency, External Goods, and Contemplation. In: Archiv für Geschichte der Philosophie 102.1 (2020) S. 1–28.

Gonzales, Francisco J.: Aristotle on Pleasure and Perfection. In: Phronesis 36.2 (1991) S. 141–159.

Herzberg, Stephan: Menschliche und Göttliche Kontemplation. Eine Untersuchung zum *bios theoretikos* bei Aristoteles. Heidelberg 2013.

Kamtekar, Rachana: The Relationship Between Aristotle's Ethical and Political Discourses (NE X 9). In: Polansky 2014. S. 370–382.

Keyt, David: Intellectualism in Aristotle. In: Paideia 7 (1978) S. 138–157.

Krewett, Michael: Die Theorie der Gefühle bei Aristoteles. Heidelberg 2011.

Kullmann, Wolfgang: Theoretische und politische Lebensform bei Aristoteles (X 6–9). In: Höffe 2019. S. 201–219.

Lawrence, Gavin: Aristotle and the Ideal Life. In: Philosophical Review 102.1 (1993) S. 1–34.

Lockwood, Thornton: Competing Ways of Life and Ring Composition. In: Polansky 2014. S. 350–369.

Owen, G. E. L.: Aristotelian Pleasures. In: Proceedings of the Aristotelian Society 72 (1971/72) S. 135–152.

Reece, Bryan: Aristotle on Divine and Human Contemplation. In: Ergo. An Open Access Journal of Philosophy 7.4 (2020) S. 131–160.

Schmitt, Arbogast: Gerechtigkeit als ›metaphysische‹ Grundlage von Moral, Politik und Ökonomie. Über den Unterschied zwischen Leben und gutem Leben bei Aristoteles. [Wird erscheinen in: Angewandte Philosophie. Eine internationale Zeitschrift / Applied Philosophy. An International Journal. Theorien der Gerechtigkeit in der Antike / Ancient Theories of Justice. Ad memoriam Ernst Heitsch.]

Walker, Matthew D.: Aristotle on the Uses of Contemplation. Cambridge 2018.

Warren, James: Aristotle on Speusippus on Eudoxus on Pleasure. In: Oxford Studies in Ancient Philosophy 36 (2009) S. 249–281.

– The Bloom of Youth. In: Apeiron. A Journal for Ancient Philosophy and Science 48.3 (2015) S. 327–345.

Danksagung

Zum Schluss noch einige Worte des Dankes: Ich danke Maximilian Robitzsch für die kritische Kommentierung und Verbesserungsvorschläge, die mich dazu bewegt haben, die Voraussetzungen eines systematischen Kommentars genauer zu fassen. Mein besonderer Dank gilt Arbogast Schmitt, der mich durch konkrete Hinweise und gezielte Rückfragen vor zahlreichen Fehlern bewahrt und mein Verständnis der aristotelischen Philosophie wesentlich verbessert hat. Für verbliebene Fehler oder Unklarheiten bin selbstverständlich ich alleine verantwortlich.